Zauberreiche Weihnacht

Zauberreiche Weihnacht

Herausgegeben von
Heidi Caroline Ebertshäuser

Verlag Heinrich Hugendubel
München

ISBN 3-88034-016-1

Verlag Heinrich Hugendubel
1977
Gesetzt aus der Sabon-Antiqua
Schutzumschlag: Robert Viechtbauer
Gesamtherstellung: Welsermühl, Wels
Printed in Austria

Inhaltsverzeichnis

Vorwort 11

Das Leben und Leiden der heiligen Jungfrau und Märtyrin Katharina 13
Kathrein, stell die Räder ein 18

Advent

Advent 23
Das Wort ward Fleisch 26
Das Engelamt 29
Unter der Roratemesse 34
O Heiland, reiß die Himmel auf 36
Marienlied 39
Adventslied 40
Das Leben und Leiden des heiligen Apostels Andreas 41
Heiliger Andreas, i bitt' di 45
St. Andreas 47
Das Leben und Leiden der heiligen Jungfrau Barbara 49
Heilige Barbara, bring mir Glück 55
Es blühen die Maien 57
Rorate 58
Das Leben des heiligen Bischofs Nikolaus 59
Heiliger Nikolaus 67
Nikolaus und die Buttmandln 70
Das Krimmler Nikolausspiel 74
»Ein Gesang von dem heilligen Pischoff Nikolao« 94
Die Klöpfelnächte 97
Die Klöpfelleut 102
Klöpfellied 103
Das Anklöckeln oder Anklöpfeln 104
Das Leben und Leiden der heiligen Jungfrau und Märtyrin Lucia 105
Lucia die Grausame und das Lichterschwemmen 109
Die Luzienacht 111

Die Herbergandacht – Frauentragen 113
Frauliad 114
Das Leben und Leiden des heiligen
Apostels Thomas 117
Thomastag und Weihnachtszelten 124
Der Thomaswagen 127
Der gespenstische Thomas 130
Es ist ein Reis entsprungen 131
Mythen über Wotan 132

Weihnacht

Das Weihnachtsevangelium 135
Die Heilige Nacht 136
Fröhlich soll mein Herze springen 168
Mystische Weihnacht 169
Die Christmetten 170
Lied bei der Krippe Jesu zu singen 178
Mariä Bittgesang 179
Alle fangt an 180
Wie schön leucht' uns der Morgenstern 181
Christnachtigall 183
Maria hielt den Herrn im Schoß 184
Vom Himmel hoch, o Engel, kommt 185
Lobgesang der Maria 186
Schlaflied 187
Das Kindlwiegen 188
»Andächtige Weysz das Jesukind
zu wiegen« 190
In der Christnacht 192
Geschichte der Weihnachtskrippe 210
Krippenlied 214
Joseph, lieber Joseph mein 215
Auf, ihr Hirtensleut 216
Maria, die neue Eva – Christus, der neue Adam 218
Paradeisspiel aus Oberösterreich 221
St. Oswalder Weihnachtsspiel 228
Sagen zur Weihnachtszeit 279
Die Frühmesse · Wasser in Wein · Die Tiere sprechen zur Weihnacht · Sagen zum Heiligen Abend · Mettenheu · Petrus und Ruprecht · Der Heilige Abend

Die Feiertage und ihre Rezepte

Glaube und Aberglaube 285
Predigt des ehrwürdigen Pfarrer Junghans aus dem Jahre 1644 286
Marzapan oder Kraftbrod 291
Advent 293
Adventskranz, gebacken · Marzipan · Quittenpaste · Kolatschen
St. Andreas – 30. November 294
Andreaswecken · Jungfernäpfel
St. Nikolaus – 6. Dezember 295
Kletzenbrot · Lebkuchen · Anislaiberl
Fastenspeisen 296
Erbsenbratlinge · Linsensalat
St. Thomas – 21. Dezember 296
Thomasringerl
Weihnachten – 25. Dezember 297
Weihnachtsstriezel · Bayerischer Christstollen · Zitronenbusserl · Weihnachtsgans · Truthahn · Hirschfilet im Sonntagskleid
Silvester – 31. Dezember 299
Silvesterkrapfen · Heißer Eierwein · Kardinal-Punsch · Schmalznüsse
Heilige Drei Könige – 6. Januar 300
Dreikönigskuchen · Schuchsen
Mariä Lichtmeß – 2. Februar 301
Schlenklweil-Nudel · Bavesen oder Gfranste Schnittl
Der bayerische Weihnachter 302
Als ich die Christtagsfreude holen ging 304

Die Rauhnächte

Die zwölf Rauhnächte 317
Das Losen 325
Heidenlärm 328
All wider den Aberglauben 331
Der Johanniswein 333
Stefaniwasser und Johanneswein 335
»Von dem heilligen Apostel Johannes« 337

Silvester

Silvesterabend im Bayerischen Wald 341
Der Kalender 343
»Glückseligs neu's Jahr!« 349
Silvesterkönig 354
Der Prophet Balaam 355
»Neues Jahr Lied« 356

Dreikönigsfest

Heiligendreikönig 359
Von den Heiligen Drei Königen 366
Gömmachten und Perchtentag 372
Von den schiachen und den schönen Perchten 377
Die Sternsinger 381

Mariä Lichtmeß

Bei der Kerzenweihe am heiligen Lichtmeßtage 391
Lichtmeß – Heischespruch 392
Lichtmeß 393
Schlenkelweil 396
Für das Fest der Reinigung Mariä 399
Lichtmeß 401

Bildnachweis 403
Verzeichnis der Farbtafeln 404
Literaturnachweis 405

Vorwort

Keine andere Zeit im Jahreslauf ist so reich an Feiertagen und hat eine solch bunte Fülle an Bräuchen aufzuweisen wie die Weihnachtszeit.
In diesen Weihnachtsfesttagen verschmelzen Feiertage der verschiedensten Religionen und Überlieferungen.
Feierten die frühen Christen ursprünglich Weihnachten an Epiphanias, am 6. Januar, so legte man bald den Christtag auf den 25. Dezember, um damit dem römischen Kult des »sol invictus«, des unbesiegbaren Sonnengottes, entgegenzuwirken. Gleichzeitig konnte damit der Kult des damals weitverbreiteten iranischen Gottes Mithras, dessen Hauptfest ebenfalls am 25. Dezember stattfand, mit eingeschmolzen werden.
Durch Verschmelzen der heidnischen Bräuche mit den christlichen versuchte man die neue Lehre durchzusetzen, aber das vorchristliche Brauchtum verschwand nicht ganz, vielmehr wurde es aufgespalten und erschien nun in Verbindung mit christlichen Heiligen und deren Festen.
Das Alpengebiet mit seinen unzugänglichen Tälern ist besonders reich an altem, eigenständigem Brauchtum. Und doch haben auch die großen Verbindungsstraßen zwischen Nord und Süd dieser Gegend fremde Anregungen und Austausch gebracht.
Die Weihnachtsfeiertage sollen hier nicht als abstrakte Termine dargestellt werden, sondern als Feste in lebensvoller, religiöser und erlebnisreicher Gestalt. Sie waren vor allem im ländlichen Leben Feiertage, die eingebunden waren in den Kreislauf der Jahreszeiten und den damit verknüpften Arbeiten, und dies im Einklang mit den religiösen Vorstellungen.
Keine Zeit aber war in diesen Vorstellungen von so großen Gegensätzen geprägt wie die Weihnachtszeit. Neben Aberglauben mit seinen beängstigenden dunklen Unholden und Spukgestalten, die sich aus heidnischer Vorzeit erhalten hatten, wie die Lucia, die schiachen Perchten, der Blutige Thomas, stehen die hilfreichen Heiligen, wie St. Nikolaus und die heilige Barbara oder die Heiligen Drei Könige.
Die dunklen Winternächte waren schon seit alters her die Zeit, in der Götter und Dämonen einen Blick in die Zukunft erlaubten. Von diesen Orakeln ist und war die ganze Adventszeit erfüllt, wie die Beschreibungen z. B. des Andreastages, des Thomastages und des Sylvesters zeigen.
Heidnischer Loszauber verbindet sich mit frommer Fürbitte. Be-

ängstigende, magische Sagen stehen neben frohen Hirtenliedern voller inbrünstiger Zuversicht. So wird hier ausführlich auf die Heiligenlegenden der Schutzpatrone der jeweiligen Festtage eingegangen, um später so manchen Spuk, der mit ihnen in Zusammenhang gebracht wurde, zu beschreiben.
Aber auch das rein christliche Brauchtum, wie das Kindlwiegen, das Frauentragen und die Herbergsuche, sollen hier nicht zu kurz kommen.
Die bekannten Autoren wie Peter Rosegger, Joseph Schlicht oder Ludwig von Hörmann vermitteln in ihren anschaulichen Erzählungen jenes weihnachtliche Brauchtum, das heute zum Teil vergessen ist, das sie aber noch selbst erlebt haben.
Weiterhin wurde den Schauspielen (Paradeisspiel, Weihnachtsspiel, Nikolausspiel) hier ein wichtiger Platz eingeräumt. Gehörten sie doch in all ihrer Ausführlichkeit in die Weihnachtszeit vergangener Tage. Entstanden sind sie aus kirchlich-liturgischem Geschehen vor dem Altar, um sich später zu selbständigen Schauspielen zu entwikkeln. So beinhalten diese Theaterstücke alte religiöse Vorstellungen, gebunden in die heitere und drastische Sprache des Volksschauspiels.
Sie sollen neben der Freude am Lesen auch eine Anregung zum Nachspielen vermitteln.
Alte Weihnachts- und Adventslieder sind ebenso den einzelnen Bräuchen und Festtagen zugeordnet, wie die Koch- und Backrezepte, denn auch hier hielt man streng die Regeln des Brauchtums ein. Außerdem wurden nicht nur die Feiertage beschrieben, die heute zum Weihnachtsfest zählen, sondern es soll ein anschauliches Bild vom ganzen Weihnachtsfestzyklus vermittelt werden, wie er im ländlichen Jahresrhythmus bestand. Er begann mit St. Katharina am 25. November, und mit Mariä Lichtmeß am 2. Februar endete er. Vermittelt werden sollte etwas vom Reichtum, der Vielschichtigkeit und der Erlebnisfülle, die den früheren Festtagen zu eigen waren. Das Buch will Anregung sein, auch heute jenen Zauberreichtum der Weihnacht lebendig zu halten.
Zuletzt soll all jenen mein Dank ausgesprochen werden, die beim Entstehen dieses Buches mir wichtige Hilfe gegeben haben. Vor allem danke ich Edgar Haarvolk und Wolfang A. Mayer vom Insitut für Volkskunde in München für so manchen wichtigen Hinweis sowie Nina Gockerell (Nationalmuseum München) für ihre Hilfe bei der Beschaffung von Bildmaterial. Weiterhin danke ich Hans Peter Hagen für wichtige und freundliche Unterstützung.

H. C. E.

Das Leben und Leiden der heiligen Jungfrau und Märtyrin Katharina

Die heilige Jungfrau und Märtyrin Katharina ist zu Alexandria in Ägypten aus königlichem Geblüte geboren und mit allen natürlichen Gaben von Gott geziert gewesen. Weil sie aber von ihren Eltern in dem Heidentum erzogen worden und keine gründliche Nachricht vom christlichen Glauben hatte, siehe, da erschien ihr in einer Nacht die allerseligste Himmelskönigin Maria samt ihrem lieben Jesulein und wollte ihr das gebenedeite Kindlein in die Arme geben. Der holdselige Jesus aber wendete seine Augen von ihr ab und wollte nicht zu einer so häßlichen Jungfrau gehen, welche durch die heilige Taufe von der Erbsünde noch nicht gereinigt war. Katharina kam aus dem Schlaf zu sich und erkannte, was diese Erscheinung auf sich habe. Sie ließ sich demnach in dem christlichen Glauben unterweisen, und nachdem sie völlig unterwiesen war, empfing sie mit größten Freuden die heilige Taufe.

Zur selben Zeit regierte der grausame Kaiser Maximius; dieser ließ zu Alexandria den Götzen zu Ehren ein großes Fest anstellen. Sie ließ dem Kaiser sagen, daß sie notwendig mit ihm zu reden habe, und begehrte Audienz, welche er ihr nicht abschlagen konnte. Der Kaiser empfing sie ganz höflich und wollte wissen, was ihr Verlangen sei. Da tat die heilige Katharina ihren heiligen Mund auf und bewies ihm, wie schändlich er irre und mit was für einer schweren Sünde er sich in Anbetung der Teufel verstricke. Sie setzte hinzu, daß ihm die Erkenntnis des wahren Gottes notwendig sei, von welchem er erschaffen und das Kaisertum empfangen habe. Er sollte demnach wissen, daß dieser Gott zwar unsterblich sei, jedoch einen sterblichen Leib angenommen habe, auf daß er uns vom ewigen Tode, welchen wir für unsere Sünden verdienen, erlösen und selig machen möchte.

Über diese Rede kam der Kaiser in Verwirrung und sagte, sie sollte ihm nur sein Opfer vollführen lassen, alsdann wolle er auf ihre Reden antworten. Er befahl, sie unterdessen in seinen Palast zu führen, und als sein gottloses Opfer vollbracht war, eilte er nach Hause und redete die heilige Jungfrau also an:

»Sag uns, was bist du für eine, und was sind dies für Worte, die du zu uns geredet hast?«

Die heilige Katharina sprach: »Mein Geschlecht ist in dieser Stadt bekannt, und jedermann weiß, daß ich aus königlichem Geblüte geboren bin. Mein Leben habe ich bisher in den Schulen und in Erlernung der freien Künste zugebracht. Das allerhöchste aber ist, wessen ich mich rühme, daß ich Christo Jesu, dem wahren Gott und Menschen, vermählt bin.«

Er ließ sie in einem Gefängnis verwahren und fünfzig der verständigsten Männer aus dem ganzen Reich zu sich berufen.

Damals erschien ihr der Engel des Herrn und redete sie also an: »Fürchte dich nicht, o Tochter des Herrn! Denn siehe, neben deiner Weisheit wird dir von Gott noch eine Weisheit zugegeben werden, und du wirst die fünfzig gelehrten Männer samt vielen andern zu Christus bekehren.«

Als der Engel weg war, kamen die Schergen dahin und führten sie vor den Richterstuhl. Neben dem Tyrannen standen die fünfzig Weisen, und einer von ihnen sprach zu ihr:

»Bist du diejenige, welche unverschämt unsere Götter entehrt?«

Die heilige Katharina antwortete: »Ich bin diejenige; habe aber nicht unverschämt, sondern sittsam und wahrhaft geredet.«

Da fing der Philosoph an, seine Beweise zu Ehren seiner Götter hervorzubringen, die ihnen von den Dichtern gegeben worden.

Die weise Jungfrau ließ den Schwätzer ausreden und widerlegte ihm so klar seine Beweise, daß er darüber erstaunte und kein Wort dage-

gen einwenden konnte. Ja sie bewies ihm unwidersprechlich, daß nicht viele, sondern nur ein einziger Gott sein könnte und daß derselbe alle Dinge müsse erschaffen haben.
Der gottlose Kaiser war hierüber höchlich bestürzt, und weil der erste Philosoph stumm gemacht worden war, so hieß er die andern hervortreten und auf ein neues sich mit der heiligen Katharina in die Disputation einlassen. Es hatte aber keiner von ihnen das Herz, sich wieder so herauszulassen, sondern sie bekannten öffentlich, daß sie überwunden wären. Sie bekannten auch vor allem Volke, daß die Lehre der heiligen Jungfrau wahrhaft sei und daß sie bisher in der tiefen Finsternis gewandelt hätten.
Der Tyrann war ganz zuschanden gemacht und konnte sich kaum trösten, weil eine Jungfrau von achtzehn Jahren seine allerweisesten Männer im ganzen Reiche überwunden und zu Christus bekehrt hätte. Er hatte dennoch eine Begierde, die heilige Jungfrau von Christus abwendig zu machen und sie mit großen Verheißungen und liebkosenden Worten zu verführen. Als er aber sah, daß seine guten Worte nicht helfen wollten, veränderte er sein Liebkosen in Androhung entsetzlicher Tormente.
Die heilige Katharina hörte sein Wüten mit unerschrockenem Herzen an und sprach: »Tue, was du willst; denn deine grausamen Tormente werden einmal ein Ende nehmen, und deren Lohn wird ewig sein. Ja ich hoffe durch den Beistand Gottes, viele von deinen Hausgenossen aus deinem Palaste zu Christus zu bekehren.«
Den folgenden Tag setzte sich der Tyrann wieder zu Gericht und ließ die heilige Katharina abholen. Die glorwürdige Märtyrin ging ganz beherzt aus dem Gefängnis und stand in ihrer völligen Schönheit und Zierde vor dem Tyrannen, so daß er heftig darüber erschrak und alles Volk sich höchlich verwunderte. Der Kaiser stellte sich an, als wenn er Mitleid mit ihr hätte, und versprach ihr die kaiserliche Krone, wofern sie Christus verleugnen und den Göttern opfern würde. Die heilige Jungfrau aber sagte, daß man die äußerliche Schönheit des Leibes nicht achten solle, welche wie eine Blume verwelkt und abfällt, sondern man müsse vielmehr auf die Schönheit der Seele sehen, welche allezeit blüht und vom Himmel geziert wird. Sie disputierte lange mit dem Tyrannen, und weil der Bösewicht in Worten ihr nichts abgewinnen konnte, wendete er sich zu seiner Grausamkeit, ließ die Katharina wieder in das Gefängnis führen und ein Werk von vier Rädern verfertigen, durch welches sie jämmerlich zerschnitten und hingerichtet werden sollte. Die Räder waren mit Spitzen und Schermessern besetzt und so geordnet, daß, wenn die Jungfrau an ein Rad gebunden und die andern bewegt wurden, sie in

barbarischer Weise zerschnitten und jämmerlich hingerichtet werden mußte.
Als nun dieses grausame und peinliche Werkzeug verfertigt war, wurde die heilige Jungfrau aus dem Gefängnis geführt und vor des Kaisers Richterstuhl gebracht, welcher zu ihr sprach:
»Sei mir gehorsam, und opfere den Göttern. Wirst du dich dessen weigern, so will ich dich durch dies Torment jämmerlich hinrichten lassen.«
Unter diesen Worten zogen die Schergen die Räder auf, und der Kaiser sprach zu ihr: »Siehst du, woferne du mir nicht gehorsam bist, so wirst du hierdurch sterben müssen.«
Die heilige Katharina sprach: »Ich habe dir schon meinen Willen geoffenbart und gesagt, wie ich hierin gesinnt sei. So warte nur nicht lange, sondern setze bald dasjenige ins Werk, was du dir vorgenommen hast.«
Der Kaiser schöpfte abermals eine Hoffnung, sie zu überreden, und setzte von neuem mit vielfältigen Verheißungen an sie. Als er aber sah, daß alle Mühe und Arbeit verloren wäre, ließ er sie an ein Rad binden. Die heilige Märtyrin aber wurde in einem Augenblick vom Rad losgemacht, in dem ein Engel vom Himmel herab zu ihr kam und sie aus aller Not und Gefahr errettete. Die Räder wurden unterdessen von sich selbst herum getrieben und zerschnitten bald diesen, bald jenen Heiden, so daß ein erschreckliches Geschrei unter dem Volk entstand. Viele von den Ungläubigen schrien, als sie dieses große Wunderwerk ansahen, mit heller Stimme:
»Groß ist der Christen Gott! Groß ist der Christen Gott!«
Diese Worte taten dem verkehrten Tyrannen so weh, daß er sich wie ein rasender Mensch stellte und viel schärfere Tormente, die heilige Jungfrau hinzurichten, zubereiten ließ.
Sie begehrte inständig von den Schergen, eine gewisse Zeit zu beten und ihre Andacht zu verrichten. Als sie dieselbe erhalten, kniete sie nieder und sprach zu Gott:
»O mein Gott, Herr Jesus Christus! Ich sage dir Dank, daß du meine Füße auf einen Felsen gestellt und meine Tritte geleitet hast. Jetzt aber strecke gegen mich deine Hände aus, welche für mich am Stamme des Kreuzes verwundet worden, und nimm auf meine Seele, welche ich für dich und dein Bekenntnis aufgeopfert habe. Verleihe mir, o Herr, damit dieser mein Leib, welcher deinetwegen ist zerschnitten worden, von denen, welche ihn suchen, nicht angesehen werden möge. Gib denjenigen auch, welche durch mich deinen heiligen Namen anrufen, ihr Verlangen, das ihnen nützlich ist, auf daß in allem deine hohen Werke gelobt werden in Ewigkeit. Amen.«

Als sie dieses Gebet vollendet hatte, führte ein Soldat den Streich mit dem Schwert, schlug ihr das heilige Haupt ab, und anstatt des Blutes quoll die schönste Milch heraus. Damit ihr heiliger Leichnam nicht von den Gottlosen gesehen werden möchte, kamen die Engel vom Himmel geflogen und trugen ihn mit Ehrerbietigkeit auf den Berg Sinai. Allda haben sie ihn freundlich begraben, und Gott hat daselbst durch sie viele Wunderzeichen gewirkt; denn es floß aus ihrem heiligen Leichnam klares Öl, durch welches allerhand Krankheiten geheilt wurden.

Pater Martin von Cochem

Kathrein, stell die Räder ein

»Kathrein, stell die Räder ein.« Der 25. November ist der letzte Tag im bäuerlichen Leben, an dem sommerliche Herrlichkeit, Tanz und Geselligkeit genossen werden durften. Der Arbeitsrhythmus der Bauern stellte sich auf den Winter ein, die Arbeiten vollziehen sich jetzt innerhalb des Gehöfts. Es war die letzte Frist für den Schluß der Viehweiden. Man begann jetzt mit der Schafschur, und die Frauen und Mädchen machten sich an das Spinnen in den Rockenstuben. Sie, die einstmals gerädert wurde und die auf allen Altären mit ihrem Marterinstrument, dem Rad, dargestellt wird, ist nicht nur die Schutzpatronin der Gelehrsamkeit, sondern auch aller Gewerbe, die mit dem Rad im weitesten Sinne zu tun haben, wie das der Fuhrleute, Wagner, Müller, Schiffer, Spinnerinnen und vieler mehr. Ihr zu Ehren stellen alle diese an dem Tag, der ihr geweiht ist, ihr Handwerk ein. So erzählt Haider in seinen Beschreibungen des Brauchtums in Tirol folgende Geschichte:

»Da durfte einst niemand fahren. Die Mühlräder und die Räder der Sägewerke standen still und auch die Spinnräder ruhten. In Straßen (Osttirol) ist zu St. Kathrein Bauernfeiertag, und ich will hier eine persönliche Geschichte einfügen, die meinem Großvater passierte. Er dachte einmal gar nicht an den Kathreinentag und fuhr, um Holz zu holen, in den Wald. Auf der Rückfahrt brach ein Rad, und sein Knecht Hiesele ließ sich daraufhin schadenfroh vernehmen: ›Siegst, was's Trienle kun.‹«

So war also der Kathrinentag für alle, die mit Rädern zu tun hatten, in den Alpenländern ein Feiertag, aber auch für alle Dienstboten galt dies. Nur die jungen Leute sahen dem Kathrinentag mit gemischten Gefühlen entgegen, begann doch jetzt der Winter und damit die ernste Zeit des Advents mit strengem Fasten und dem ebenso strikt eingehaltenen Verbot aller Tanzvergnügungen. Und so weiß man, daß in vielen Gegenden gerade der Kathrinentag der lustigste und ausgelassenste war, denn man nützte es noch einmal aus, auf den Tanzboden gehen zu können. Die Paare drehten sich toller als mitten im Fasching, und was Wunder, wenn manche Herzensangelegenheiten noch schnell vor Toresschluß abgemacht wurden. So heißt es:

Im Advent
reicht man einander die Händ',
im Neujahr
nimmt man sie gar.

In anderen Gegenden charakterisiert folgender lustiger Spruch diesen Tag:

Jetzt ist es aus,
jetzt ist es gar,
Advent ist da,
die Dirndln san in den Rauch g'hängt.

Gott sei Dank aber waren der Andreasabend und all die anderen heiligen Tage der Adventszeit nicht mehr fern, an denen man nach den verschiedensten Methoden in die Zukunft schauen durfte. Schon fünf Tage später, am 30. November, dem Andreastag, konnten die Mädchen genauestens erfahren, wer ihr Zukünftiger wohl sein wird, was er für ein Handwerk ausüben wird und von wo er herkommt. Waren jetzt zwar die Tanzvergnügungen vorbei, so freute man sich doch auf die schönen Abende der Spinnstuben, wo so manche lustige Geschichte erzählt wurde und so mancher Scherz in Gemeinsamkeit mit den Freundinnen und den jungen Burschen gemacht wurde.

H. C. E.

GLORIA IN EXCEL

Advent

Advent

Die Zeit schläft. Sie hat sich in die Federflaumen des Schnees oder in die Schlafhaube der Dezembernebel vermummt und fröstelt in Fieberträumen. Nur wenige Stunden des Tages schlägt sie die trüben Augen auf, erwartungsvoll ausblickend nach des Verheißenen Ankunft. Advent! So kann's nicht bleiben, anders muß es werden – aber wer soll denn kommen? Der Erlöser, sagt der Prediger; das Jahresgehalt, sagt der Beamte; die Weihnachtsgabe, sagt der Arme und das Kind; die Feiertage mit den Krapfen und Christbraten, sagt der Bauernknecht.

Und – Apollo, der Sonnenwender, sagt die Zeit. Wahrhaftig, die Sonne ist lahm und siech, die vermag gar nicht mehr hoch zu steigen; die spaziert ihre paar Stündlein des Tages dort über den beschneiten Berghalden hin und hüllt sich dicht in Nebelmäntel, daß sie sich ja nicht erkälte. Jeder Strauch hat sich eine weiße Decke über die Ohren gezogen; jeder Baum hat sich eine weiße Pelzhaube machen lassen – weiß ist sehr in der Mode. Der Teich hat sich eine tüchtige Winterfensterscheibe überfrieren lassen, der Bach hat sich einen kristallenen Kanal gewölbt und der Hansel hat sich ein neues Paar Handschuhe gekauft.

Ei, wäre dem Haushahn der Schnabel verfroren! Aber kaum der Nachtwächter zur Ruh gekommen, hebt der Hahn an zu krähen und das ist schon um drei Uhr, und der Hansel muß sein liebes Strohnest in der Stallkammer verlassen. Es ist diesmal das Dreschen noch nicht aus; dies Jahr kommt sie spät, die Krapfengarbe. Bald klappern auf der Tenne vier Dreschflegel mit dem Hahn um die Wette. Zwei »Legen« Stroh müssen gedroschen werden vor tags und da meint der Hansel: »Wenn wir uns aufs Stroh täten hinlegen und tüchtig und mit allem Fleiß darauf losschliefen, ob das Zeug nicht auch weich werden wollt'?« Er weiß es aber gleichwohl, daß man nicht drischt, um das Stroh weichzumachen, sondern um das Korn herauszuschlagen.

Nach dreistündiger Flegelarbeit tut eine gute warme Suppe so übel nicht; es muß dazu noch der Kien leuchten, denn die Nacht draußen hebt erst ein wenig an, blaß zu werden. Nach dem Frühstück gehen die Knechte hinaus in den Wald; auch die eine oder andere Magd, die höhere Strümpfe hat, als der Schnee tief ist, muß mit. Sie sägen Bäume um, glatt am Boden natürlich, aber kommt nur erst der Sommer, so zeigen die mannshohen Strünke, wie tief im Advent der Schnee gelegen ist. Die Ammerlinge und Häher zwitschern auf den

Wipfeln ihre Winternot und kratzen Schneestaub nieder auf die Holzarbeiter, oder es stürzen ganze Stollen herab, so daß sich die Leutchen mühsam aber lachend aus dem Schneestaub wühlen müssen. Und wenn's erst stürmt, daß die gefrorenen Stämme winseln und krachen, dort und da ein Wipfel niederfährt und der scharfe Schneestaub saust, daß der Hansel die Kathel nicht mehr sieht und nach ihr mit den Fingern muß greifen, ob sie der Wind wohl nicht schon davongetragen – so ist das ein »saggrisch-verteufeltes« Brennholzschlagen.

Die daheim haben es besser. Die legen das Holz des winterstürmischen Waldes in den Ofen und spinnen Garn und singen »Frauengesänge« und erzählen sich Märchen und plaudern und kichern, und jede spinnt Fäden zum Hemde des Glücklichen.

Und wie gut sie verwahrt sind! An den Scheiben der kleinen Fenster ist der Schimmel des Eises gewachsen und von den Dachvorsprüngen weben sich die silberweißen Spangen der gefrorenen Falltropfen nieder und hinein in den Schneewall, der das Haus umgibt. Da muß denn freilich bald nachmittags der Kienspan wieder glimmen. Und am Abend knarrt die Tür, da wird draußen im Vorgelaß Schnee von klingenden Schuhen geklöpfelt – Advent! Ankunft! Der Hansel ist da; der Hansel und der Seppel und der Franzl und der Toni. Ihr jungen Weiblein allmitsamt, jetztunder wird's noch lustiger bei euch in der Spinnstube.

Lodenwämser austun, die klingenden Schuhe gegen »Strohpatschen« versetzen, warm' Süpplein und »Brennsterz« grüßen, das kommt jetzt dran; dann heißt es die Pfeifen stopfen – brennt's nur erst, hebt das Schäkern an, geht das Necken los, und – der Hausvater und die Hausmutter sind nicht gar allfort zugegen – bis es Schlafenszeit wird, ist mancher Rocken verzaust, mancher Faden gerissen. »Sie tun's nit, und sie tun's einmal nit zusamm', die Mandeln und die Weibeln!« hat der alte Kas-Möstel gesagt.

Aber Tageslast ist schwer gewesen und im Stüblein sitzt sich's so warm und die Augen sinken und sinken – Advent! Ankunft, der Schlaf ist da! Ist aber just Samstagnacht, und die Kathel ruht in der einsamen Klause und kann nicht schlafen, weil die Tür in die Stallkammer hinaus nicht gut verriegelt ist, so trägt sich's wohl zu, daß insonderheit auch die Kathel Advent feiert.

Darf nicht gelten. Ankunft des Messias! sagt der Prediger, und die Kirche nimmt's ernsthaft. Alltäglich, ehe noch der Morgenstern aufgeht, zieht der Mesner ein Flämmchen von der roten Ampel des ewigen Lichts und zündet damit die Altarkerzen an. Und die Glokken läuten, bis von nah und fernem Gebirge die Andächtigen her-

beikommen durch Nacht und Nebel und auch ihre Kerzlein anbrennen in der nächtigen Kirche und ein Lied ertönen lassen, das ihnen schon der Prophet Jesaias vorgesungen hat: »Tauet, Himmel, den Gerechten!«
Eine rührende Sehnsuchtsklage.
Als ich, ein Knabe noch, mit meinem Vater einmal in die Rorate ging, frug ich ihn unterwegs, was denn das eigentlich heiße: Tauet, Himmel, den Gerechten? Mein Vater schwieg eine Weile, dann stand er plötzlich still: »Du fragst so närrisch, Bub. Viertausend Jahre haben sie gewartet; alleweil und in allen Enden und Winkeln sind Leut' geboren worden, aber ein ganz Gerechter ist halt nit dabei gewesen. Wo hernehmen, wenn er aus dem Menschenvolk nicht aufsteht? Aus der Erden hat er ihn herausstampfen wollen, der alte Prophetenmann, dem schon Angst ist worden in der Seel'; aus der Luft hat er ihn wollen herabziehen und in allen Wolken hat er ihn gesucht, und so hat er einmal in einer ruhsamen Nacht, da er auf der Heid' ist gestanden, die Hände ausgestreckt gegen Himmel und hat das Wort gerufen – jetzt, Bub', wenn du's nicht verstehst, anders kann ich dir es nicht ausdeuten. Laß' ich dich da stehen im Wald und geh' dir davon und sag': ›Wart', bald komm' ich.‹ Und ich komm' aber nicht, und du stehst eine Stund' um die andere und frierst und hörst die wilden Tiere heulen – und kennst keinen Weg und ich komm' noch immer nicht – nachher, Bub', wirst es wohl verstehen, wie dem Prophetenmann um's Herz ist gewesen.«
Wir sind weitergegangen, und nie habe ich kindlicher die Erwartung des Erlösers empfunden, als bei derselbigen Rorate.

Peter Rosegger

Das Wort ward Fleisch

Bei der Geburt des Herrn betrachte ich drei Dinge, die nicht nur verschieden, sondern einander durchaus unähnlich sind: Das Kind, das geboren wird, das ist Gott; die Mutter, von der es geboren wird, ist Jungfrau, und die Geburt selbst. In der Finsternis leuchtet ein neues Licht vom Himmel, ein Engel verkündet große Freude, himmlische Heerscharen singen Jubellieder. Gott wird die Ehre gegeben, und Friede den Menschen auf Erden, die guten Willens sind. Hirten eilen; Hirten finden das Wort erfüllt, das zu ihnen gesprochen ward, und verkündigen die freudige Botschaft weiter. Alle, die sie hören, ergreift Staunen und Bewundern. Dies und ähnliches sind Werke göttlicher Kraft, nicht menschlicher Gebrechlichkeit. Es sind goldene und silberne Gefäße, worin wegen des hohen Festes auch heute allen Armen am Tische des Herrn ein Festmahl gereicht wird. Die Gefäße dürfen wir nicht nehmen, die Schüsseln, die Becher aus Gold sind uns nicht zugedacht, wohl aber, was sie bergen an Speise und Trank.

»Gib sorgsam acht«, spricht der Weise, »was dir vorgesetzt wird.« Gewiß, auch ich erkenne, was mein Anteil ist bei der Geburt des Herrn. Zeit und Ort dieser Geburt, die Zartheit des Leibes dieses Kindes, sein Wimmern und seine Tränen, aber auch die Armut und die Nachtwachen der Hirten, denen die Geburt des Heilandes zuerst verkündet wird. Dieses alles ist mein Anteil, geschieht um meinetwillen, wird mir vorgesetzt, mir zur Nachahmung empfohlen. Christus ward im Winter, ward zur nächtlichen Stunde geboren. In seiner Hand sind Winter und Sommer, Tag und Nacht. Er kommt zu solch rauher Jahreszeit, in solcher Finsternis zur Welt – sollte das Zufall sein? Kein Kind wählt sich die Zeit, da es geboren werden will. Die anderen Kinder, die zu leben anfangen, haben noch keinen Gebrauch der Vernunft, keine freie Wahl und Überlegung. Wenn auch Christus noch nicht Mensch war, so war er doch im Anfang bei Gott und selber Gott, mit derselben Weisheit und Kraft ausgerüstet wie jetzt, da er ja Gottes Kraft und Gottes Weisheit ist.

Als nun der Sohn Gottes in der Welt erscheinen wollte, wählte er, da er ja nach Belieben die Zeit auswählen konnte, die beschwerlichste, zumal für ein kleines Kind und den Sohn einer armen Mutter, die kaum Windeln hatte, ihn einzuhüllen, und eine Krippe, ihn darein zu legen. Gewiß war die Not groß, doch von Pelzen hört man nichts. Der erste Adam kleidete sich in Tierfelle, der zweite wird in Windeln eingewickelt. Die Welt hat hierin andere Ansichten. Wessen Urteil ist nun falsch, das Urteil Christi oder das der Welt? Die göttliche Weisheit kann sich unmöglich irren. Deshalb ist das Trachten des Fleisches auch eine Todfeindschaft wider Gott, und wird die Klugheit der Welt Torheit genannt. Was folgt daraus? Christus, der sich nicht irren kann, hat das erwählt, was dem Fleische am beschwerlichsten ist.

Außerdem wird Christus in einem Stall geboren und in eine Krippe gelegt. Ist es nicht er, der da sagt: »Mein ist der Erdkreis und was ihn erfüllt.« Warum also hat er einen Stall gewählt? Gewiß, um die Ehre der Welt zu verwerfen, die Eitelkeit der Erde zu verdammen. Noch spricht seine Zunge nicht, und doch – alles an ihm ruft, predigt, verkündigt. Selbst die zarten Gliederchen des Kindleins schweigen nicht. In allem wird das Urteil der Welt verworfen, umgestoßen, in seiner Niedrigkeit gezeigt. Gibt man ihm freie Wahl, welcher Mensch wählte nicht, wählte nicht lieber einen starken Körper und ein reiferes Alter als das Kindesalter? O Weisheit, aus der Verborgenheit ans Licht gezogen. O wahrhaft fleischgewordene und verhüllte Weisheit!

Wahrhaftig, Brüder, das Wort ist Fleisch geworden und hat unter uns gewohnt. Solange es im Anfang bei Gott war, wohnte es in unzugänglichem Licht, und niemand konnte es begreifen. Wer hat den Sinn des Herrn erforscht, wer war sein Ratgeber? Der fleischliche Mensch faßt nicht, was vom Geiste ist, doch jetzt soll auch der fleischliche Mensch begreifen, weil das Wort Fleisch geworden ist. Wenn er nur das Fleisch hören kann, so soll er wenigstens vernehmen, was das Fleisch ihm sagt. Denn das Wort ist Fleisch geworden. O Mensch, im Fleische offenbart sich dir jene Weisheit, die einst verborgen war. Jetzt wird sie aus der Verborgenheit gezogen und stellt sich eben den Sinnen deines Fleisches dar. Fleischlich, um mich so auszudrücken, wird dir beigebracht: Fliehe die Lust. Denn der Tod steht am Eingang zum Vergnügen. Tue Buße; denn mit ihr naht das Reich Gottes.

Dies predigt dir jener Stall, dies ruft dir die Krippe zu. Hoffnung regt zur Buße an und entzündet das Verlangen nach Heilung noch heftiger. Diesen Trost vermehren noch das Erscheinen der Engel und die Worte, die sie an die wachenden Hirten richten. Wehe euch, ihr Reichen, ihr habt euren Trost bereits empfangen, so daß ihr keinen himmlischen mehr verdient. Wie viele Vornehme dem Fleische nach, wie viele Mächtige, wie viele Weise dieser Welt ruhten in jener Stunde auf ihren Lotterbetten. Ach, keiner davon ward gewürdigt, jene große Freude zu erfahren und der Engel Lobgesang zu hören: »Ehre sei Gott in der Höhe.«

Die Menschen sollen also wissen, daß, wer nicht der anderen Not und Mühsal teilt, auch nicht verdient, von Engeln heimgesucht zu werden. Sie sollen wissen, wie hoch die Himmelsbürger eine Arbeit einschätzen, die aus religiösem Beweggrund geschieht. Würdigen sie doch jene, die sich, von leiblicher Not getrieben, für den Unterhalt des Leibes mühen, ihrer Anrede, einer so beglückenden Anrede. Sie erkennen eben die Bestimmung, die Gott in Adam allen Menschen gab:

»Im Schweiße deines Angesichts sollst du dein Brot essen.«

Ich beschwöre euch, erwägt recht sorgfältig, welch große Dinge Gott zu eurer Ermunterung und zu eurem Heil getan hat. Denn ein so lebendig wirksames Wort, ein Wort, so verlässig und aller Annahme wert, nicht so sehr ein Wort des Mundes als der Tat, soll in euch nicht fruchtlos bleiben. Glaubt ihr, Brüder, es machte mir nur wenig Schmerz, wenn ich wüßte, daß ebendieses Wort, das ich jetzt an euch richte, spurlos und ohne jeden Nutzen in euren Herzen verhallte. Wenn nun ein armseliger, ja nichtswürdiger Mensch sich schon darüber ärgert, daß die geringe Mühe seiner Rede ohne Nutzen ist, mit wieviel mehr Recht wird der Herr der Herrlichkeit sich wohl entrüsten, wenn seine große Mühe durch unsere Herzenshärte oder Gleichgültigkeit erfolglos bleiben sollte. Davor möge er seine Knechte bewahren. Er, der sich herabließ, für ihre Rettung Knechtsgestalt anzunehmen, der eingeborene Sohn Gottes des Vaters, der da ist Gott über alles, hochgelobt in Ewigkeit.

Bernhard von Clairvaux

Das Engelamt

Diesen anmutigen Namen hat das katholische Bayernvolk seinem lieblichen Adventgottesdienste, dem Rorate, geschöpft. Es belebt ihm aber auch das Engelamt die düstern Dezembernächte mit Morgenfackeln, die das Pfarrland durchziehen und, der traulichen Turmstimme folgend, das Christenvolk in die Kirche führen. Aus jedem Hause eilt wenigstens ein Familienglied ins Engelamt durch Schnee und Eis, Sturm und Regenguß, Pfütze und Letten, von der Kirchhofmauer weg bis zur entferntesten Einöde in der Schlucht.
»Helft's! Helft's!« tönte es ums Jahr 1862 herum im Isargau drunten durch den stürmischen Adventmorgen; es war rabenfinster, und die Windstöße löschten die Laternen aus. Als der Kooperator und sein Organist, die selbst beide zum Engelamt auf die Filial hinaus steuerten, zur Unglücksstätte eilten, wer stand bis Mitte Leibs im tiefen, mit Schneewasser angeronnenen Wiesengraben? Der alte bußfertige Wirt aus dem nächsten Dörflein. Der peitschende Sturmwind hatte auch ihm seine Unschlittkerze ausgeblasen, und jetzt strengte er sich vergeblich an, um auf den Eiswänden herauszuklettern. Aus dem Graben gezogen, kehrte er keineswegs um und heimwärts, sondern ruderte tapfer mit Stock und Laterne in die Pfarre hinauf, wo er sich im nächsten befreundeten Hause umkleidete und dann ungesäumt in die Kirche: das Engelamt durfte ihm deswegen nicht auskommen.
Es ist aber auch so wunderschön in demselben. Vom Frauenaltar glänzt das Bildnis der Muttergottes, eingerahmt von einem kunstmäßigen Stabwerk, das seinerseits wiederum mit grünem Waldmoos umwunden und mit Papierrosen weiß und rot ausgeperlt ist: ein anmutiger Adventschmuck aus Jungfrauenhänden zu Lieb und Ehren derjenigen, die uns im Advent den Welterlöser entgegenträgt. Das ausgesetzte Sanktissimum steht zwölfmal vom Kerzenglanze umschimmert. In den Kirchenstühlen reiht sich Lichtlein an Lichtlein, und die Orgel geht überaus fröhlich: es ist schon die Morgenröte Christi.
Wo das bayerische Volksleben noch ganz unverdorben pulst, da steht seit grauester Ahnenzeit das Engelamt förmlich im Familienverbande. Jedes Haus zahlt und hat sein Rorate. Und fällt gar der Taufname des bayerischen Bauern in den Advent, so setzt er seinen Glauben, Stolz und Ehre darein, daß das Namenstags-Engelamt ihm allein gehöre.
Im Advent 1869 warf's einen schuhtiefen Holzlandschnee. Den Abend nun, an welchem die Flocken besonders lang anhaltend und

faustgroß fielen, kraute ein Filialbauer vom Isartal gramvoll hinter den Ohren. Die Nacht blickte er oft und oft hinaus und konnte nicht recht schlafen.

»Mir scheuzt«, sprach er zu seiner Bäuerin, »da Koprata bleibt margn in dem tiafn Schnee stecka, und i kriag mei Englamt nöt. Ich muaß fredi um ihm nausackern!«

Gesagt, getan. Schon in der frühesten Morgenstunde gab's vor dem Pfarrhoftor einen Lärm: der Kettenhund schlug an, ein Gaul pustete, die Hausglocke schellte. Der größte Bauer aus der Filial war draußen mit seinem starkknochigen Pinzgauer und dem Schneepflug.

»So, an schön' Gruaß an 'n Herrn Koprata, i hab' ihm jetzt scho an Weg ausg'ackert, naus und naus, daß a mei Englamt heunt haltn ko!«

Sprach's und sputete sich dann gleich heim mit seinem Grauschimmel, damit auch er rechtzeitig eintraf in der Filialkirche zu seinem Rorate.

In einem Nebental, das auch von nordwärts in den Isargau mündet, wirtschaftet ein Niederbayer, groß und stark wie ein Turm, mit Fäusten, die einen Eichblock zermalmen könnten. Er steht, wie gesagt, seinem Bauernhöfl ganz meisterlich vor; aber er ist wortkarg und verschlossen, »bärntatzi« (wie man auf gut bayerisch solche Leute heißt), und knurrt jeden Mitmenschen an, den Pfarrherrn so gut wie den Hüter. Das hat seinen Grund: sein Hochzeitstag hat ihm ein ganz und gar gefehltes Weib ins Haus gebracht. Seitdem schüttelt er umsonst an diesem Kreuzbalken und macht unter Grinsen und Schmunzeln nur einen einzigen Witz im Jahre. Und der lautet ein wie das andere Mal: »I hab' mei Wei zum fress'n gern. Wenn i s' no glei am Hochzettag schon gfress'n hätt'!«

In der Tat, aus dem Bärntatzigen ließe sich ganz gut ein rechtschaffener Eheherr schnitzen; das böse Weib hat ihn auf dem Gewissen. Ihm selbst aber kommt da von Zeit zu Zeit die schwere Bärenpfote aus, und dann muß er, verklagt, vor den pfarrherrlichen Richterstuhl. Dabei kann ihm natürlich der Pfarrer auch das ganze Recht niemals zusprechen, und so geraten die zwei ebenfalls auf den Kriegsfuß. Ja, wenn ihm der Pfarrer zum Friedenstiften in sein Haus kommt, so zieht der Bärntatzige unmutsvoll brummend die Zipfelhaube, sieht die Ferse des Pfarrherrn viel lieber als die Zehe und geht knurrend hinauf in den Gsodboden.

Aber das ändert sich gänzlich mit dem Thomastag: da braucht er nämlich sein Namenstags-Engelamt. Um das geht er trotz allem und allem zum Pfarrherrn, und dieser zählt und hält schon auf seinen Bärntatzigen ein; mögen ihn auch die größten Bauern darum bestürmen, den Thomastag vergibt er dem Bärntatzigen niemals. Und das schmeichelt diesem natürlich. So bringt das Engelamt in jedem Jahr den Pfarrer und sein »urtratziges« Böcklein wiederum einander nahe. Um den Thomastag herum geht es herkömmlich auch im Hause viel friedsamer her. Der Bärntatzige schaufelt auf dem Getreideboden seinen Weizen, und dabei grunzt er stillvergnügt in sich hinein: »I bin scho recht, da Pfarra is nöt unrecht, aba mei Wei is da Teufi!«

Und wirklich, als sie ihn einmal in solch einem Selbstgespräch verstohlen belauscht hatte, kam sie zum Pfarrer gerannt und wollte ihren Bärntatzigen kurzweg als einen Narren erklären lassen: weil er auf dem Boden allerhand seltsames Zeug mit sich rede. Aber da wusch ihr der Pfarrer von Amts wegen tüchtig den Kopf.

Das freute natürlich den Bärntatzigen auch wiederum: der Pfarrer stieg bedeutend in seinem Lobe. Und dennoch – im Jahre 1868 standen Thomastag und Engelamt auf Spitz und Knopf. Der gemarterte Eheherr hatte abermals mit seiner gußeisernen Bärenpratze viel zu schwer gefuchtelt und der Pfarrer ihn pflichtgemäß beträchtlich ins Ehegericht genommen: es hatte beiderseits ordentlich geblitzt und eingeschlagen. Das war, als schon die ersten Adventflocken herunterwirbelten. Diesmal stach nun der grollende Trotz sogar das Engelamt aus. Der Thomastag war vor der Tür; aber der Bärntatzige knurrte und grunzte fuchsteufelswild und ging um Himmel und Erde nicht mehr zum Pfarrer.

Doch siehe, am vierten Adventsonntag, was geschieht? Der Pfarrer verkündet ihm aus freiem Antrieb von der Kanzel herab sein Engelamt.

Als jetzt der Bärntatzige seinen Namen und sein Rorate hörte, da ging das Grundeis in ihm: eine daumendicke Freudenzähre klatschte in sein Meßbüchl. Die Kirche aus und er zum Pfarrer hinein, gab ihm ausgesöhnt die Hand und zahlte sein Engelamt mit dem schönsten Guldenstückl. Alsdann schnupfte einer vom andern, zu Hause stand wiederum ein großartiger Friedensschluß in Aussicht, und bereits auf der Pfarrhoftürschwelle schmunzelte der Bärntatzige seelenvergnügt in sich hinein: »Mei Englamt is mei Freud!«

Ein etwas seltsames Adventrorate ereignete sich im altbayerischen Rottland, um die Zeit 1845, und in einer derjenigen Kirchen, bei welchen die Straubing–Altötting-Straße vorübergeht. In diesem Dorf waren damals drei Lehrer:

1. Der alte, noch geprägt für die Altschule und jetzt im Ruhestand; er versah die Sakristei.

2. Der junge; sein lediger Sohn mit dem Namen Johann und schon auf der Neuschule gebildet; er versah die Schule und die Orgel.
3. Der jüngste, der kleine Michel, ein Vetterchen vom Kelheimer Donauland zu Haus, willens, auch einmal den faulen Buben aufzutatzen und die Orgel zu schlagen; daher nun im Rottal »Präparand«, d. h. lerneifrig die allerersten Lehren und Handgriffe abguckend dem alten in der Mesnerei; dem jungen im Schulhalten und Orgelspielen.

In dieser Kirche war nun das erste Montagsrorate vom Advent verkündet, um sechs Uhr früh luden die Turmglocken recht freudig dazu ein, die Sakristeiglocke schellte: der Geistliche trat mit seinem Meßknaben zum Altar. Aber auf der Orgelempore, wo schon ein Jubel aus allen Registern erschallen sollte, war es totenstill und rührte sich kein Stimmchen. Der Orgelmann fehlte. Nun trippelte der alte Lehrer, welcher selbst nicht Orgelschlagen konnte, zum kleinen Michel, nahm ihn beim Ellenbogen und »schuderte« ihn schleunig zur Orgel hinauf:

»Steh nur derweil auf die grouß Baßpfeifen und laß sie brummen, der Hans wird gleich kömmen und mit seine zwo Händ dreinfahren.«

Der Michel tat, wie ihm befohlen; er stellte sich fest auf die große Baßpfeife, und »mmm« brummte diese durch die Kirche.

So ging es den Eingang der Messe durch. Der Geistliche, welcher sein Engelamt wie gewöhnlich sang, stimmte »Gloria« an, aber kein Lehrer kam, um den Michel abzulösen; dieser konnte also nichts anderes tun, als weiterbrummen lassen. Indessen, zum Gloria schien ihm die Baßpfeife allein denn doch zuwenig feierlich; er zog an Orgelregistern, was herausging, und spreizte die beiden Hände auf die Tasten. Nun tat es aber so wild durcheinander, daß der feinohrige Michel entsetzt wieder von den Tasten zurückfuhr mit allen zehn Fingern zugleich; er wäre am liebsten ganz von der Orgel gelaufen, aber das durfte er nicht; er mußte auf seinem Ehren- und Vertrauensposten halten und die brummende Baßpfeife treten. Zum Sanktus sollten alle Mittel- und Kleinpfeifen schallen, das gehört zum Feierlichen; aber dem Michel fehlte schon ganz der Mut, um nochmals in die Tasten zu langen, vielmehr lief ihm der dicke Angstschweiß von der Stirne herab auf die Nase und die brennroten Backen. Denn wenn er sich zuweilen scheu umwandte, um in die Kirche hinunterzublicken, so sah er verwunderte Köpfe, welche sich nach ihm emporreckten, als wollten sie fragen, was heut für ein sonderbarer Orgler oben sitze. Allein der Michel war ja noch nicht länger wie seit Kathrein in der Lehre und auf die Orgel noch gar nie gekommen;

er konnte also unmöglich etwas Schöneres aus den Kirchenpfeifen bringen. Und so surrte denn der Orgelkasten sein »mmm« vom Introitus bis zum Johannes-Evangelium.
Doch ganz zuletzt, beim Weihbrunnenausgeben, wagte sich der Michel nochmals, setzte seine zwei Pfötchen auf die Tasten und ließ es schreien, bis der Geistliche mit seinen Meßknaben hinter der Sakristeitür verschwand; so arg, daß ihm selber Hören und Sehen verging und viele Engelamtbesucher ihre Ohren zuhielten. Während der Geistliche seine Meßkleidung ablegte, kam auch der kleine Michel in die Sakristei zurückgemäuselt, sehr kleinlaut wegen seiner Orgelei. Aber der Geistliche war ein braver Herr; er gab dem Michel keine Strafrede, sondern klopfte ihm freundlich auf die Achsel und lobte:
»So, Michel, du hast so gut georgelt, als du gekonnt, und mehr kann niemand verlangen.«
Dagegen fand der alte Lehrer nicht Worte genug, um sich zu entschuldigen, weil sein Sohn heute den Orgelstuhl ganz und gar verschlafen.
»Ist er vielleicht unwohl?« meinte der Geistliche.
»Dös nöt«, zürnte der weißköpfige Sakristan und raunte dem Geistlichen den eigentlichen Grund in das Ohr.
»Hm, hm«, versetzte dann der Geistliche kopfwiegend und mahnte:
»Ein andermal darf das freilich nicht mehr vorkommen.«
Das war nämlich so: Am Sonntag hatte man das allerletzte alte Bier von 1845 gegeben. Dabei geriet nun auch der junge Lehrer so tief in die Krüge und so spät nach Hause, daß ihn am Montag der Alte nicht mehr aus seinem Kanonenschlaf erwecken konnte, mit keinem Schreien und Anpoltern, während des ganzen Rorate, welchem demnach der Kirchengesang und die Orgeltöne fehlten.

Joseph Schlicht

Unter der Roratemesse

O allersüßester Herr Jesu Christe! Du wahrer Erlöser des menschlichen Geschlechtes! In dieser heiligen Adventszeit begehet deine heilige Kirche das unergründliche Geheimniß deiner gnadenreichen Menschwerdung und beherziget dankbar die große Liebe, welche dich unüberwindlichen Gott bewogen hat, von dem Himmel herabzusteigen und in dem jungfräulichen Leibe Mariä die menschliche Natur anzunehmen. Zur Danksagung für dieses unergründliche Geheimniß halten wir diese Rorate-Messe und erinnern uns der großen Begierde und des herzlichen Verlangens, das die lieben Altväter

nach deiner Menschwerdung getragen haben. Diese gottseligen Seelen wiederholten ohne Unterlaß das Schutzgebetlein Isaiä und sprachen mit tiefgeschöpften Seufzern: Rorate Cöli desuper! O ihr Himmel thauet von oben herab, und ihr Wolken regnet den Gerechten! O Erde eröffne dich und bringe hervor unsern lieben Heiland! Mit diesen heiligen Seelen seufzen alle frommen katholischen Christen in der heiligen Adventszeit zu dir, o süßer Jesu! und verlangen nach deinem himmlischen Thau und nach deiner gnadenreichen Geburt mit größter Herzensbegierde. Unter diesen erscheine auch ich armer Sünder hier vor deinem göttlichen Angesichte und begehre diesem göttlichen Amte nicht allein mit möglichster Andacht beizuwohnen, sondern auch alle Gegenwärtigen in der Andacht zu übertreffen; zugleich mit diesem Priester und mit der ganzen katholischen Kirche seufze ich nach dir, o mein süßes Jesulein! und spreche mit herzlichem Verlangen und lebhafter Begierde:
Rorate Cöli desuper! O ihr Himmel thauet von oben herab und ihr Wolken regnet den Gerechten! O liebe Erde, eröffne dich und sprieße hervor meinen süßen Heiland! Himmlischer Thau, falle auf meine dürre Seele! O göttlicher Regen, befeuchte mein trockenes Herz! Süßer Thau, o heilsamer Thau! falle reichlich über meine begierige Seele und erquicke sie mit einem Tröpflein deiner himmlischen Süßigkeit. O göttlicher Thau, der du über die Jungfrau Maria so überfließend gefallen bist und sie mit Gnaden erfüllet hast! aus deinem Ueberflusse gieße meiner Seele auch nur ein Tröpflein ein und weihe sie dadurch ein, des süßen Jesuleins würdige Wohnung zu werden.
Ich empfehle auch mich und alle die Meinigen in diese heilige Messe und in das unbegreifliche Opfer, welches du jetzt, als der höchste Priester selbst verrichtest. Laß dir diese meine Andacht und geringen Dienste gefallen und erinnere dich in meinem Tode, wie manche heilige Rorate-Messe ich dir zu Ehren gehört habe. Amen.

Pater Martin von Cochem

O Heiland, reiß die Himmel auf

O Heiland, reiß die Himmel auf,
Herab, herab vom Himmel lauf!
Reiß ab vom Himmel Tor und Tür,
Reiß ab, wo Schloß und Riegel für:
Komm Jesu zu uns!

O Gott! ein' Tau vom Himmel gieß',
Im Tau herab vom Himmel fließ',
Ihr Wolken brecht und regnet aus
Den König über Jakobs Haus:
Komm Jesu zu uns!

O Erd' schlag aus, schlag aus, o Erd',
Daß Berg und Tal alles grün werd'.
O Erd', herfür dies Blümlein bring',
O Heiland, aus der Erden spring:
Komm Jesu zu uns!

O klare Sonn', o schöner Stern!
Dich wollten wir anschauen gern.
O Sonn' geh auf, ohn' deinen Schein
In Finsternis wir alle sein:
Komm Jesu zu uns!

Hier haben wir nur Angst und Not,
Vor Augen steht der ewig' Tod.
Ach komm! führ' uns mit starker Hand
Vom Elend zu dem Vaterland:
Komm Jesu zu uns!

Da wollen wir all' danken dir,
Unserm Erlöser für und für;
Da wollen wir all loben dich
Je allzeit und ewiglich!
Komm Jesu zu uns!

Salzkammergut

Marienlied

Du allein bist auserkoren,
Abzuhelfen unsrer Not,
Du hast Gottes Sohn geboren,
Der zugleich ist Mensch und Gott.
Du bist heilig, ohne Schuld,
Ja kein Engel ist dir gleich,
Ewig fest in Gottes Huld,
Königin im Himmelreich.

Alle G'schöpf' und Kreaturen,
Was die Welt nur bringt herfür,
Sind nur leise schwache Spuren,
O Maria, gegen dir.
Du trittst auf mit weiten Schritten,
Bringst der ganzen Welt nur Trost,
Hast die alte Schlang' bestritten
Und hast ihr den Kopf zerstoßt.

Alle Schönheit dieser Erden,
Die Planeten, Sonn' und Mon
Können nicht verglichen werden
Gegen dich und deinen Sohn;
Du hast große Gnad' erhalten
Bei dem höchsten Königsthron.
Wie ein' Esther tust du walten,
Er hört deine Bitten an.

Adventslied

Es kommt ein Schiff, beladen
Recht bis zum höchsten Bord,
Bringt uns den Sohn des Vaters,
Das ewig wahre Wort.

Auf einem stillen Wege
Zieht still das Schifflein hin,
Es bringt uns reichen Segen,
Die hehre Königin.

Maria, edle Rose,
Zweig aller Seligkeit,
Du schöne Zeitenlose,
Mach uns von Sünden frei.

Das Schifflein das geht stille
Und bringt uns reiche Last,
Sein Segel ist die Minne,
Der Heil'ge Geist der Mast.

Das Leben und Leiden des heiligen Apostels Andreas

Der heilige Andreas, der Bruder des heiligen Apostels Petrus, ward zu Bethsaida in Galiläa geboren und von seinem Vater Jonas in seiner Kindheit zum Fischen angeführt. Als er mannbar war, ward er ein Jünger des heiligen Johannes des Täufers, blieb zwei Jahre bei ihm und ward von ihm zu einem strengen Bußleben angeführt. Als aber der heilige Johannes seinen Jüngern Christus mit Fingern zeigte, sprechend: »Siehe, das Lamm Gottes, welches hinwegnimmt die Sünden der Welt«, folgte er Christus nach, ward sein erster Jünger und führte auch seinen Bruder Petrus zu Christus. Was für ein heiliges Leben der heilige Andreas bei Christus geführt habe, ist leicht zu glauben, weil er den Ursprung aller Heiligkeit und den Spiegel aller Tugenden täglich vor Augen hatte, seine heilsamen Lehren mit Ohren hörte und sein allerheiligstes Leben mit Augen sah.
Nach Empfangen des Heiligen Geistes verharrte der heilige Andreas im jüdischen Lande bis zur Teilung der Apostel und bekehrte viele hartnäckige Juden durch seine eifrigen Predigten und großen Wun-

derzeichen zum Glauben an Christus. Bei der Apostel-Teilung fiel ihm das allerwildeste Land, Skythien, zu, wo die Leute lauter Götzendiener und die ärgsten Zauberer waren. Denn die Zauberei war damals eine freie Kunst, und wer am meisten zaubern konnte, der wurde für den vornehmsten Künstler gehalten. Da nun der heilige Andreas diesen Teufelsdienern Christus predigte und ihre Zauberei gewaltig lästerte, fielen sie über ihn her, warfen ihn zur Erde und schleiften ihn mit großem Geschrei und Gespött so lange durch die Straßen, bis sie meinten, daß er sterben müßte. Unter diesem unbarmherzigen Schleifen betete der heilige Andreas nach dem Beispiel Christi für seine Peiniger, auf daß es Gott ihnen nicht zur Sünde anrechnen, sondern zu ihrem Heile und Bekehrung wenden wolle.
Als der heilige Andreas zu Patros an dem Meere stehend predigte, warfen die Meereswellen einen toten Körper mit solcher Gewalt aus, daß dieser schier zu des heiligen Andreas Füßen kam. Alsdann sprach er zu dem Volke:
»Lasset uns Gott bitten, daß er diesen Toten erwecke, auf daß wir vernehmen mögen, wer er sei.«
Unter diesem Gebete ward der Tote lebendig, fiel dem heiligen Andreas zu Füßen und dankte ihm für seine Auferweckung.
Der heilige Andreas fragte ihn: »Wer bist du, und wie bist du in dies Unglück geraten?«
Dieser sprach: »Ich bin Philippater, ein Sohn Sostratis aus Mazedonien, bin neulich aus Italien gekommen und habe gehört, daß eine neue Lehre entstanden sei, welche vorhin ganz unbekannt gewesen, und daß diese Lehre mit vielen Wunderzeichen bekräftigt werde von einem Manne, welcher sich ein Jünger des wahren Gottes nennt. Als ich dies hörte, verlangte ich denselben zu sehen und setzte mich mit vierzig meiner Freunde und Diener auf das Meer, auf welchem ein solches Ungewitter entstand, daß wir alle zusammen ertrunken sind. Weil du mich denn erweckt hast, so glaube ich, daß du derjenige Diener Gottes bist, welchen ich suche. Wenn du denn derjenige bist, so bitte ich, du wollest meine Mitgefährten auch auferwecken.«
Der heilige Andreas streckte seine Hände und Augen gen Himmel und bat Christus wegen seiner Ehre, daß er die Ertrunkenen an Land werfen und von den Toten auferwecken wolle. Alsbald schossen alle toten Leiber an Land und gingen lebendig aus dem Wasser heraus. Alles Volk schrie laut auf: »Es ist kein Gott dem Gott des Andreas gleich.«
Die vom Tode Erweckten fielen alle zusammen dem heiligen Andreas zu Füßen und dankten ihm mit weinenden Augen, weil er sie von dem zeitlichen und ewigen Tode errettet hatte. Durch dies große

Wunder und durch die Zusprache der vom Tode Erstandenen wurden gar viele Heiden bekehrt, und der Name des heiligen Andreas wurde weit ausgebreitet.
Der römische Landpfleger in Achaja, Ägeas genannt, konnte das Lob des heiligen Andreas nicht hören, weil dieser die Götter verachtete und die Leute zum strengen Bußleben ermahnte. Deswegen strafte ihn Gott mit einer tödlichen Krankheit seiner Gemahlin Maximilia. Wiewohl diese eine Heidin war, so schickte sie doch ihre Magd zum heiligen Andreas, bittend, er wolle zu ihr kommen und ihr seine neue Lehre verkündigen. Als der heilige Apostel kam, trat er zu der Kranken, rief Christus über sie an, bezeichnete sie mit dem heiligen Kreuze, und sie fing gleich an, häufig zu schwitzen und bald danach gesund zu werden.
Ägeas dankte ihm für diese Guttat und verehrte ihm zur Vergeltung hundert Silberlinge. Der heilige Andreas aber wollte das Geld nicht nur nicht annehmen, sondern gar nicht anschauen.
Damals kam Stratokles, der Bruder des Ägeas, aus Italien, seinen Bruder zu besuchen, und hatte einen sehr lieben Diener bei sich, welcher auf der Reise vom Teufel besessen worden war.
Maximilia aber sprach zu ihm: »Betrübe dich nicht, mein lieber Schwager, denn wir haben einen heiligen Mann hier, welcher allerhand Wunder wirkt und deinen Diener ohne Mühe von dem bösen Geiste befreien wird.«
Sie schickte ihre Magd zum heiligen Andreas, bittend, zu ihr zu kommen und einen besessenen Menschen von dem Teufel zu befreien. Er kam alsbald, ergriff den Diener mit der Hand, und sprach zu ihm:
»Im Namen Jesu Christi, meines Meisters, den ich verkündige, stehe auf und sei vom Teufel befreit.«
Alsbald ward der besessene Diener befreit und pries Gott und den heiligen Andreas. Über dieses ergrimmte Ägeas gar heftig und ließ den Andreas zu sich berufen, sprechend:
»Was ist dies für eine neue Lehre, welche du aufbringst und das gesamte Volk verführst, indem du sagst, es sei nur ein einziger Gott, und die alten Götter gar zu vernichten suchst?«
Auf diese Worte disputierte der heilige Andreas lange mit diesem verkehrten Menschen, konnte jedoch in sein verstocktes Hirn die Lehre der Wahrheit nicht eindrücken. Der gottlose Landpfleger ward darüber so erbittert, daß er ihn in das Gefängnis werfen ließ. Er war aber kaum in den Kerker gekommen, da versammelte sich eine große Menge Volkes, und sie wollten nicht allein den Apostel aus dem Gefängnis holen, sondern auch den Landpfleger totschlagen.

Dies mißfiel dem Tyrannen so sehr, daß er befahl, den heiligen Mann an das Kreuz aufzuhängen. Da legten die Schergen Hand an ihn und führten ihn hinaus, damit sie ihn kreuzigten. Es geschah aber ein großer Zulauf des Volkes zu ihm, welches mit heller Stimme aufschrie: »Was hat der gerechte Mann und Freund Gottes getan, daß man ihn zum Kreuze führt?«

Hierauf legte er seine Kleider von sich und übergab sie den Schergen. Danach ward er von ihnen aufgehoben und mit Stricken so hart an das Kreuz gebunden, als wenn er wirklich an einer Folter ausgespannt wäre. Weil denn die Anwesenden ihn herabzunehmen allen Fleiß anwandten, so schrie der heilige Andreas mit heller Stimme zu Gott: »Laß nicht zu, o Herr Jesu Christ, daß ich, dein Diener, der ich um deines heiligen Namens willen am Kreuze hänge, abgelöst werden möge. Laß auch nicht zu, daß derjenige, welcher durch dein Kreuz deine Hoheit erkannt hat, von Ägeas, einem verweslichen Menschen, gedemütigt werde, sondern nimm vielmehr mich auf, du mein Meister, welchen ich geliebt habe, welchen ich erkannt habe, welchen ich zu sehen verlange und in welchem ich das bin, was ich bin. O Herr Jesu Christ! Nimm auf in Frieden meinen Geist, denn es ist schon Zeit, daß ich komme, indem ich dich zu sehen sehr verlange. Nimm mich auf, o Herr Jesu Christ, du guter Meister, und befehle, daß man mich von diesem Kreuze nicht abnimmt, ehe du meinen Geist empfangen hast.«

Als er dies geredet hatte, stieg im Angesicht des ganzen Volkes eine große Klarheit wie der Blitz vom Himmel herab und umgab den glorwürdigen Apostel dermaßen, daß er von keinem menschlichen Auge gesehen werden konnte. Dieser übernatürliche Glanz währte ungefähr eine halbe Stunde, und als er wieder verschwand, gab er seinen Geist in die Hände des Herrn auf. Maximilia, des Landpflegers Gemahlin, bedauerte sehr den unschuldigen Tod ihres lieben Lehrmeisters, und zur Bezeigung ihrer großen Liebe ließ sie ihn vom Kreuze herabnehmen, kostbar einbalsamieren und an dem Ort begraben, welchen der glorwürdige Apostel vor seinem Hinscheiden bestimmt hatte.

Nach dem Tode des heiligen Mannes befiel eine solche Furcht alle Bewohner des Landes, als sie sahen und hörten den erschrecklichen Tod und Untergang des Landpflegers Ägeas, daß sie alle zusammen den christlichen Glauben annahmen und den Namen Christi öffentlich bekannten, welcher mit dem Vater und dem Heiligen Geiste als gleicher Gott lebt und regiert in alle Ewigkeit. Amen.

Pater Martin von Cochem

Heiliger Andreas, i bitt' di

Heiliger Andreas,
i bitt' di,
Bettstattl, i tritt di,
zoag mir den Herzallerliebsten mein.

Mit dem Andreastag beginnen die sogenannten »Learstage«, Lostage, und damit sind wir mitten im winterlichen Brauchtum, das voller urzeitlicher Mystik, Glaube und Aberglaube, strenger tugendsamer religiöser Bräuche und sinnenfroher Festtage, gefüllt mit gutem Essen und schönen Geschenken, ist.
So heißt es, daß das, was man in der Andreasnacht träumt, in Erfüllung geht, daß der Bursche, der am Andreastage einem Mädchen zuerst begegnet, ihr Mann wird.
Die Art und Weise, wie man etwas über die Zukunft erfahren möchte, ist in den einzelnen Dörfern und Tälern des Gebirges sehr unterschiedlich. Aber es läuft doch alles darauf hinaus, daß der heilige Andreas, wenn man ihn nur recht bittet, und das steht fest, das muß man tun, und zwar in vorgeschriebener, seit alters her erprobter Weise, einem die Zukunft verrät. So z. B. erfährt man etwas über die Zukunft, wenn man rückwärts mit dem linken Fuß zuerst ins Bett steigt und folgenden Spruch sagt:

Heiliger Andreas, i bitt',
daß ich mei Bettstatt betritt,
daß mir erscheint
der Herzallerliebste mein,
wie er geht
und wie er steht
und wia er mi zum Traualtar führt.

Auch Bleigießen, ein Brauch, der ja eigentlich in die Neujahrszeit gehört, ist am Andreastag üblich. Aber dies nicht von ungefähr, denn der Andreastag fällt fast mit dem Beginn des Kirchenjahres zusammen und hat daher so manche Neujahrsbräuche auf sich gezogen. So betrachten wir, angeregt durch die Vielzahl der möglichen Bräuche, noch einige »phantastische« Zukunftsbefragungen. Man schreibe die 24 Buchstaben in einer Reihe an die Tür und greife mit verbundenen Augen nach einem dieser Buchstaben. Dies wird dann der Anfangsbuchstabe des Namens des künftigen Freiers sein. Oder wenn ein Mädchen am Andreasmorgen an einem Strauche eine Knospe entdeckt, wird sie bald heiraten. Aber nicht nur die Frauen, auch die Männer befragen St. Andreas:

Wann St. Andreasabend kümmt,
pflegt jeder, der sich will beweiben,
auch die, die sich bemannen will,
ein hitziges Gebet zu treiben.

Liebe und Tod, in der Dichtung so oft nah beieinander, sind auch in der Weissagung der Andreasnacht vereint.
Wenn ein Bursche oder ein Mädchen einen Sarg hinter einem Baume sieht, so sterben sie bald und bleiben bis dahin ledig. Der spitzbübische Brauch des Horchens am Fenster des Nachbarn, um aus den zufällig gehörten Worten sich die Zukunft zusammenzureimen, gilt auch am Andreastag. Wenn beim Horchen am Fenster der Nachbarn von einem Begräbnis die Rede ist, dann folgt bald ein Todesfall im eigenen Haus.
Spuk, Zauber, Hexe und Teufel, Dämonen und böse Mächte vereinen sich im Volksglauben zu einem phantastischen Reigen. Und ebenso bunt und vielfältig sind die Gebräuche, mit denen man eben diesen Geistern begegnen will. Fruchtbarkeitszauber auf den Feldern, Austreibung der bösen Mächte. Aber besonders wichtig ist, daß die Andreasnacht die erste Klöpflesnacht im winterlichen Brauchtumskreis darstellt. Doch hierüber wollen wir ausführlicher an anderer Stelle erzählen.

H. C. E.

St. Andreas

Dich, St. Andreas, ehren wir,
Weil Jesus sich gewend't zu dir,
Und da du in dem Meer gefischt,
Von ihm berufen worden bist.

Mir folge nach! Herr Jesus sprach.
Alsbald du folgest ihme nach.
Darum er dich hat auserwählt
Und unter die Apostel zählt.

Du hast gar fleißig angehört,
Was Jesus Christus hat gelehrt.
Hast andre eben dieß gelehrt,
Viel Sünder zu der Buß bekehrt.

Daß Jesu Christi Nam' und Lehr
Bekannt sollt werden mehr und mehr,
Ganz unermüdet reisest fort,
Zu predigen das göttlich Wort.

Es liegt in dem Achaierland
Ein' Stadt, die Patras wird genannt.
An diesem Ort war dir bereit
Der Kampfplatz zu dem letzten Streit.

Ägäas, der Landpfleger war
Im Heidenthum vertieft so gar,
Daß er dich Christo hat zum Spott
Verurtheilt zu dem Kreuzestod.

Das Volk dich wollt zwar machen frei,
Du aber ihnen stimmst nicht bei;
Das Kreuz aus Liebe Jesus Christ
Dein einziges Verlangen ist.

Das Kreuz hast grüßt, als wärs dein Braut,
Die dir von Christo anvertraut,
Dieweil er selbst am Kreuzesstamm
Das Ende seines Lebens nahm.

Das Kreuz dir als ein Kanzel war,
Von welcher du die Christenschar
Das Evangeli hast gelehrt
Und hast noch viel zu Gott bekehrt.

Dieß Kreuz war einer Leiter gleich,
Auf der du steigst ins Himmelreich;
Da Christus dir entgegen gieng
Und deine Seel mit Freud empfieng.

Weil du dann jetzt im Himmel bist,
Zu dir dieß unser Bitten ist:
Wann wir gerathen in ein Noth,
Erhalte uns Geduld von Gott.

Uns stehe bei in letzter Noth,
Erhalte uns ein gueten Tod,
Daß wir mit dir in Ewigkeit
Gott loben in der Seligkeit!

Salzkammergut

Das Leben und Leiden der heiligen Jungfrau Barbara

Die heilige Barbara ist in der Stadt Nikanedia, in Kleinasien am Meere gelegen, von vornehmen, edlen Eltern geboren und von Kindheit an zu dem verfluchten Götzendienste erzogen worden. Als sie zu ihren verständigen Jahren kam und manchmal des Nachts die schönen glänzenden Sterne mit besonderer Lust beschaute, empfand sie eine große Begierde, zu wissen, wer doch dieselben erschaffen oder gemacht hätte. Ihre Eltern sagten ihr zwar nach der Lehre der Weltweisen, daß die Sterne samt der Welt von niemandem erschaffen worden, sondern daß sie von Ewigkeit gewesen seien und in Ewigkeit bleiben werden. Weil aber dies Jungfräulein eines klugen Verstandes war, so fand sie in dieser Antwort kein Genügen, sondern ward nur noch begieriger, den Urheber des edlen Gestirns zu erkennen. Sie rief jenen unbekannten Gott in ihrem Herzen an und bat ihn eifrig, daß er sich ihr zu erkennen geben wollte.

Wegen dieses eifrigen Gebetes schickte ihr Gott den damals lebenden hochgelehrten Origines, welcher sie in dem wahren Glauben unterrichtete und sie zu einem tugendhaften Wandel, besonders zur Bewahrung ihrer Jungfrauschaft, antrieb. Barbara war das einzige Kind ihrer Eltern, von ausbündiger Schönheit und gutem Verstande; deswegen kamen viele heidnische Jünglinge und Jungfrauen sie zu besuchen und sich an ihrer Schönheit und Weisheit zu erlustigen. Ihr Vater Dioskorus, fürchtend, seine Tochter möchte verführt oder gar geraubt werden, nahm sie von den Augen der Leute weg und gab ihr ein schön eingerichtetes Zimmer oben in seinem Hause, welches in Gestalt eines Schlosses gebaut war und in welchem seine silbernen und goldenen Hausgötzen standen, zur Wohnung. Er befahl ihr, diese seine Götter zu verehren und ihnen Weihrauch zu opfern, damit sie seinem Hause Heil und Wohlfahrt bringen möchten. Die heilige Barbara aber verwünschte und vermaledeite sie und spie ihnen in ihre Angesichter, indem sie sprach:

»Verflucht seid ihr Götzenbilder, und verflucht sind alle, die euch verehren.«

Sie hätte dieselben gerne in Stücke zerschlagen, aber ihres Vaters wegen durfte sie dies nicht tun; sie tat es aber hernach, als ihr Vater verreist war.

Im übrigen war diese heilige Jungfrau in ihrer Einsamkeit wohl vergnügt, weil sie die schönste Gelegenheit hatte, ihrem lieben Gott zu dienen und sich in Bußwerken zu üben. Sie ward von vielen vornehmen Jünglingen zur Ehe begehrt; sie aber bat ihre Eltern, daß sie noch eine Weile in ihrem ledigen Stande bleiben und ihre jungen Jahre genießen dürfte.

Nach einiger Zeit ließ ihr Vater neben seinem Hause ein Badhaus bauen und mit zwei Fenstern zieren. Als der Vater verreist war, ging Barbara einmal in jenes Haus und sagte den Maurern, sie sollten zu mehrerer Bequemlichkeit drei Fenster hineinmachen, und wenn ihr Vater darüber zürnen würde, so wollte sie ihm die Ursache dieses dritten Fensters erklären. Sie machte auch auf den Rand einer marmorsteinernen Schale, in welche das Badwasser fließen sollte, mit ihrem Daumen rundherum vier Kreuzlein, welche so tief eingedrückt wurden, als wenn der Rand von weichem Wachs gewesen wäre. Bei seiner Zurückkunft fragte der Vater die Maurer, warum sie wider seinen Befehl in das Badhaus drei Fenster gemacht und vier Kreuzlein auf den Rand der Schale eingehauen hätten.

Die Maurer entschuldigten sich und sagten: »Eure Tochter hat uns befohlen, drei Fenster zu machen, die vier Kreuzlein aber hat sie selbst zu unserer großen Verwunderung in den Marmorstein gedrückt.«

Der erzürnte Vater eilte zu seiner Tochter und fragte sie: warum sie

in die Badstube drei Fenster habe machen lassen und auf den Rand der Platte vier Kreuzlein eingedrückt habe?
Die heilige Barbara sagte unerschrocken: »Ich habe zu Ehren des dreifaltigen Gottes drei Fenster machen lassen und zu Ehren des Kreuzes Christi die vier Kreuzlein in die Schale eingedrückt.«
Der Vater fragte: »Bist du denn eine Christin?«
Sie sprach: »Ich danke dem wahren Gott, daß er mich durch seinen Diener zum wahren Glauben gebracht und mir die Falschheit der heidnischen Götzenbilder zu erkennen gegeben hat. Darum habe ich eure goldenen und silbernen Götzenbilder zerschlagen, auf daß mein Herr Vater sehen soll, was für armselige Götter er habe, welche sich nicht wider ein Mägdlein haben wehren können.«
Der Vater ging in das Zimmer, worin seine Götter standen, und als er sie zerstückelt auf dem Boden liegen sah, ward er so sehr erbittert, als wären alle Teufel in ihn gefahren. Er lief nach einem Prügel, um seiner Tochter Arme und Rippen entzweizuschlagen; sie aber floh aus natürlichem Schrecken zum Hause hinaus auf einen Berg und verkroch sich unter die Hecken und Sträucher. Der ergrimmte Vater lief ihr nach, suchte sie an allen Orten, und als er sie endlich fand, warf er sie zur Erde, schlug sie mit Fäusten, trat sie mit Füßen und schleifte sie bei ihren Haaren den Berg hinab. Als er sie in diesem Grimm nach Hause brachte, sperrte er sie in ein finsteres Zimmer, legte ihr an Hände und Füße schwere Ketten, tat ihr täglich viel Spott und Schmach an und peinigte sie mit Hunger und Durst. Hier lag nun die Unschuldige von allen Menschen verlassen und schrie zu Christus dem Herrn, daß er ihr Standhaftigkeit verleihen möchte.
Martian ließ die heilige Barbara vor seinen Richterstuhl führen und sprach mit freundlichen Worten zu ihr: »Liebe Barbara! Was willst du anfangen? Hilf dir selbst aus dieser Gefahr, und opfere den Göttern, sonst werde ich die Schärfe ergreifen und dich durch erschreckliche Martern hinrichten.«
Die heilige Barbara sprach: »Ich will niemand opfern als meinem Herrn Jesus Christus, welcher Himmel und Erde erschaffen hat. Von den bösen Geistern aber, die eure Götter sind, spricht der Prophet also: Sie haben einen Mund und reden nicht; sie haben eine Nase und riechen nicht; sie haben Ohren und hören nicht; sie haben Hände und greifen nicht; und sie haben Füße und gehen nicht. Es ist kein lebendiger Geist in ihrem Munde, und jene, welche sie gemacht haben, wie auch jene, welche sie verehren, werden ihnen gleich.«
Über diese Antwort ward der Richter also erzürnt, daß er die keusche Jungfrau nackt ausziehen und so lange schlagen ließ, bis ihr ganzer Leib verwundet war und ihr heiliges Blut auf die Erde floß.

Wiewohl diese gebenedeite Märtyrin von allen Menschen ganz verlassen war, so dachte doch Christus, ihr Seelenbräutigam, an sie, erschien ihr um Mitternacht in großer Klarheit, tröstete sie in ihren Schmerzen und heilte alle ihre Wunden.

Als sie nun des andern Tages vor Gericht gestellt wurde und kein Zeichen einer Wunde an sich hatte, sprach der Richter voll Verwunderung zu ihr: »Siehst du, Jungfrau, wie lieb und wert dich unsere Götter haben? Deswegen sollst du ihnen dankbar sein und sie als wahre und unsterbliche Götter anbeten.«

Da sprach die heilige Barbara: »Du verstockter Richter! Wie sollen mir deine Götzen helfen, die sich selbst nicht helfen können, da sie weder reden noch hören, noch gehen können? Jesus Christus aber, der Sohn des lebendiges Gottes, hat mich gesund gemacht; daher will ich ihn auch mein ganzes Leben lang ehren und als den einzigen wahren Gott anbeten.«

Wegen dieser Worte ergrimmte der Richter und ließ die heilige Jungfrau abermals nackt ausziehen. Die Henker mußten sie auf seinen Befehl grausam zerreißen und brennende Fackeln an ihren verwundeten Leib halten. Er befahl auch, ihr die Haut mit kleinen Hämmern zu zerschlagen und zuletzt ihre beiden jungfräulichen Brüste abzuschneiden.

Unter dieser schweren Pein erhob die heilige Jungfrau ihre weinenden Augen gen Himmel, seufzte inniglich zu Gott und sprach: »O Herr Jesus Christus, steh mir bei! O allergütigster Jesus, verlaß mich nicht!«

Als sie nun alle diese Martern überstanden hatte, führte man sie auf Befehl des Richters zum Tode hinaus. Unterwegs mußte sie von dem losen Gesindel viel Schmach und Spott ausstehen, was sie um Christi willen herzlich gerne litt; denn sie ging ganz unerschrocken daher und wendete ihre Augen ohne Unterlaß zum Himmel hinauf. Als sie auf den Richtplatz kam, kniete sie demütig nieder und betete mit erhobenen Augen und Händen zu Christus, indem sie sprach:

»O Herr Jesus Christus! Ich bitte dich demütig vor meinem letzten Ende, du wollest alle diejenigen, welche deines Namens und meiner Marter eingedenk sind, in ihrem Sterbstündlein erhören und sie nicht ohne die heiligen Sakramente von dieser Welt scheiden lassen.«

Als sie dieses geredet, da ward eine Stimme vom Himmel gehört, welche zu ihr sprach: »Komme, meine auserwählte Braut! Besitze das Reich, das dir bereitet ist; und was du von mir begehrt hast, das will ich dir gewähren.«

Danach entblößte die keusche Jungfrau ihren Hals und machte sich bereit, den letzten Streich vom Henker zu empfangen. Als dieses ihr grimmiger Vater sah, lief er ganz verzweifelt hinzu und riß dem Scharfrichter das Schwert aus der Hand. Er führte ganz rachgierig einen starken Streich und schlug seiner eigenen Tochter das Haupt ab. Also fuhr die Seele der heiligen Barbara gen Himmel und ward von den heiligen Engeln in die ewige Glòrie begleitet. Der gottlose Vater bildete sich zwar ein, er hätte eine tapfere Tat begangen; Gott der Allmächtige aber wollte dieses nicht ungerächt lassen. Denn als der Bösewicht vom Richtplatz nach Hause gehen wollte, überzog sich plötzlich der Himmel mit schwarzen Wolken, und es fing an, erschrecklich zu donnern und zu wetterleuchten. Ein Donnerstreich brach aus den Wolken, schlug den gottlosen Vater auf dem Platze zu Boden, und seine verfluchte Seele fuhr zur ewigen Verdammnis. Der Leichnam der heiligen Barbara wurde von einem frommen Manne begraben, und der Herr tat durch ihre Fürbitte sehr große Wunderzeichen.

Im Jahre des Herrn 1448 war ein Mann zu Gorkum in Holland, namens Heinrich Koch, welcher eine besondere Andacht zu der heiligen Barbara trug und sie täglich anrief, damit sie ihn nicht ohne die heiligen Sakramente sollte sterben lassen. Einmal fiel ihm eine brennende Kerze ins Stroh, wodurch das ganze Haus in Brand gesteckt wurde. Der Mann erwachte gar bald und lief eilends samt seinem Sohne zum Hause hinaus. Er erinnerte sich aber seines hinterlassenen Geldes, lief wieder hinein und hoffte, das Geld noch ohne Schaden herauszubringen. Da fiel das brennende Strohdach ein und bedeckte den armen Mann mit Flammen. In dieser schrecklichen Pein und Todesgefahr bedauerte er am allermeisten, daß er so elend ohne die heiligen Sakramente sterben müßte. Daher erhob er sein Gemüt zur heiligen Barbara und sprach:

»O heilige Barbara, du treue Braut Jesu Christi, komm mir Armseligem und in meinen Sünden sterbendem Menschen zu Hilfe. Was du bei deinem himmlischen Bräutigam vermagst, das zeige jetzt an meiner armen Seele. Durch deine Fürbitte widerfahre mir jetzt, was dir vor deinem Tode von Christus versprochen worden ist. Dein geliebter Bräutigam wolle eingedenk sein des rosenfarbenen Blutes, das du für ihn vergossen, und der inbrünstigen Liebe, die du zu ihm getragen hast, damit meine Seele nicht eher von dem Leibe scheide, bis sie mit den heiligen Sakramenten versehen ist.«

Kaum hatte er diese Worte ausgeredet, siehe, da stand die heilige Barbara vor ihm und löschte das Feuer mit ihrem Mantel aus. Sie führte den frommen Mann mit ihrer Hand hinaus und redete ihn also an:

»Weil du mir oft andächtige Dienste geleistet und jetzt die göttliche Barmherzigkeit durch meine Fürbitte angerufen hast, so wisse, daß dir dein Leben bis zur Morgenröte durch meine Fürbitte verlängert ist, auf daß du dich zum Tode bereiten und die heiligen Sakramente empfangen mögest.«

Nach diesen Worten verschwand die heilige Barbara, und der arme Mann fiel vor Schmerzen zu Boden.

Da lag nun der gebratene Mann und schrie ohne Unterlaß nach einem Priester, damit er die heiligen Sakramente empfangen könnte. Als nun derselbe kam, tat er eine Generalbeichte, und nachdem er die heilige Kommunion samt der letzten Ölung empfangen hatte, beichtete er noch dreimal. Er erzählte auch allen, daß ihm durch die Fürbitte der heiligen Barbara eine solche große Gnade widerfahren sei, und ermahnte sie treulich, eine besondere Andacht zu dieser glorwürdigen Jungfrau zu tragen und sie täglich mit einem gewissen Gebetlein zu verehren.

Als nun die Morgenröte nahte, sagte er, daß sein Sterbstündlein gekommen sei, und bat den Beichtvater und alle Umstehenden, daß sie ihm beistehen wollten. Danach verrichtete er sein Gebet zu Gott, zu der seligsten Jungfrau Maria und zu seiner heiligen Patronin Barbara und bat sie demütig um Verzeihung seiner Sünden. Endlich sprach er mit klarer Stimme:

»O allerbarmherzigster Herr Jesus Christus; der du mich am Stamme des heiligen Kreuzes mit deinem kostbaren Blut und allerbittersten Tode erlöst hast, erbarme dich über mich, denn in deine Hände empfehle ich meinen Geist.«

Als er dies geredet hatte, gab er seinen Geist auf und fuhr zu den ewigen Freuden. Sein verbrannter Leib wurde den ganzen Tag dem zulaufenden Volke vorgestellt und hernach in der Pfarrkirche neben dem Predigtstuhl ehrlich begraben.

Pater Martin von Cochem

Heilige Barbara, bring mir Glück

St. Barbara mit dem Turm,
St. Margareta mit dem Wurm,
St. Katharina mit dem Radl,
das sein die drei heiligen Madl.

St. Barbara gilt als die Schutzfrau der Bergleute, Baumeister, Turmwächter und Artilleristen. In mancher schweren Todesstunde wird die heilige Barbara als die Schutzheilige der letzten Stunde um Hilfe angefleht. Und so heißt es, wer die heilige Barbara verehrt, wird vor jähem Tode ohne Sterbesakramente bewahrt. So mancher Spruch zeigt, wie inbrünstig die Patronin der Sterbestunde gerufen wird.

Heilige Barbara, du edle Braut,
Leib und Seel' sei dir anvertraut,
sowohl im Leben als im Tod,
steh mir bei in jeder Not;
steh mir bei an meinem End,
daß ich empfang das heilig Sakrament.

Da sie die Patronin der Bergleute war, ließen diese am Barbaratag, dem 4. Dezember, ihr zu Ehren die Arbeit ruhen. Statt dessen hielt man ein feierliches Hochamt und, damit auch das irdische Leben zu seinem Rechte kommt, anschließend ein fröhliches Mahl im Gasthaus. Hier wurde dann über Beförderung und Neuaufnahmen entschieden. Am volkstümlichsten und bekanntesten ist sie durch den Barbarazweig.

Schneidet man an diesem Tag einen Kirschzweig von einem Baume, steckt ihn in Wasser und stellt ihn in die warme Stube, so soll er zu Weihnachten blühen. Wobei auch hier auf feine Details des Brauchtums geachtet werden muß. So darf der Zweig nur dann geschnitten werden, wenn noch nicht die Sonne an diesem Tag daraufgeschienen hat, und er muß dann an einen bestimmten Platz auf dem Ofen hingestellt werden. Wie an allen Festtagen der Heiligen in der Adventszeit, verbinden sich auch mit dem Barbaratag Orakel und Zukunftsprognosen, wobei Fruchtbarkeit und Hochzeit im künftigen Jahr die Hauptrolle spielen. Denn so weiß man auch, daß man Wunschzettel an die einzelnen Zweiglein befestigen muß, und daß der Wunsch in Erfüllung geht, an dessen Zweiglein eine Blüte aufgeht. Hermann Mann erzählt in seinem Buch »Unsere Weihnacht«

von eben diesem Brauch und sieht darin »nicht bloß Aberglauben, das ist ein Reststück uralten, unverfälschten Heidentums. Nach alter germanischer Auffassung hausen die Geister der Toten auf den Bäumen und halten gerade in den langen Winternächten ihre Umzüge, geführt von der Totengöttin Perchta oder Holda.« Es ist wohl kein Zufall, daß auch die Barbara die Schutzheilige der Sterbenden ist. »Sie bringen den Gutgesinnten Glück und Segen, Fruchtbarkeit der Bäume und gute Ernte, und der blühende Barbarazweig um Weihnachten bedeutet ihr Glückszeichen. Weil der Barbaratag so bedeutungsvoll ist, wurde er auch als Merktag für das Wetter:

Gibt St. Barbara Regen,
bringt der Sommer wenig Segen.

Begreiflich, denn um diese Zeit muß richtige Winterkälte herrschen, soll ein richtiger Sommer zu erwarten sein.

H. C. E.

Es blühen die Maien

Heut ist uns geboren
Der Heiland dieser Welt
Und Gott ist Mensch geworden,
Wie jene Stimm' vermeldt.
Es singt die schöne Nachtigall;
Ich siech vom Himmel einen Strahl
Von feren
Auf Erden;
Es steigt die Sonn vom Himmelssaal
Und neiget sich auf einen Stall
Die Engel singen all.

Rorate

Rorate! Ach tauet ihr Himmel herab!
Ach regnet ihr Wolken die göttliche Gab!
Schickt uns den Gerechten, auf welchen so hart
Die Frommen seit Abel im Kerker gewart't.

Tu auf dich, o Erden und bring uns herfür
Den Heiland der Menschen, wir flehen zu dir!
Der Fleisch sollte werden als ewiger Gott,
Uns all zu erretten vom ewigen Tod.

Der himmlische Botschafter tröstet uns schon,
Daß Gottes Sohn kommet vom himmlischen Thron,
Verborgen bei einem jungfräulichen Weib,
Die ihn schon empfangen und nähret im Leib.

Salzkammergut

Das Leben des heiligen Bischofs Nikolaus

Der heilige Nikolaus ist in der Stadt Patara, in der Landschaft Lykien, von alten, unfruchtbaren Eltern geboren und durch vieles Beten, Almosen und Wallfahrten von Gott erworben worden. Vom Bruder seines Vaters, welcher Nikolaus hieß und ein heiliger Bischof war, wurde er aus der Taufe gehoben und nach seinem Namen Nikolaus genannt. Das Kindlein fing eher an zu fasten als zu essen, weil es an Mittwochen und Freitagen durch kein Schmeicheln zur Säugung der Brüste bis auf den Abend konnte bewegt werden; und diesen heiligen Brauch, an diesen beiden Tagen bis auf den Abend zu fasten, hat er sein ganzes Leben lang gehalten. Von seiner Kindheit an war dieses liebe Knäblein zu allem Guten geneigt und allem Kinderspiel und jeder Ausgelassenheit abhold. Im Lernen und Studieren ging er allen seinen Mitschülern vor und war ihnen ein Beispiel und Antrieb zu aller Gottseligkeit. Als sein Oheim die Frömmigkeit seines Vetters sah, bat er seinen Bruder, daß er seinen Sohn geistlich werden lassen sollte. Die Eltern, welche ihr Kind von Gott empfan-

gen hatten, gaben es ihm gerne wieder und ließen es von dem heiligen Bischof Nikolaus zum Priester weihen.
Da dieser den heiligen Nikolaus zum Priester weihte und betete, schrie er laut auf und sagte: »O lieber Bruder! Ich sehe, daß der Welt eine neue Sonne aufgehe und den Menschen ein großer Trost bereitet werde. O glückseliges Volk, welches diesen Priester zum Hirten haben wird, weil dieser die irrenden Schafe auf gute Weide treiben, den Notleidenden Hilfe leisten und den Mühseligen Ruhe bringen wird.«
Der Bischof Nikolaus hatte aus seinen Mitteln ein Kloster, Sion genannt, erbaut und viele Mönche darin versammelt. Da nun sein frommer Vetter Priester geworden, bat er ihn, daß er die Sorge dieses Klosters auf sich nehmen und die Mönche auf den Weg der Gottseligkeit führen sollte. Dies tat der heilige Nikolaus mit großem Fleiße und führte die Mönche durch seine Lehren und Beispiele auf den wahren Weg des Heils.
Unterdessen entstand im ganzen Lande eine giftige Pest, welche viele tausend Menschen und nach drei Tagen auch die beiden Eltern des heiligen Nikolaus hinwegnahm. Durch diesen Tod fiel dem heiligen Nikolaus ein großes Erbteil zu, welches er nicht für sich behielt, sondern so heimlich durch andere den Armen austeilen ließ, daß es niemand erfuhr. Damals war zu Patara ein adeliger Herr, welcher drei mannbare Töchter hatte, wegen seiner Armut aber sie nicht ernähren, viel weniger verheiraten konnte. Deswegen wollte er haben, daß sie sich der Unzucht ergeben und durch dieses schändliche Mittel sich ernähren sollten. Die tugendsamen edlen Jungfrauen wollten ihrem Vater in diesem bösen Handel durchaus nicht willfahren und riefen Gott von Herzen an, daß er sie vor solchen Sünden und Schandtaten bewahren sollte. Als der heilige Nikolaus dies erfuhr, entschloß er sich, den armen Töchtern zu Hilfe zu kommen und sie vor der Schande zu bewahren. Er nahm einen Beutel voll Gold zu sich, ging allein des Nachts zum Hause des Edelmanns, warf den Beutel durch das Fenster in seine Schlafkammer und ging heimlich davon. Der Junker meinte, Gott hätte ihm dieses Brot beschert, und verheiratete seine älteste Tochter an einen Edelmann. Über eine Weile warf der heilige Nikolaus abermals soviel Gold in die Kammer, mit welchem die zweite Tochter verheiratet wurde. Als er aber zum dritten Male ebensoviel Gold hineinwarf und heimlich davonschlich, eilte ihm der Junker nach, ertappte ihn, fiel vor ihm nieder und dankte ihm herzlich, weil er durch sein Almosen ihn von der Sünde und seine Töchter vor der Schande bewahrt hatte. Der Heilige bat ihn, dieses niemand zu sagen; der Junker aber konn-

te es nicht verschweigen, sondern machte es in der ganzen Stadt kund.
Weil denn der heilige Nikolaus von allen sehr gerühmt und von der eitlen Ehre angefochten ward, entschloß er sich zu fliehen und in der ägyptischen Wildnis sich zu verbergen, in welcher damals viele heilige Einsiedler wohnten. Er setzte sich bei gutem Wetter in ein Schiff, um nach Ägypten zu fahren, und sah unterdessen den Teufel, welchem die Reise sehr zuwider war, in das Schiff kommen und mit zornigem Gesichte und einem Schwerte in der Hand ihm drohen. Mit diesem Schwerte haute er auf die Seile des Mastbaumes und der Segel und hätte dieselben alle durchgehackt, wenn der heilige Nikolaus ihn nicht beschworen und vertrieben hätte. Hierauf weissagte der heilige Nikolaus den Schiffsleuten, daß gar bald ein Ungewitter entstehen würde. Die Schiffsleute, die des Windes wohl kundig waren, wollten ihm nicht glauben, erfuhren aber bald danach, daß der Teufel wider alle Gewohnheit bei Ostwind ein so ungeheures Ungewitter erweckte, daß das Schiff samt den Leuten in Gefahr des Untergangs war. Alle Schiffenden hielten den heiligen Nikolaus für einen prophetischen und heiligen Mann und baten ihn kniefällig, daß er für sie bitten wolle. Er sprach ihnen Trost zu, rief Gott vom Herzen an, beschwor das Meer und das Ungewitter und vertrieb dasselbe in kurzer Zeit. Alle Schiffenden dankten vom Herzen Gott und dem heiligen Nikolaus und fuhren in Gottes Namen wohl getröstet fort. Als sie nach Ägypten kamen, erzählten sie allen Leuten, welchen heiligen Mann sie in ihrem Schiffe gehabt und wie er das wütende Meer durch sein Gebet gestillt und den toten Schiffspatron wieder auferweckt habe. Dies Geschrei ward sogleich ausgebreitet und verursachte einen solchen Zulauf zu dem heiligen Manne, daß er sich der Leute nicht erwehren konnte.
Indem er nun bereit und entschlossen war, in die Wüste zu gehen, siehe, da hörte er des Nachts im Gebete eine Stimme:
»Kehre wieder zu den Schafen, die du in dem Kloster Sion verlassen hast.«
Dieser göttliche Befehl kam seiner Natur sehr hart vor, weil er lieber in fremden Orten unbekannt, als unter den Seinigen in Gefahr der eitlen Ehre gewesen wäre. Dennoch ergab er sich dem Willen Gottes, kehrte wieder einen sehr weiten Weg über Meer und Land in sein Vaterland Patara zurück und ward von seinen lieben Freunden und Landsleuten gleich einem Engel vom Himmel mit Freuden empfangen, vornehmlich aber in dem Kloster Sion, wo sie ihn als ihren lieben Vater schon als tot betrauert hatten. Dort fing er von neuem an, ein englisches Leben zu führen, seinen lieben Brüdern mit Lehre und

Beispiel voranzugehen und den wahren Weg der Vollkommenheit zu zeigen. Was er in seinem Klosterleben Besonderes gewirkt habe und wie lange er darin geblieben sei, findet man nicht in den Schriften, sonst würde wohl etwas Schönes herausgekommen sein.
Als er einmal in seinem nächtlichen Gebete war, hörte er eine himmlische Stimme, welche sprach:
»Nikolaus! Dies ist nicht der Acker, auf welchem du die Früchte, die ich von dir verlange, bringen sollst.«
Der Heilige fragte: »Was willst du denn, o Herr, das ich tun und wohin ich gehen soll?«
»Kehre zu den Leuten zurück«, sprach Gott, »und gehe zur Stadt Myra, auf daß mein Name ihr erklärt werde.«
Über diesen Befehl machte er sich wunderliche Gedanken, entschloß sich aber dennoch, der Stimme Gottes zu folgen, nahm traurigen Abschied von seinen weinenden Brüdern und begab sich nach Myra.
Damals regierten die zwei heidnischen Kaiser Diokletian und Maximian, zu einer Zeit, wo das Heidentum noch im Flor war und die armen Christen erbärmlich leiden mußten und gedrückt wurden. Sie durften weder Kirchen bauen noch öffentlichen Gottesdienst halten, sondern mußten sich in den Häusern und Scheuern oder Ställen behelfen und ihren Gottesdienst heimlich und in der Stille verrichten. An allen Orten aber waren Altäre und Götzentempel, in welchen sie ihren verfluchten Götzendienst mit Singen und Springen, mit Fressen und Saufen, mit Tanzen und Mutwillen hielten. Zu Myra waren viele Tempel, der vornehmste aber war der Tempel der Göttin Diana, gar künstlich gebaut und köstlich geziert.
Als der heilige Nikolaus nach Myra kam, erforschte er, an welchem Orte die Christen ihre Kirche oder Zusammenkunft hatten, und ging dahin, sein Gebet zu verrichten. Alle Morgen war er der erste dort und bat Gott für das Heil der Kirche.
Eben damals waren die umliegenden Bischöfe versammelt, einen neuen Bischof für die Stadt Myra zu erwählen, weil sie aber in der Wahl nicht einig werden konnten, stellten sie einen allgemeinen Fast- und Bettag an, um einen tauglichen Bischof von Gott zu erbitten. Unter diesem Beten hörte ein frommer alter Bischof eine englische Stimme, welche sprach:
»Welchen du morgen früh am ersten zur Kirche gehend finden wirst, und der Nikolaus heißt, diesen hat Gott zum Bischof von Myra auserwählt.«
Nach diesem göttlichen Befehl ging dieser Bischof früh zur Kirche, fand den heiligen Nikolaus vor der Tür kniend beten und fragte ihn, wer er sei und wie er heiße.

Jener sprach in seiner Einfalt: »Ich bin ein armer Sünder und unnützer Knecht und heiße Nikolaus.«
Zur Zeit der Zusammenkunft führte dieser Alte den Nikolaus zu den Bischöfen, offenbarte ihnen die gehörte englische Stimme und stellte den Nikolaus als Bischof vor.
Alle geistlichen und weltlichen Herren willigten in diesen Vorschlag; der demütige Nikolaus aber widersetzte sich mit allem Ernste und wendete alles Erdenkliche vor, damit er nur nicht Bischof werden möchte.
Aber der alte Bischof sagte: »Gott selbst hat dich zum Bischof dieser Stadt ernannt; denn in voriger Nacht hörte ich eine englische Stimme, welche sprach: ›Welchen du morgen früh finden wirst, am ersten in die Kirche gehend, diesen hat Gott zum Bischof der Stadt Myra auserwählt.‹ Wenn du nun dieses Bistum nicht annimmst, so widerstrebst du dem Willen Gottes.«
Als Nikolaus diese Worte hörte, untergab er sich dem Willen Gottes und ließ sich zur großen Freude alles Volkes zum Bischof weihen. Wer will nun genugsam erklären, welch ein tugendsames Leben der heilige Nikolaus führte und wie weislich er sein Bistum regierte. Er aß täglich nur einmal, und zwar nur des Abends, und seine Speisen waren so schlecht und gering, daß sie mehr zum Abbruch als zur Ersättigung dienten. Von dem Fleischessen hatte er sich in seinen jungen Jahren enthalten und blieb in dieser Gewohnheit, solange er lebte. Niemals hatte er mehr als ein Gericht Essen; nur dann, wenn er fremde Herren bei sich hatte und dieselben nach ihrem Stande bewirten mußte. Unter dem Essen wurde allezeit gelesen, und nach dem Essen etwas Heiliges oder Gelehrtes geredet. Vom Tische stand er allzeit halbsatt auf, und nach einem kurzen Gespräche ging er in sein Zimmer zu seiner Betrachtung. Wiewohl er Bischof war, trug er dennoch keine bessern Kleider als zuvor. Er schlief auch auf keinem Bette, sondern lag auf dem harten Boden und gab seinem abgematteten Leibe nur so viel Ruhe, als er zur Ertragung der täglichen Geschäfte vonnöten hatte. Vor Tag berief er seine Kapläne und sang mit ihnen in seiner Hauskapelle die Tagzeiten, und bei anbrechendem Tage ging er mit ihnen zur Kirche, die heilige Messe zu lesen. In diesem ganzen Bistum hielt er lauter gelehrte und geistreiche Seelsorger und trieb alle seine Untergebenen zur Frömmigkeit an. Gegen die Armen war er so mitleidig, daß er ihnen täglich Geld und Speisen austeilen und den Kranken ihre Portion bringen ließ. Wenn er kein Geld hatte, entlehnte er es bei den Reichen und gab ihnen oft seine Kleider und Hausgeräte zum Unterpfand. Es gab viele edle Matronen, welche nach seinem Beispiele den Armen viel Gutes taten und

ihrem heiligen Bischof sagen ließen, welche Armen, Kranken und Gefangenen seiner Hilfe am meisten bedürften.

Wiewohl nun der liebe Nikolaus alles tat, was er konnte und sollte, fürchtete er doch allzeit, daß er seiner Schuldigkeit nicht genug täte und in seiner Rechnung bei Gott nicht bestehen würde. Deswegen seufzte er oft zu Gott und sprach mit betrübtem Herzen:

»O wäre ich doch kein Bischof geworden. Ach, mein Gott! Was für eine schwere Last hast du mir aufgeladen. Ach, ich bitte dich, du wollest mich doch endlich von dieser unerträglichen Last befreien.«

Wie er dieses nun gar zu oft klagte, da wollte der liebe Gott ihn einmal trösten und sprach zu ihm: »Fürchte dich nicht, Nikolaus, von mir undankbar verlassen zu werden, weil du meine Geschäfte treu verrichtest.«

Diese liebe Stimme brachte dem frommen Mann solchen herzlichen Trost, daß er hinfür nicht mehr so furchtsam war, sondern mit ruhigem Herzen sein Bistum regierte.

Damals regierten die zwei tyrannischen Kaiser Diokletian und Maximian, welche zwanzig Jahre lang regierten und immerfort die Christen verfolgten und umbrachten. Weil sie aber sahen, daß das Christentum nicht ab-, sondern zunahm, so entschlossen sie sich, dasselbe im Grunde auszurotten, und schickten im Jahre Christi 300 in alle Landschaften grausame Landpfleger, mit ernstlichen Befehlen, alle Christen ohne Unterschied und ohne alle Barmherzigkeit zu martern und zu töten. Diese ungerechten Befehle wurden auch zu Myra vorgelesen und angeschlagen und verursachten ein unbeschreibliches Herzeleid unter allen frommen katholischen Christen. Auch der heilige Nikolaus wurde vom Herzen betrübt, weil er fürchtete, seine lieben Untergebenen möchten aus Furcht vor der Pein vom Glauben abfallen. Er fastete, büßte und betete Tag und Nacht für alle seine geistlichen Kinder, auf daß Gott ihnen beistehen und sie in der Marter stärken wolle. Viele davon flohen in die Wildnisse, viele wurden in die Gefängnisse geworfen, und viele wurden vor Gericht gestellt und gemartert. Der heilige Nikolaus stand allen bei, sprach ihnen Herz und Mut ein und stärkte sie nach Möglichkeit in ihrer Pein. Der Landpfleger widersetzte sich ihm heftig, verbot ihm, die Leute halsstarrig zu machen, und drohte ihm die bitterste Pein, wofern er nicht nachlassen würde, die Leute von der Anbetung der Götter abzuhalten. Nach all diesem Zürnen und Drohen fragte der heilige Nikolaus gar nicht, sondern fuhr desto eifriger fort, damit auch er möchte gemartert werden. Der liebe Gott aber hatte seiner noch länger vonnöten, darum hielt er den Richter von der Ergreifung des heiligen Nikolaus ab. Damit aber dieser den Märtyrern nicht mehr zusprechen konnte, so befahl der Landpfleger seinen Soldaten, daß sie den Bischof gefangennehmen und weit hinweg außer seinem Bistum in ein Gefängnis verschließen sollten. Etwas Schwereres hätte dem heiligen Nikolaus nicht vorkommen können, als ebendieser ungerechte Befehl, weil er seine herzliebsten Kinder verlassen und sie im Rachen des grimmigen Wolfes stecken lassen mußte. Ungestüm wurde er von den Soldaten hinweggerissen, und es ward ihm nicht vergönnt, von seinen lieben Kindern Abschied zu nehmen. Diese liefen ihm alle weinend und heulend nach und führten eine so erbärmliche Klage, über welche sich auch die Engel im Himmel erbarmen mußten.

Als nach Verlauf von sechs Jahren der christliche Kaiser Konstantin der Große zur Regierung kam, befahl er, daß alle Gefangenen losgelassen und in ihr Vaterland geschickt werden sollten. Er erlaubte auch, christliche Kirchen zu bauen und die heidnischen Götzentempel samt allen Götzenbildern und Altären niederzureißen. O was für Freude war dies allen gefangenen Christen, und wie herzlich priesen sie Gott, daß sie endlich einmal aus ihrem schweren Gefängnis errettet wurden! O mit welcher Freude zog der heilige Nikolaus wieder nach Myra, und mit welch unaussprechlichen Freuden ward er von seinen lieben Kindern bewillkommnet und empfangen. Seine erste Arbeit war, die Götzentempel niederzureißen und das verdammte Heidentum im Grunde auszurotten. Dieses hätte er zwar gerne schon am Anfang seines bischöflichen Amtes getan, durfte es aber wegen der heidnischen Grausamkeit nicht einmal merken lassen. Sobald er aber aus seinem Gefängnis wieder nach Myra kam, fing er sogleich an, alle Götzentempel in und außer der Stadt niederzureißen und zu schleifen.

Der Kaiser Konstantin der Große hatte drei Hauptleute nach Phrygien gesandt, um einen Aufruhr zu dämpfen. Diese verrichteten auch ihren Auftrag getreulich und wurden vom Kaiser beschenkt. Der Stadtvogt zu Konstantinopel aber verklagte sie bei dem Kaiser und sagte, daß sie den Aufruhr nicht gestraft hätten, und verursachte, daß der Kaiser diese drei Herren unschuldig in Haft nehmen ließ und sie am folgenden Tage wollte hinrichten lassen. Diese Gefangenen riefen mit ganzem Ernst den heiligen Nikolaus an und wirkten so viel aus, daß dieser dem Kaiser des Nachts erschien und ihm die Strafe Gottes androhte, wofern er nicht sogleich die drei gefangenen Hauptleute loslassen würde. Gleich darauf erschien er auch dem Stadtvogt und schändete ihn übel aus, weil er die drei Herren falsch verklagt hatte, und drohte ihm den Tod, wenn er sie nicht beim Kaiser entschuldigen würde. Am Morgen früh ging dieser zum Kaiser, bekannte seine falsche Anklage und erzählte ihm seine gehabte Erscheinung. Der Kaiser erzählte ihm auch die Seinige, entließ die Gefangenen und schickte sie mit Geschenken nach Myra, um dem heiligen Nikolaus Dank zu sagen.

Diese und unzählbare andere Wunder hat der heilige Nikolaus bei seinem Leben gewirkt und aller Welt kundgemacht, welch ein mächtiger Nothelfer er sei. Da er nun zu seinem hohen Alter gekommen, vermehrte sich die Begierde nach dem Himmel so gewaltig, daß er davon schwach wurde und vor lauter Liebe Gottes erkrankte. Er empfing beizeiten die heiligen Sakramente, beurlaubte sich von seinen Kindern und wendete kurz vor seinem Ende seine Augen zum Himmel und sprach:

»Ich sehe den Himmel offen und die lieben Engel zu mir herabkommen.« Alsdann betete er den Psalm: »Auf dich, o Herr, habe ich gehofft«, und beim letzten Vers: »Herr, in deine Hände empfehle ich meinen Geist«, gab er seinen seligen Geist auf, am sechsten Christmonat im Jahre 343. Sein heiliger Leichnam wurde mit großen Ehren in der vornehmsten Kirche über der Erde in einem steinernen Sarge beigesetzt, bei welchem sehr viele Wunder geschahen, unter denen das vornehmste ist, daß aus seinem heiligen Leib ein wohlriechendes Öl floß, durch dessen Gebrauch verschiedene Kranke geheilt wurden. Dies heilige Öl fließt auch zu jetziger Zeit noch aus seinem Leib, welcher jetzt zu Pari in Apulien ruht und von den Pilgern fleißig besucht und verehrt wird.

Pater Martin von Cochem

Heiliger Nikolaus

Der heilige Nikolaus ist der volkstümlichste aller Heiligen. Auf unzähligen Altären ist er abgebildet, und vor allem hat wohl jedes Kinderherz einmal höher geschlagen, wenn es den heiligen Nikolaus gesehen hat. St. Nikolaus ist in der Ostkirche im Byzantinischen wohl der Heilige schlechthin. Es war die Prinzessin Theophano, die seit ihrer Vermählung mit Otto II. 972 den Nikolauskult aus ihrer Heimat Byzanz mitbrachte. Dann wurden 1087 die Gebeine des Heiligen von Myra nach Bari in Süditalien übertragen. Damit begann dann eine Verehrung des Heiligen, die in ihrem Fortschreiten einem Triumphzug glich. Diesseits der Alpen zählte man über 2200 Kirchen, die in der Zeit zwischen 1100 und 1600 ihm zu Ehren erbaut wurden. Er ist der Schutzpatron vieler Handwerker (Fischer, Brükkenbauer, Kolonisten, Kaufleute, Händler, Bäcker, Apotheker, Tuchmacher), aber vor allem der der Schiffer. Aus dem Legendenkranz, der sich um sein Leben rankt, erscheinen gar viele Schiffe, die er aus Sturmesnot gerettet hat. Daß er der Schutzpatron auch der Bäcker ist, hat uns die leckersten Brote und Kuchen gebracht, die die Bäcker ihrem Heiligen angefertigt haben, so das »Sanniklasbrot«, das aus weißem Mehl gebacken wird und allerlei Formen wie Hasen, Vögel, Fische zeigt.

Kein anderer Heiliger scheint den Kindern so zugetan, und kein anderer spielt in dem Leben der Kinder eine so große Rolle wie der Nikolaus. Er scheint ihr Erzieher schlechthin zu sein. Woher mag das kommen? Vielleicht, weil man weiß, daß der Heilige als kleines Kind weit über seine Jahre verständig gewesen ist, was ihn zum Schutzpatron der Schüler machte, oder vielleicht, weil er so manches Kind, das sich in Not befand, seinen Eltern gerettet wiedergab. Je nach Gegend, in dem das Nikolausfest begangen wird, erscheint er entweder mild, väterlich und beschützend oder aber strafend, die Kinder in Schrecken und Angst versetzend.

Der heilige Nikolaus wird zum Sinnbild für Lob und Tadel. Schon Tage vorher können die Kinder an nichts anderes denken, haben ihre Gedichtchen, ihren Katechismus auswendig gelernt oder auch ihre Wünsche auf Zettel geschrieben. Sicher sind sie fleißiger als sonst in den Tagen vor Nikolaus, wohl auch gehorsamer. Denn wer wollte gegen die Drohung »Wart nur, ich sag's dem Nikolaus« trotzen können. Und schließlich versprach er ja auch etwas: Goldene Nüsse, Äpfel und Süßigkeiten. Da stellte man den Schuh vor die Tür und bekam am nächsten Tag bewiesen, daß der Nikolaus da war.

Jetzt kommt der heilige Nikolaus
und fragt die kleinen Kinder aus,
ob sie glauben an einen Gott
und ob sie halten die Gebot'.
Kindlein tut mir nicht weinen,
der Luzifer will euch erscheinen,
und wenn er euch verführen will,
so wendet euch an mich.

Heiliger Nikolaus,
bring mir Sachen in das Haus,
leg mir etwas Schönes ein,
will recht fromm und fleißig sein.
Heiliger Nikolaus, kehr ein in unser Haus
und teil uns deine Gaben aus.
(Grins, Österreich)

Lieber heiliger Nikolaus,
kehr ein in mein Haus,
kehr ein in mein' Schüssel
und gib mir ein bissel.
(Steinach)

O lieber heiliger Nikolaus,
komm doch zu uns ins Haus
und leer dein Sackl aus.
Beutle viel Glück und Segen heraus,
den Krampus aber, den laß nicht herein,
sonst steckt er mich in den Sack hinein.
Da nimmt er die Rute und weicht sie ein
und haut aber schon ganz sackrisch drein.
(Oberösterreich)

»In einzelnen Tälern, wie im Paznaun und Oberinntal, meldet sich der Heilige an. Eine Woche vor seinem Fest klopft er in der Dämmerstunde an die Tür, wirft eine Handvoll Äpfel und Nüsse herein und verschwindet ungesehen. In manchen Gegenden kommt er ganz still und läßt sich nicht sehen. Höchstens, daß das Kettenrasseln seines dunklen Begleiters zu hören ist. Da richten die Kinder im Stall oder im Stadel oder auch vor einem Fenster ein Büschel Heu oder eine Schüssel mit Hafer für den Schimmel des Heiligen und stellen einen Teller oder, wie z. B. in Antholz, einen Schuh mit ihrem Namen, auf einen Zettel aufgeschrieben, auf den Stubentisch oder vor das Fenster, damit der Heilige seine Gaben hineinlegen kann. Vor Zeiten wurde dem heiligen Nikolaus ein Schifflein hinausgestellt, weil er ja auch weit über das Meer her kommt. Der Schuh erinnert durch seine Form noch heute an das Schifflein von ehemals. – Hei, wie gern und flink stehen am Nikolaustag die Kinder auf, zu schauen, was St. Nikolaus gebracht hat und ob er Hafer und Heu wohl für sein Rößlein mitgenommen hat. Anderswo wirft der Heilige seine Gaben durch die Türspalte; bis jedoch die Kinder dieselben aufgehoben und ihm nachschauen, ist er längst unsichtbar und verschwunden.« (H. Mann)

Aber richtig interessant ist es eigentlich doch erst, wenn man dem Nikolaus gegenübersteht und seine Sprüche sagen kann.

Heiliger Nikolaus,
komm in unser Haus,
schau dein Kindlein an,
das ein Sprüchlein kann,
das schön folgen will,
halt bei uns still.
Leer dein Sackl aus,
heiliger Nikolaus.

Es gibt auch Sprüche für mutige Kinder, bei denen die althergebrachten Erziehungsmethoden von Lob und Tadel wohl nicht gefruchtet haben. So der Spruch aus Bruneck:

Lieber heiliger Nikolaus,
was willst du denn von mir?
Ich nehm dich bei der Zipfelkapp'
und werf dich vor die Tür.

Weit höflicher und ängstlicher klingt das Gebetlein eines Kindes aus der Meraner Gegend:

Heiliger Nikolaus mit dem grauen Bart,
setz dich nieder, du stehst so hart.
Ich will nicht viel begehren,
daß du nicht sollst unwillig werden. *H. C. E.*

Nikolaus und die Buttmandln

Ebenso interessant wie der Nikolaus sind in vielen Gegenden seine Begleiter. Und deren hat er viele. Wohl nur in der Stadt scheint es üblich geworden zu sein, daß er alleine kommt. Unzählig sind die Namen, die diesen dämonischen Begleitern gegeben wurden. So in Schwaben der Butz, in Kempten der Rumpelblaß, in Bayern der Zemper oder Klabauf, in Österreich der Krampus oder Bartl oder die Buttmandln oder Nigglos. Schreckliche Masken tragen diese Gestalten und scheinen, betrachtet man die Buttmandln aus Oberbayern, nur aus störrigem Stroh zu bestehen. Bis zu 30, 40 solcher Buttmandl begleiteten den Nikolaus mit Peitschenknallen und wilden Schreien. Das dicke goldene Stroh, das sie um Leib und Glieder gewickelt haben, reflektiert in gespenstischer Weise das Hell-Dunkel der Adventszeit. Zwischen den Buttmandln tauchen noch andere wilde Gestalten auf: die Gangger (die Teufel). Sie tragen meist Felljacken und einen dunklen Strumpf über dem Kopf mit feuerroten Augen und Mund hineingeschnitten, und Hörnern auf dem Kopf. Das Bild des Schreckens wird vollständig, sieht man den Kälberschwanz, der ihnen mit viel Mühe auf den Hosenboden aufgenäht worden ist. Sie dürfen ungestört, bis daß der heilige Nikolaus beschützend eingreift, kräftig zuschlagen, raufen und ihr Unwesen treiben. Zu den friedlicheren Begleitern des Nikolaus zählt in Oberbayern und in manchen Gegenden Österreichs das Nikoloweibl. Dies ist aber kein Mädchen, denn diese dürfen an solchen Bräuchen nicht teilnehmen. Ein kleiner Bub also trägt eine Mädchentracht – und man denke an den Spaß, den es für alle Beteiligten macht, sich so auszustaffieren. In seinem schönen Körblein aber, das das Nikoloweibl bei sich trägt, sind die Gaben für die Kinder.
Hat sich der Zug, bestehend aus Nikolaus, Nikoloweibl, Gangger und Buttmandln zusammengefunden, stehen sie da in ihrer beängstigenden Vermummung, beten gemeinsam ein Vaterunser und setzen sich in gemessenem hüpfendem Schritt in Bewegung. Man hört sie schon von weit. Ihre Glocken, die sie sich umgehängt haben, das Peitschenknallen und die schweren Schritte. Und die Kinder, die ängstlich in der Stube sitzen, können an der Lautstärke der Glocken hören, wie nah sie dem eigenen Hause sind. Die Buttmandln, sie scheinen alle in die Bauernstube hineinzuwollen, und wer ihnen zu nahe kommt, wird kräftig gebeutelt. Erst wenn der heilige Nikolaus mit dem Nikoloweibl erscheint, wird es still und die Teufel, die Ganggerl, gehen wortlos auf die Knie. Jetzt sagen die Kinder ihre

S. NICOLAS

Sprüche, werden gelobt und getadelt, beschenkt. Und wenn dann der ganze Zug das Haus verlassen hat, ist die Stube voller Stroh, das die Buttmandln während so mancher Rauferei verloren haben.
Dem heiligen Nikolaus sollten Brauchtumsfreunde ein Denkmal setzen. So sagt Dörrer: »Und was an vorweihnachtlichen Umzügen und Spielen, z. B. dem Tiroler Volke, erhalten ist, das alles hat sich einigermaßen in den Kult des heiligen Nikolaus eingefügt. So hat der wundertätige Bischof von Myra, der ungefähr seit dem Jahre 1000 bei uns zu Ehren kam, im letzten Vierteljahrtausend manche heidnische Gestalt, manchen unchristlichen Teufel und so manches sozial lichtscheues Gesindel unter seine Vorläufer im Vertrauen auf ein gutes Ende aufgenommen, obgleich ihm oft selbst davon angst und bange werden konnte. Aber schließlich lenkten selbst die Wildesten vor dem Heiligen und seinem Gehilfen, dem Gangger oder Krampus, ein, daß er die Kinder des Hauses wirklich befragen und beschenken konnte, worauf doch jung und alt begehrlich warten.«
Die heidnischen Geister, die sich aus urzeitlichen Wintersonnenwendbräuchen wohl noch herübergerettet haben, zeigen sich besonders schön in den Nikolausspielen, die wohl im Gegensatz zu den Weihnachts- und Passionsspielen nicht ihren Ursprung in den Gotteshäusern gefunden haben, sondern nur eine dramatische Erweiterung des einfachen Hausbesuches des Heiligen waren. Das dramatische Geschehen von Gut und Böse wird in diesen Nikolausspielen personifiziert und ausgeschmückt. Es erscheint die Menschenseele, eingespannt zwischen Jesus als gutem Hirten, dem versuchenden Teufel und dem helfenden Engel. Lange wird hier oft über Tugend und deren Gefährdung diskutiert. Und endlich muß zum Schluß der Teufel mit seinem Anhang weichen und der Nikolaus bringt die Tugendbelohnung, seine Gaben.

H. C. E.

Das Krimmler Nikolausspiel

(Frühes 18. Jahrhundert)

Personen: Hl. Nikolaus – Bedienter – Höllgsanter – Vorlaufer – Teifl – Klaubau – Schutzengl – Luzifer – Michäl – Greiß – Tod

Heiliger So werd ich zulöst euer Kläger seyn
und wird Gott strafen ganz allein,
aber ich bin ganz Herzens voll,
das dieses nicht geschehen soll.
Ich werde vir euch bitten allezeit,
bis wir zusammen kumm ins Himmelreich.
Hier sein als brafe Kinder, ist keines ausgenum,
fahret so mit euren leben ford, so wird ihr auch
in Himmel kumm.
Bedienter bring die Gaben, die wir mit uns haben
die Kinder habens all verdient, sie habens [bracht,
gut gemacht.

Bedienter Bischof, laß dir noch was sagen,
tuh zuvor die Eltern fragen,
ob sie mit ihren Kinderlein woll recht zufrieden
damit wir die Sach nöt überdreibn, [sein,
wen man nur das eine hört, so hört man nur den
halben Theil.

Heiliger Haußväter und Haußmütter, wie seyt ihr
zufrieden mit euren Kindern hier?
wenn ihr über sie recht klagen habt,
so sags aufrichtig mier.

Höllgsanter Eine guten heint ihr Herrnsleit,
das ihr heint da zu gögen seyt,
habt ihr zeyt, so hörst mich an,
das ich auch ein Wort röden kann,
als ein Königlicher gsanter steh ich allhier,
ich hab schon Sigel, Brief und Schilt bey mir.

Bedienter Du hast schon zeit, röd nur ford,
sags vrisch heraus, mach nöt vill Wort.

Höllgsanter Mein König hat mir aufgedragen,
zu erforschen und nachzufragen,
was anheint das Ding bedeit,
das ihr auf Erden seyt,
es komt mir vor recht wunderlich,
das ich enk auf Erden siech,
wo hat es den in Himmel gfelt,
das ihr seyt kommen auf die Welt.
Wir wollen wissen, was ihr verbrochen habt,
das Gott euch aus den Himmel jagt,
und so frag ich dich, S. Nikolaus,
was hast du zu thun in disen Haus.

Heiliger Was ich in diesen Haus da thu,
das will ich dir woll sagen,
wir seynt anheint auf Erden kommen,
die Kinder auszufragen,
weil wir von Allerhöchsten zu diser arbeit bstölt,
so seyn wir von Himmel aus gegangen und kom-
und was du da begehret hast, [men auf die Welt
das tust du wissen schun,
jetz mach uns keine Irrung mehr
und gehe von uns davon.

Höllgsanter Ja mein Herr von Durrenberg,
du stierst ein großen gwalt,
gib nur acht auf deinen Schein,
das er dir nit entfalt,
weil ihr mich heißt weiter geh'n,
bleib ich noch lenger hier,
sagen jetz gehe von uns davon,
woll eine schene Hofmannir.
Ihr steht da her so körzenkrat,
das Ding hat mir recht gfalt,
ihr daugnet auch nicht ins Himmelreich,
vihl beser in ein Stall,
ihr angesicht ist zugericht als wie ein Berchner Rint,
gebt nur acht auf euren Bauch, das er euch nicht
die Füeß, die seyn hipß sauber weis, [erspringt.
das Ding falt mir recht wohl,
von Schuhen da hang die Fleck davon,
zum tanzen wären sie wohl.

Haußvater ich ermahne dich,
gib acht auf dise Leit,
wer weiß, was sie in finde hab'n
in disen Hauße an heint.
Ich glaub sie seynt hier gekommen
zu Menschen karißieren,
spörr die Mädlein fleißig ein,
sonst möchden si sie verfieren.

Bedienter Halt still, halt still, röd nicht zu vihl,
mörk auf mein guter Freint,
das verspoten kannst du dir genug,
ich höt es nicht vermeint.
Ich glaub du hast ein Jahr gstudiert,
das dir ist gfallen ein,
sieh einmal an deine gstalt
und las nur wie wir seyn.
Ein königlicher gsanter hier
ist wohl eine schöne gstalt,
Kummerat jetz schau du ihm an,
ob er dir woll gfalt.

Vorlaufer Ein Teifl woll von schlechter Farb,
halb is schwarz und halb is weiß,
in die Höll bist du dechter schad
und zu wild ins Paradeiß,
das du sollst ein gsanter seyn,
edas will mir gar nit ein.
Ein Mensch bist nöt, ein Teifl nöt,
ein Engl wärst ja a nöt seyn,
ich glaub du bist ein Wunderthier
woll aus der neuen Welt.
Stölt ihn nur auf ein Diater hin,
so bekomb ihr braf Gelt.

Höllgsanter Es braucht nicht vihl röden hier,
ich hab schon noch ein gspan bey mir,
Nikolaus, wen du ihn bilst sehn,
der wird euch Röd und Antwort gebn.

Heiliger Wenn er mit Grunt was röden kann,
so duts ihn niemant wöhren.

Geh nur hin, las ihn herein,
wir wollen ihn anhörn.

Höllgsanter Kumm herein mein Kumerath,
bei Nikolaus war gar kein Gnad.
Ich will streiten nicht mehr ganz allein,
weil ich allzeit muß ein Lugner seyn.

Teifl Wer ist herin in disen Haus,
der mich begerd von der Höll heraus.
mit großer gwalt drit ich herein,
erlöset von der Höllen Bein.
was gebt ihr mir heint zu schafen,
das ich mus die Höll verlasen.
Ich will euch röden ohne Scheu,
sagt nur, was eur begehren sey.

Höllgsanter Kummerath, du bist woll gar vermessen,
auf die Knie zu fallen hast du auch vergessen,
das ist der große Herrexellenz,
da mußt du machen tiefen referenz.
Diser will uns überstreiten,
überweisen auf allen seiten,
er ist der große Nikolaus
der größte Narr in disen Haus.

Bedienter Du verfluchter Lumpisgsöll,
back dich in tiefe Höll.
In der kraft unsers Herrn Jesu Christ,
geh hin, wo du her kommen bist.

Teifl Unerschrocken von allen Leuten
ganz allein will ich jetz streiten.
eure Macht von Himmelsdhran
mir kein Forcht einjagen kann.
Waruin seyt ihr in ein Lant gekomm,
wo Sind und Laster han überhant genom.
Wo man der Boßheit die Kran aufsötz,
die Dugent keinen Heller schätz,
bei allen Völkern, bei allen Stenden
an allen Orten und Lendern
hört man nichts als has und Streit.

Wen wir alle Teufel auß der Höllen
jetz anfangen zu erzöhlen,
alle Sünden groß und klein,
wir wirden alle nicht imstande seyn.
Nun wen ich geröth hab zu vihl,
ich enk schon abpiten will,
was ich hab gsagt, das mörket auf
und gebt mir ein antwort drauf.

Bedienter Bößer Feind mit deinen Röden,
kannst du dich auf den Ofen lögen,
zu was wir hier seyn, weist du schon,
deine Rödn gehn uns nicht an.
Röd nur vort du Höllensgeist,
was du über die kleinen Kinder weist.

Teifl Mit den Kindern hab ich nicht zu schafen,
die muß man den Klaubau überlassen,
wen döß ihn laden wölt herein,
er wird bald vorhanden seyn.

Klaubau Klaubau bin ich genannt
und mein brauch ist schon bekannt.
alle Kinder Groß und klein,
die klaub ich auf und pack sie ein.
Mit disen bin ich no nicht zufrieden,
Hend und Fueß las ich ihn zusammenschmieden,
das mir keines kann entrin
und alle in Abgrunt der Hölle bring.
Nikolaus jetz halt dein Word,
back dich mit deiner Gsöllschaft vort,
reise ab von disen Haus,
das ich meine Sach kann richten aus.

Heiliger Wier werden nicht von Hause gehen,
wir werden nicht abreisen,
und wen du dises haben willst,
muß dus uns beßer weisen,
was hast du vür klagen heint,
was haben die Kinder gethan,
sonst must du mit Schand abziehn
und weichen von uns darvan.

Klaubau Ja mein Freind auf dein begehrn,
will ich mich zu dir herkehrn –
und nur sprechen zu dir allein,
wie da die Kinder beschaffen seyn.
I morgens balt sie von Bött aufstehen,
von weiten hin zum Tische gehen,
zum Eßen kemman sie in frecher gstalt,
das zwagen ist ihn vill zu balt.

balt sie das Friestuck haben geßen
und den Bauch voll angefreßen,
dan wen sie auf wög und Straßen
kein Mensch wöll sie spazieren lasen,
sie schrie ihn nach und werfen Stein,
das kaum ein Mensch dhut sicher seyn
und in der Kirch ist es nöt auszusprechen
was sie vir Rauparrein sie antreffen,
sie glauben nicht, das da ein Gott
gar die Heiligen werden schamroth
und aus der Kirch woll als wie die Schwein
ein jedes will das erste seyn,
damit sie alles ersehn,
das karisieren bei zeiten erlehren.
Ist der Fratz ja noch so klein
treibt er bei der Straßen aus und ein.
Klaubau ist nicht umsonst mein Nam,
ich klaubs als auf, was ich bekam
voraus solche Kinderlein,
die den Eltern nicht gehorsam seyn.

Bedienter Das ist nur ein lehrer bracht, kein Grunt
ist nöt darbey.
Der Schutzengl, der auch kummen mus
zu hören wie es sey.
O Beschützer diser Kinder hier
ist das woll alles wahr,
las uns doch nicht zu schanden werden
Mich und die ganze Scharr.

Schutzengl Liebste Kinder wegen euch
komm ich heint von Himmelreich,
damit ich mich bereden kann
was euch der Klaubau hat zu vill getan.
Wie kannst du es beweisen heint,
das die Kinder so beschaffen seynt,
was du gesagt, ist weit darvan,
dein großes Maul ist Schult daran.
Kinder gibt's in disen Lant,
die noch haben den Unschultstand,
die noch leben wie es soll seyn
in Zwölften Jahr noch Engelrein,

sie seynt noch auf den Weg des Heils
und dieser ist des meisten Theils,
aber das es nicht bey manchen fehlt,
will ich lassen seyn dahingestellt
und wo vindest du ein Weizengrunt,
wo man kein Unkraut vinden kunt,
das gute und schlechte durch einander seyn.
Meine Röden will ich beschliesen,
heint las ich kein Blut vergiesen,
bößer Geist weich darvan
und überwiesen seyt ihr schon.

Teifl Wohl ein schener Gruntbeweiß!
Was soll schwarz seyn, macht ihr weiß,
was soll schlecht seyn, heist ihr gut,
heint verlang ich Christenbluth.
Mit den Kindern mag ich nicht mehr streiten,
ich wend mich zu den großen Leuten,
bei den Eltern fang ich an,
die seynt die meiste Schult daran.
Der Ehstant ist jetzt ganz verkerst
die Menner sind kein Theifl werth,
nicht als Spil, saufen, schölen und braßen,
Weib und Kind derhungern laßen.

Schutzengl Willst du uns aus dem Hauße jagen,
verfluchter Höllensgeist!
Kein schrit wollen wir uns schrecken lassen,
das du es ley weist.
Ich bin her von hohen Himmelsthran
und hab allein die Macht,
ich kann euch alle dreiben aus
im Namen Gottes kraft
was habt ihr alhier zu thun,
sagt nur, was ihr wölt,
den Leuten Sünden aufzubögen,
seyt ihr nicht bestölt
und was die Kinder anbelangt,
betrift mich ganz allein.
Da habt ihr kein Wort zu röden,
laßt sie wie sie seyn
und wen ihr noch zu röden habt,

so sags uns frisch heraus,
aber was niet Grunt und Warheit ist
oder scherst enk aus den Haus.

Vorlaufer Und wer weis, was ihr vier Teifl seyt,
woll gar von gemeinen Staat,
wen ihr sonst keine verrichtung habt
das ist enk woll ein Schant.
Wen dös noch mit uns streiten wölt,
so geht um euren König auch,
der König muß das Urthel sprechen,
das ist ein alter Brauch.

Höllgsanter Ja das ist ein rechte Rödesart,
auf das hab ich schon lang gewart.
in aller eil da wird er kum,
mit freiden will ich gehen drum.
Ihr Königliche Meiestät ich duh dich bitten schen
das du thust eiher gehn,
es ist der große Nikolaus
der will uns jagen aus dem Haus.
Es lebet unser König!
seyt ihm unterthänig.

Schutzengl Ganz behertz und mit verdrauen
mögt ihr den Luziver anschauen,
virchdet euch nicht von seyner Gstalt,
zu schaden hat er keinen Gwalt.
Liebste Kinder seyt nur still,
weil ich euch beschützen will.

Luzifer Verfluchte Leit, was vangt ihr an,
das ich mus kumm von meinen Thran,
mein Herz von Zorrn aufbrennen tuth,
mein Rache verlangt Christenbluth.
Alles, was noch lebt auf Erden,
muß anheint verdilget werden.
Alte, Junge, groß und klein
in einer halben Stunt mus alles in der Hölle seyn.
Kraft und Stärk von mir mus weichen,
meine Macht ist ahne Zahl,
Keißer und König mus von mir zu Boden fall,

wen ihr wölt wisen, wer i bin,
i bin ein König auf dorten hin,
ein König auf den Högsten thran,
ihr seyt alle meine underthan.
Kombt nur her, reicht mir die Hant
und macht euch all mit mir bekannt,
secht an mein Gstalt mit Luft und Freid
die ihr mich anschaugt in der Ewikeit.

Michäl O großer First der Teifelschar,
was ist das vir ein bracht?
ich allein bin auch in stant, zu stirzen deine Macht.
Weist du nicht, wie es gewösen ist,
gedenk einmal zurück,
daß ich dich überwunden hab in einen Augenblick.
Die Hoffart die ist schuld daran,
hat dich ins öllant bracht,
von Himmel bist du ausgeschloßen,
von Heiligen all veracht,
ob du schon ein König bist
in der grausamen Gstalt,
keinen Menschen kannst du schaden nicht,
du hast ja keinen gwalt.

Luzifer Es braucht sonst gar kein Gwalt,
es ist genug mein Teifelsgstalt,
die in der Höll haben wir,
kann uns kein Mensch anschauen hier.
Ihr wollt mich gern zu schanden machen,
aber ich las mir kein Wort nöt schafen,
was ich sag, das muß auch seyn,
ich bin Herscher ganz allein.
Gesanter aus der Höll
kumm her zu mir auf der Stöll.
kumm herein in dieses Haus,
zeig mir den großen Nikolaus.

Höllgsanter Ihr Königliche Meiestät, ich will dies sagen balt
das ist der große Nikolaus, woll in der lumpigsten
er sagt, er sey von Himmel kumm, [Gstalt,
das sicht man ihn schon an,
er hat ja schon das Gwäntl drum,

es kriechen Leis darvan –
und in der Nasen hat er ein Beyschwarm,
das Henig rint heraus,
das Wax hat er an Augen dort,
das ist ja schier ein graus
und das soll seyn Bedienter seyn,

geth schaugt ihn nur recht an,
i glaub er hat die Waßersucht,
es drieft ja stat derfan
disen, wenn uns nöt betröigt,
han i schon öfter gsöhn,
ist alzeit mit den Schinter gang,
wann ein Roß ist tot gelögen.
Man darf sonst röden gar nöt vihl,
sie haben ein großen gwalt,
sie haben mich aus dem Hauße gejagt,
bis i han bekum zu kalt.

Michäl Verfluchter First der Teifelscharr,
was ist das vir ein gspöt!
was ös uns zu schanden macht,
das glauben wir ja nöt,
sag nur an du Höllensgeist,
du Freind der Finsterniß,
sag an, was du haben willst,
was dein begehren ist.

Luzifer Mörkt auf ihr Völker in disen Land!
jetz will ich röden von der Sünd und Schant,
die geht jetz so stark in schwung,
so wohl bey alten als bey jung.
Bey der Hoffart will fangen an,
die mich hat bracht um Himmelsthran,
wegen der Verfluchten Hoffartssünd
Hab ich das Höllfeuer angezint.
Es ist wohl ein schönes Gwant
von Fleck und Harwen allerhant,
wen mans schon theur bezahlen muß,
so hat man Geld in überfluß,
will man eine neue Moty sehn,
kann man nur ins Teischland gehn,
da wird man drefen an überal
Hoffartsnarn ahne Zahl,
wo Glück und Sögen in disen Haus
von Gleitsteufel ist gefresen aus.
wo der Man die Henn regierst,
und das Weib den Zeber first,
die Reinikeit habt ihr verlohrn,

der Unzucht habt ihr die Treu geschworen,
euren ganzen Löbenslauf
opfert ihr der Venus auf.

Höllgsanter Großer König! ich bitte ab,
daß ich auch ein Wort zu röden hab,
da soll ein frommer Jüngling seyn
er sagt er sey ganz engelrein.

Luzifer Engl ihr mießt ja selber lachen,
wen enk der Mensch anheint will zu schanden
wen ihr anheint nicht reiner seyt, [machen,
habt ihr eine schlechte reinikeit.
Ja woll Engel rein,
wan der Unflat derfen dat seyn.
Teifelrein das glaub ich schon,
aber Engelrein ist weit dervon.
Ja mein freint nur frisch gewagt,
höb auf den Kopf und nicht verzagt,
ich will dir auflögen und sagn,
was für eine schene Reinikeit du dust habn.
15 Sell hast du verfierst,
30mal hast du Karißierst,
60mal hast dus in willen gehabt,
wen dich der Bauer nicht höt von Fenster gejagt.
Es ist kaum die Sune Undergang,
renst du als wie ein reisender Wolf herum,
da dreibst du alle Schant und Spott,
das der Mann am Firmament wirt roth,
einige las ich köpfen und henken,
einige duh ich in Bley versenken,
einige las ich haun in tausend Stück,
einige duh ich mit meinen Höllischen Kragen zu-
einige werden in Feuer gebrennt, [sammendrücken,
einige werden mit glühenden Hagen aufgehengt,
so lang Gott Gott wird seyn,
so lang müsen wir verdamte in der Hölle seyn.
Aber o Gott, wie bist du gerecht
und verschonst so lang der Menschen geschlecht,
ich hab ein einzige Sünd gethan,
und mich hast du verstoßen von den Himmelsthran.
Menschen hast du auch erschaffen,

hast sie als Christen Taufen lasen,
hast sie gesötz in Gnadenstant,
hast ihn gemacht dein Will bekannt,
aber jetz schau herab von deinen Thran,
ist nun das der Dank und Lahn,
sie begehen Sünden ohne Zahl,
kreizigen dich vill Tausent mall,
darum im Namen aller Teifel
schrei ich um Rach und hab kein Zweifel.

Michäl Seyt getröst liebst Kinder,
bekehrt euch von großen Sünden,
greift zur Buß und bössert euch,
dan kambt ihr ins Himmelreich.
Wier sehen Gottes Angesicht
woll auf den höchsten thran
und was alda vir Freiden gibt
dö niemant fassen kan.
Die Blüemlein blühen noch so schen
als wie bey Früelings zeit,
die Vögilein singen Tag und Nacht
mit großer lust und Freit,
nun drachtet nach dem Himmelreich
und sparet keine Müe,
löget eure Sünden ab
und betet spat und früe.

Vorlaufer Großer Bischof hör mich an,
vor der Thier steht ein alter Mann,
ich tuh dich höflich biten und fragen,
wan ich ihn herein dörft lasen.
Kum herein du alter Greis,
du hast zu kalt was i schon weys.

Greis Nambla han i vill zu kalt,
80 Jahr bin i schon alt,
ich mus lebn in größter Noth,
das liebst wer mir der Tot.

Luzifer Alter Glatzkopf, was machst du da vor der Thir,
must du alles ersehen und derguggen
und hast den Tot schon auf den Ruggen.

Greis Goltschent hat der Narr ein jait,
zu sterben bin i ja schon berait,
lieber Tot kum behent
und mach mein leben ein Ent.

Tod Ja mein Freunt auf dein begehren,
will ich mich zu dir her kern.
Aus ist deine löbenszeit,
heint must du in die Ewikeit.

Greis Sterben will i nicht ley gar,
versteste gspas den kain du Narr,
i hans ja nicht a so gemeint,
geh weck von mir du Menschensfaint.

Tod Kein schrit will ich von dir nöt weichen,
dein Angesicht mus heint erbleiben.
Ich habs selbst gehörst ja schon,
das ein alter Mensch no lügen kann.

Greis Ich hab daheim ein Weib genum
und das Weib wird balt ein Kind bekum,
wen das Kind kein Vater hat,
um mi war no ja völig schad.

Tod Alter narr sey nöt so blint,
ich frag nicht nach Weib und Kind,
ich frag nur nach dir allein
und balt ich kum so mus es seyn.

Greis Zu sterben hab ich noch kein Zeit,
ich hab ja no kein richtikeit,
was ich einzunem und schuldig bin,
wen ich jetz stirb ist alles hin.

Tod Ein Richtikeit will ich dir schon machen,
das Gelt must du den Erben lasen,
dein Leib ist vir die Wirmer bestellt,
die Sele mus in die andere Welt.

Greis Wen nicht mehr nutz, so bitt ich schen,
las mich zuvor noch beichten gehn,
ich will bekenn in aller Eil,
sätz dich auf die Ofenbank derweil.

Tod Kein Sakrament solst du empfang,
warum bist du zuvor nie beichten gang,

es ist ein gemeiner Brauch,
wie man lebt, so stirbt man auch.

Greis Ich hab ein Haus ganz ahne schulden,
bar Gelt auch vill Tausent Gulden,
dis alles will ich dir geben,
wen du mich noch heint last leben.

Tod Ich frage nicht nach deinen Gelt,
heint must du von der Welt,
ich will kein gspas nöt machen,
magst du weinen oder lachen.

Greis Wen ich mus sterben o Thaurigkeit,
wie wirts mir gehn in der Ewikeit,
ich fircht mich von der tiefen Höll,
verschone doch mein armer Sell.

Tod Ich hab dir Zeit gelasen in überflus,
das du dich solst wenden zu der Bus.
Jetz ist es einmal vill zu spat,
zu hofen hast du keine Gnad.

Greis Jetz wen es nun geht zum Ent,
mach ich zuvor ein Testament.
Der Erden schenk ich meinen Leib,
den Teifl meine Selle verschreib.

Tod Dieses geht mich als nicht an,
du bist ja selbst die Schult daran,
ich mach kein prozes daraus,
liebste Leit weichet aus.

Bedienter O König von den höchsten Thran,
wie stetß mit den alten Mann,
dir ist alles unverborgen,
sag uns wie ist er gestorben.

Heiliger Wie diser Mensch gestorben ist,
da haben wir keinen grunt.
Er kann sich leicht bekehret haben,
noch in der lösten stunt,

die Urtheile kann man nicht ergrünten,
die Gott beschloßen hat,
es lebt ein Mensch oft dief in Sünden,
erlangt zulöst noch Gnad.

Luzifer Fragt nur mich, ich wills euch sagen,
ich hab seyn Sele vor Gericht gedragen,
er hat seyne Sünden nicht bereit
und ist verdambt in Ewikeit,
und wen ihr meint, es ist nicht wahr,
so bringt die Sell ihr Teifelschar.
Sell und Leib das mus zusamm,
damit sie beide ihr Lan enpfang.
Verfluchter alter jetz röd gscheit,
wies dir geht in der Ewikeit.

Greis Wohl eine draurige Ewikeit,
ich bin zur Höll vermanideit,
ich mus leiden eine große Bein,
und duth ewig kein erlösung seyn.
Lebt nur wohl, ich mus darvon,
am Juingsten Tag secht ihr mich wider schon.

Luzifer Alter mach dich auf derweil,
jetz must du vort in aller eil.
Dein Urtheil ist schon ausgesprochen,
vom Himmel bist du ausgeschlosen,
schaug noch an das lötzdemal
am Firmament die Sternenstrahl,
heint hast du die löste Zeit
vir die ganze Ewigkeit.
Ihr Teifel kumbt nur all herzu,
weil er nöt weck ist, ist kein Ruh,
helft nur dragen, greift nur an,
wir fahren durch die Luft dervan.

Schutzengl Liebste Leit folgt meinen rath
ergreift die Buß, nur nicht zu spath.
Ihr wist ja nicht, wie lang ihr Zeit,
das ihr vort mießt in die Ewikeit.
Gedenkt nur an den alten Mann,
wir haben ein Beyspil schan,

wer die Buß will in alter spahrn,
der mus mit Leib und Sell zum Teifl fahren.
Habt ihr Sünden noch so vill,
Gott euch schon verzeihen will.
Er ist ja alzeit euch zu helfen schon bereit
und ihr fromme insgemein,
die noch in stant der Gnade seyn,
last euch nicht verfieren von der Welt,
der Himmel euch gewis nöt fehlt.

Heiliger König der Verdamtenschar!
die Eltern glauben, es ist nicht wahr,
das in der Hölle so große Beyn,
bey ihren verdamten Kindern seyn,
in Gottesgewalt tuh ich dir befehlen,
tuh ihr ein beyspihl vor die Augen stellen,
das sie sehn, was sie zu gewarten haben in der Höll
wen sie ihre Kinder schlecht erziehen wöll.

»Ein Gesang von dem heilligen Pischoff Nikolao«

O Bischof voll der Heiligkeit, Sankt Nikola!
Weil du bist in der Himmelsfreud,
    Zu Gott mit uns bete!
    Bei Gott für uns bitte!
    Sankt Nikola!

Dein Leben war der Wunder voll,
Darum man dich hoch ehren soll.
    Zu Gott ...

Von Kindheit hat dich Gott geführt
Mit Tugend und mit Gnaden ziert.
    Zu Gott ...

Es hat dich gführet Gottes Hand
Zum Priester und zum Bischofsstand.
    Zu Gott ...

Drei Töchter von der Sünd und Schand
Durch Almosen hat errett dein Hand.
    Zu Gott ...

Viel andern in der Hungersnot
Mit Wunder hast verschafft das Brot.
    Zu Gott ...

Viel, die in Wassersgfahr sein g'west
Dein Fürbitt hat davon erlöst.
    Zu Gott ...

Weil dann die Welt ist, wie ein Meer,
Daß Gott uns bhüete und erhör.
    Zu Gott ...

Auch aller derer, die seind arm
O großer Bischof dich erbarm.
    Zu Gott ...

Weil du auch, wie's bekannt schon ist
Patron der kleinen Kinder bist.
Zu Gott . . .

Ein schöne Gab leg ihnen ein
Hilf, daß sie fromm und heilig sei'n.
Zu Gott . . .

Uns allen daß Gott gnädig sei, Sankt Nikola!
Und uns die himmlisch Freud verleih',
Zu Gott mit uns bete!
Bei Gott für uns bitte!
Sankt Nikola! *Salzkammergut*

BAÜMLI, BAÜMLI, SANICKLAUS-BAÜMLI.

Die Eltern ſind der Sanct Niclaus;
Ein Eſel heißt der Dienſt im Hauß.

Die Klöpfelnächte

So heißen die drei letzten Donnerstage im Advent, an einigen Orten nur der letzte vor Weihnachten. Man schreibt diesen Tagen besonders wundertätige Kraft zu, und manche abergläubige Gebräuche und Ansichten knüpfen sich daran. So darf z. B. der Weihnachtszelten nicht gebacken werden, ehe nicht der letzte Klöpfeldonnerstag vorbei ist. Tirol ist in dieser Beziehung reich gesegnet, und gewiß nirgends werden die Klöpfelnächte feierlicher begangen. Sie gelten als förmliche Belustigungstage, bestimmt, um die stille Adventzeit etwas zu würzen.

Sehr bunt geht es um diese Zeit in Pillersee im Unterinntal zu. Da fährt an diesen Tagen der sogenannte »Anklöpfelesel« herum. Dieser Langohr muß aber erst auf folgende Art verfertigt werden. Zwei kräftige Burschen stellen sich hintereinander und nehmen ein hölzernes Gerüst auf die Schultern, das mit einem Eselskopf versehen ist und eine Decke trägt, welche als Sattel dient und zugleich den Zweck hat, Kopf und Oberkörper der Träger zu verhüllen. Auf dieses schwanke Reitzeug setzt sich ein lustiger Gesell als Fuhrmann. Daneben schreitet der Eigentümer des Esels, gewöhnlich in der Tracht eines feisten Unterinntaler Wirtes. Das Gefolge bilden Zigeuner, Landstreicher, Hexen, Zillertaler, Ölträger, Quacksalber und ein Tierarzt. So geht es in die Bauernstuben, und das »G'spiel« beginnt.

Zuerst wird dem Esel Wasser und Heu vorgesetzt. Dieser jedoch packt nichts an und erhebt zugleich ein klägliches Geschrei, welches der Eigentümer dahin erklärt, daß das Tier krank sei, worauf er mit allen Kraftausdrücken des Unwillens über den Fuhrmann herfällt, der daran schuld sei. Der weiß sich vor Schreck kaum zu helfen und fragt zuerst bei allen Quacksalbern und Ölträgern um Hilfe an. Diese suchen nun den Esel mit verschiedenen allo- und homöopathischen Pulvern zu kurieren. Da jedoch alle Kuren nur die entgegengesetzte Wirkung hervorbringen, so nimmt der verzweifelnde Fuhrmann endlich seine Zuflucht zum eigentlichen Tierarzt, der auch wirklich den Esel kuriert. Während dieses ganzen Vorganges, dem es natürlich nicht an komischen Szenen fehlt, werden die beißendsten Ausfälle auf alles Ungereimte gemacht, was während des Jahres in der Gemeinde vorfiel. Zum Schluß wird den Klöpflern Schnaps, Brot, Butter und Käse vorgestellt, worauf sie abziehen.

Noch ausgeprägter und zugleich ursprünglicher ist die Sitte des Klöpfelns im Sarntal in Südtirol. Da versammelt sich bei einbrechender Dämmerung eine Anzahl von jungen Leuten, besonders Knechte mit Zithern, Geigen, Kuhhörnern, Hafenplatten und ähnlichen Marterinstrumenten an einem Platze außerhalb des Dorfes. Manche kleiden sich, so gut es angeht, als Masken, indem sie entweder ihre Joppen verkehrt anziehen oder wohl auch das Hemd über das übrige Gewand werfen. Zwei Männer jedoch hüllen sich ganz in Stroh ein, und zwar der eine als Mannsperson, der andere als sein Weib. Sie führen wegen ihres originellen Anzugs den Namen »Zuseln«.

So ausstaffiert, zieht der ganze Haufen mit Sang und Klang zum nächsten Hof, wo er vor der Tür haltmacht.

Während nun der Chor einen Höllenlärm vollführt, um die Hausleute von seiner glücklichen Ankunft zu unterrichten, hadern die beiden Strohpuppen miteinander, indem sie sich gegenseitig Untreue vorwerfen, überhaupt solche Fehler rügen, welche die Eigentümer des Hofes betreffen. Nach diesem Vorspiel beginnt das eigentliche »Klöckellied«:

Heut ist uns eine heilige Klöckelsnacht;
Lei was geschah?
Derweil uns die Zeit vorhanden schon ist,
Wohl oni zu der ersten Klöckelsnacht,
Lei, was geschah?
Gott hat uns ein Gebetlein vom Himmel gesandt,
Der Erzengel St. Gabriel ist's, der's uns genannt.
Er grüßet Maria, die Jungfrau rein,
Sie hat uns geboren ein klein Kindelein.

Wohl oni zur anderten Klöckelsnacht,
Lei was geschah?
Gott hat uns ein Gebetlein vom Himmel gesandt,
Johannes, der Taufer ist's, der's uns genannt;
Er taufet wohl an dem großen Jordan,
Lei Kleanars und Größers, lei wie's zu ihm kam.
Jetzt hat er getaufet den wahren Gottessohn,
Denselbigen hat er getaufet itzt schon.

Wohl oni zur dritten Klöckelsnacht,
Lei was geschah?
Gott hat uns ein Gebetlein vom Himmel gesandt,
Herr Jesu Christ ist's, der's uns genannt,
Der für uns am Kreuz gestorben schon ist.

Jetzt kemman wir bald zua der kurzen G'frist
Zu die lieben Altväter, die waren so froh,
Die darin lagen so viel hunderttausend Jahr,
Ja, das ist wahr;
Heraus, heraus, ihr lieben Altväter mein,
Heraus von der schweren, von der höllischen Pein.

Nach diesem rührenden Gesange folgt noch eine Strophe, in der die Klöckler der sichern Erwartung, nun etwas zu bekommen, Ausdruck verleihen:

Ein hellichter Stern geht über das Haus,
Gar a ehrsame Hausmutter geht ein und geht aus;
Jetzt hören wir schon die Schlüssel erklingen,
Jetzt wird man uns bald a Stuck Brotawurst bringen.
Ja sei's a Brotawurst, sei's a Stuck Spöck,
Dann gien halt wir Klöckler mit Freuden awök.

Die hartherzigen Bethlehemiten scheinen aber trotz des Komplimentes für die Hausmutter noch nicht befriedigt zu sein; denn nun folgen erst die sogenannten »Ansinglieder«, in denen der Witz und Scharfsinn der Klöckler auf eine scharfe Probe gestellt werden. Die Bauersleute singen nämlich Reimfragen zum Fenster heraus, auf welche die Klöckler gereimte passende Antwort geben müssen. Derjenige Teil, der die Frage oder das Spottlied nicht erwidern kann, wird verlacht, und wenn es die Klöckler sind, müssen sie leer abziehen. Man spart sich oft die unangenehmsten Wahrheiten und stechendsten Spötteleien während des ganzen Jahres zusammen, um sie bei dieser Gelegenheit ungestraft an den Mann zu bringen. Trotz der bei dieser Gelegenheit allgemein anerkannten Zungenfreiheit entstehen doch häufig infolgedessen Feindschaft und Schlägereien, weshalb auch das Klöckeln immer mehr abkommt.
Hier folgen einige der besseren »Ansinglieder«.

[aufg'reckt,
Von innen Itz bin i auf'n Ofen oben g'legen, hon die Stützen
Itz haben mi die Klöckler mit der Musik aufg'weckt.
Klöckler N'ar darfst mit die Knie net fast im Himmel aufi ste-
Sonst kannst oft amol in die Höll' oinbrechen. [chen,

Dem spottenden Bauern war nämlich wirklich passiert, daß er einmal auf diese Weise in die »Hölle«, d. i. der Raum zwischen Ofen und Wand, gefallen war.

Von innen Klöckler, was habt's den ös im Summer getan,
Daß ös im Winter müeßt lottern gian?
Klöckler G'schnitten, g'mahet und Hack'n getragen,
Daß die Feirer eppas zum Essen haben.
Von innen Wann ös so witzige Klöckler wöllt sein,
So müßt ös wohl wissen, wie viel Stern' am Firma-
Klöckler D'selm mußt du den Luzifer fragen, [ment oben sein?
Der ist vom Himmel in d' Höll oid'n g'fahren.
Von innen Wann ös so witzige Klöckler wöllt sein,
So müßt ös wohl wissen, wer die größten Vögel im
Klöckler Der Geier in Pens, [Sarnthal sein?
der Sperber in Durnholz, der Guck' auf Reinswald,
Das sein die größten Vögel im Sarnthal.
Von innen Was für a Turm hat koan' Spitz?
Und was für a Geasl tragt koa Kitz.
Klöckler Der babylonische Turm tragt koan' Spitz,
Und a au'g'molens Geasl tragt koa Kitz.
Von innen Wann ös so witzige Klöckler wöllt sein,
Müßt ös wissen, wie a Döck mit neun Egger sollt'
Klöckler Drei unten, drei oben und drei daneben, [sein.
Dann werd's wol a Döck mit neun Egger o'geben.
Von innen Da unten auf der Eb'ne hat oaner a Zäunl gebaut,
Der oan Schnarling oi, der ander' auerwärts g'schaut.
Klöckler I hob's a net der söchen,
Es ist lei a brüchig's Görl gewesen.
Von innen Die Wurst liegt auf'n zu 'nem Kranz,
Itz Klöckler geht einer und tuet an' Tanz.

Auf diese Aufforderung begeben sich die Klöckler in die Stube, voran tanzt das Strohpaar, dahinter schreiten die Musikanten. Hier wird ihnen Branntwein, Speck und Fleisch vorgesetzt, worauf ein allgemeines Tanzen beginnt.
Hierbei wird nun absichtlich einer der Dirnen das Spinnrad, das man, meist ein altes, für den Zweck schon vorgerichtet hat, von einem der Klöckler zertreten. Als Entgelt tanzt dann das »Zuselmannl« mit ihr. Da wirft plötzlich der zärtliche Strohmann seine »Zusel« zur Türe hinaus und tanzt mit einer anderen. Die »Zusel« guckt zur Türe herein, springt auf die fremde Tänzerin, balgt sich mit ihr und treibt allerlei Schabernack.
Ist der Tanz um, so singen sie zum Abschied noch folgendes »Danklied«:

Itz hat man uns ehrsame Erleichterung geb'n,
Gott laß uns das Jahr mit Freude ausleb'n;
Itz wünsch'n wir das Glück wohl ausi auf's Feld
Wohl zuehi zum Getreid', wohl zuehi zum Geld;
Itz wünsch'n wir's Glück, wohl eini in den Stall
Wohl zuechi zum Vieh und sonst überall.
Itz wünsch'n wir's Glück wohl aui in's Haus,
Und's Unglück seh' oben zum Fenster heraus.
Was wünsch'n wir dem Hausvater? An' goldenen Tisch,
Auf an' jeden kloan' Eckelein an' gebach'nen Fisch.
Was wünsch'n wir ihm noch in die Mitte hinein?
Ein silbernes Kandelein voll roten Wein,
Dazu die Hausmutter, die schenkt ihm's ein.
Was wünsch'n wir der Hausmutter? An' gold'nen Wag'n,
Der wird sie dann fröhlich in den Himmel aui trag'n,
In den Himmel, in den Himmel zu den obrigsten Thron.
Da singen die Engelen, drum beten sie schon.
Itz nehmen wir Urlaub von der heurigen Haustür,
's lieb heilig Gotteskreuzlein schreib'n wir uns herfür,
Wir schreiben's uns auf ar (einer) Saul', a guet's Blatt,
Itz wünschen wir euch allen a glückselige gute Nacht
Und a freudenreich's neu's Jahr.
Das wir euch fernt hab'n g'wunschen, ist heuer no' nit gar.

Hierauf heißt der Bauer die Klöckler noch tüchtig auf seinen Feldern herumspringen, auf daß es ein gutes nächstes Jahr gebe und das Getreide gedeihe, die Hausfrau aber füllt ihnen den Lottersack, den gewöhnlich der letzte trägt, mit den sogenannten »Klöcklerwürsteln«. Haben die Klöckler nun die vorgesetzten Höfe auf diese Art abgezogen, so kommen sie in einer ihrer Hütten zusammen, tanzen und verleben den übrigen Teil der Nacht fröhlich miteinander. Am darauffolgenden Sonntag werden die »Klöcklerwürsteln« gemeinschaftlich verzehrt.

L. v. Hörmann

Die Klöpfelleut

Klöpfellied

Schau, Vata, schau, was ist denn das?
Was hat sich denn zuatrag'n?
Wer stellt mir Ochs und Eseln ein
Und tuat mi nit d'rum frag'n?

Der Stall, der g'hört mein Schäflein zua,
Wo i darin soll schlafa;
Was ist's für Kind, das drinn tuat lieg'n,
Wer hat dös wohl ang'schaffa?

Ha, Büabel, was hast für a Gschroa
Und für a Blarament?
I muaß schon selber schaun, ob's wahr,
Was das für Leut wohl send,

Daß Gott erbarm, das liabe Kind,
So arm liegt's dort im Stall,
Geh Buama, wolln mas nehma gschwind,
Wolln's tragen ins Spital,

Damit es hat a guate Wart,
Im Kripplein liegt's halt gar so hart;
Ja, ja, daß Gott erbarm,
Bin selber bettelarm.

Jetzt hat's an Kas und Buatta gnua,
Dazua a Gerstenbrot,
Das kleine Kindlein ist mir liab,
Wenns nur was z' essen hat.

Jo, Bruada, du sagst mir schon recht,
Daß 's Kind nit dableib'n mag;
Bei mir ist aber d' Herberg z' schlecht,
Das ist mei größte Plag.

Es liegt ja wohl auf off'nem Heu,
Koa Kindsweib hat's a nit dabei;
Koan Mensch'n möcht is geb'n,
Tats liaba selba pfleg'n.

Ho, Lippel, geah a Kindsweib hol'n,
Die Frau da ist so zart und fein,
Sie muaß wohl a Gräfin sein,
Und's Kind ein Fürstensohn.

Es hat mir heut um Mitternacht
Ein schöner Engel die Botschaft bracht:
Er ist geboren im Stall,
Der uns erlöset all.

Lungau

Das Anklöckeln oder Anklöpfeln

Heut' ist die heilige Klöpfelnacht,
wo man Nudel' und Küchel bacht,
Nudel heraus, Küchel heraus,
oder wir schlagen ein Loch ins Haus.

Das Leben und Leiden der heiligen Jungfrau und Märtyrin Lucia

Die heilige Lucia ward zu Syrakus in Sizilien von reichen und edlen Eltern geboren und spürte von Kindheit an eine Neigung zur Haltung der jungfräulichen Reinheit. Nach dem Tode ihres Vaters versprach sie wider ihren Willen ihre Mutter einem edlen heidnischen Jüngling, sie aber wollte ihm nicht zusagen, sondern schob von Tag zu Tag die Hochzeit auf und teilte ihr Hab und Gut alles den Bettlern aus.

Als ihr Bräutigam sah, daß sie all ihr Hab und Gut unter die Bettler austeilte, ergrimmte er höchlich, und da er erfuhr, daß sie eine Christin wäre, veränderte sich all seine Liebe in Haß und Rachgier, und er verklagte sie beim Richter Paschasius als eine Zauberin und Feindin des Römischen Reiches. Der Landpfleger ließ sie freundlich zu sich rufen und ermahnte sie, von dem abergläubischen Wesen der Christen abzustehen.

Die heilige Lucia sprach: »Ich habe in diesen drei Jahren nichts anderes getan, als dem lebendigen Gott geopfert. Weil nun aber nichts mehr zu opfern ist, so schlachte ich mich selbst Gott dem Herrn zu einem lebendigen Opfer.«

Da sprach der Landpfleger: »Diese Worte kannst du einem jedweden Christen, welcher dir gleich ist, erzählen, mir aber, der ich der Fürsten Befehl beobachte, werden sie vergebens gesagt.«

Die heilige Lucia sprach: »Du beobachtest die Gebote der Fürsten, und ich die Gebote des höchsten Gottes. Du fürchtest die Fürsten, und ich fürchte Gott. Du willst die Fürsten nicht erzürnen, und ich will Gott nicht erzürnen. So tue nur, was dir nützlich zu sein dünkt, und ich tue dasjenige, wovon ich erkenne, daß es mir nützlich ist.«

Diese herzhaften Reden gingen dem Landpfleger so zu Herzen, daß er die heilige Jungfrau mit vielen Schmähworten überhäufte, sie eine Verschwenderin ihrer Güter, eine unsinnige Person, und was ihm der Zorn in den Mund gab, schalt und nannte.

Die heilige Lucia sprach: »Mein väterliches Erbteil habe ich an einen sicheren Ort getan, ich habe aber die Schänder weder an meinen Leib noch an meine Seele gelassen, wie ihr seid. Denn ihr ratet den Menschen, sie sollen Hurerei treiben, damit sie ihren Erschaffer verlassen und dem Teufel folgen. Die Schänder der Leiber aber sind diejenigen, welche die zeitlichen Wollüste den ewigen vorziehen und die vergängliche Freude höher als die ewige achten.«

Über diese Worte ergrimmte Paschasius und sprach: »Die Worte werden aufhören, wenn man zu Streichen kommen wird.«

Die heilige Lucia sagte: »Die Worte Gottes können denjenigen nicht ermangeln, welche Tempel des Heiligen Geistes sind; denn alle diejenigen, welche keusch und rein leben, sind ein Tempel des Heiligen Geistes.«

Da sprach Paschasius: »Ich will dich in das Frauenhaus führen lassen, damit der Heilige Geist von dir fliehe.«

Die heilige Lucia sagte: »Der Leib wird nie bemakelt ohne Einwilligung des Geistes; denn wenn du schon in meine Hände Weihrauch legen und durch meine Hand mich nötigen solltest, den Götzen zu opfern, so fragt doch Gott der Herr nicht danach; denn er beurteilt die Sache nach dem Willen, und wenn die Keuschheit Gewalttätigkeit erduldet, so leidet sie es, als wie einer, welcher von einem Mörder überfallen und bezwungen wird. Solltest du mich denn wider meinen Willen schänden lassen, so wird mir die Keuschheit eine dreifache Krone erwerben.«

Als der gottlose Richter diese Worte hörte, ergrimmte er über alle Maßen und befahl, die keusche Jungfrau ins Hurenhaus zu führen. Dies ward in der ganzen Stadt kundbar, und es versammelte sich eine große Menge unverschämter Gesellen, welche sich einbildeten, sie werden diese zarte junge Jungfrau mißbrauchen können. Die Henker warfen ihr starke Stricke um den Leib und wollten sie von dem Platze hinwegziehen, es war aber nicht möglich, sie vom Platze zu bringen. Die Schergen spannten Ochsen und Pferde an und wollten sie mit Gewalt von dem Orte bewegen. Es war aber alles vergebens, weil die Allmacht Gottes sie unbeweglich gemacht hatte. Daher mußten sie in ihrer Unsinnigkeit erliegen und mit Schande davon ablassen.

Der Landpfleger hielt dies für eine Zauberei und ließ einige Schwarzkünstler kommen, welche die vermeinte Zauberei auflösen sollten. Als aber auch diese durch ihre Beschwörungen nichts ausrichten konnten, fing er an wie ein bissiger Hund zu wüten und zu toben, weil er sich von einer zarten Jungfrau überwinden lassen mußte.

Die heilige Lucia sagte: »Es ist keine Zauberei noch höllische Gewalttätigkeit, welche mich unbeweglich macht, sondern der Geist Gottes, welcher in meiner Seele wohnt, kann mir solches Gewicht und Stärke geben, daß mich auch die ganze Welt nicht wird bewegen können.«

Als Paschasius diese Worte hörte, ließ er ein großes Feuer um die heilige Jungfrau anzünden, die Flamme schlug zwar in die Höhe und gab einen schwarzen Rauch von sich, die heilige Jungfrau aber blieb so unbeweglich stehen, als wenn sie lauter Rosen unter und um sich hätte, und sprach zum Tyrannen: »Ich habe meinen Herrn Jesus Christus gebeten, daß dies Feuer nicht über mich herrschen solle, auf daß diejenigen, welche an Christus glauben, deiner spotten sollen. Daher habe ich einen Aufschub meiner Marter begehrt, um den Gläubigen alle Furcht vor der Marter zu benehmen, den Ungläubigen aber die Stimme des Frohlockens einzustellen.«

Auf diese Worte ergrimmte der boshafte Richter desto heftiger und gab einem seiner Schergen Befehl, die heilige Braut Christi umzubringen. Der Scharfrichter ergriff sein Schwert, stach die heilige Jungfrau durch den Hals, und sie fing an, zu beiden Seiten der gemachten Wunde häufig zu bluten. Der Stich war zwar tödlich, Gott aber erhielt sie in wunderbarer Weise beim Leben. Sie wendete sich in den Flammen zu den Christen und sprach: »Ich verkündige euch, daß der Friede der Kirche Gottes zuteil werde, nachdem Diokletian das Kaisertum aufgegeben und Maximian an dem heutigen Tage gestorben ist. Und gleich wie die Stadt Catana meine Schwester, die heilige Agatha, zu ihrer Patronin hat, so wisset, daß mich der Herr dieser Stadt zur Patronin gegeben, wofern ihr nach seinem göttlichen Willen tut und seinen Willen annehmt.«

Die heilige Märtyrin hatte diese Worte noch nicht recht ausgeredet, da kam die Rache Gottes über den blutgierigen Landpfleger Paschasius. Denn die Sizilianer legten Hand an ihn als einen Mörder und Räuber derselben ganzen Provinz. Sie führten ihn schimpflich gebunden vor die heilige Lucia, und sie gab nicht lange danach in die Hände des Herrn ihren Geist auf. Paschasius ward nach Rom als Missetäter geliefert, wo er in den Kerker geworfen und als eine Pest des Volkes hingerichtet wurde.

Der Leichnam der heiligen Lucia ward zu Syrakus von den Gläubigen begraben, wo hernach unter ihrem Namen zwei schöne Tempel aufgerichtet wurden, welche noch bis auf den heutigen Tag stehen. Allda haben ihre heiligen Reliquien viele Jahre geruht, und Gott hat durch ihre glorwürdige Fürbitte den Gläubigen viele Gnaden verliehen. Von da hat man sie nach Konstantinopel und zuletzt nach Venedig erhoben, wo sie von dem andächtigen Volke in gebührenden Ehren gehalten werden.

Pater Martin von Cochem

Lucia die Grausame und das Lichterschwemmen

Kaum eine weibliche Heilige ist so doppelgesichtig wie die heilige Lucia. Sie ist die Lichtgöttin in den skandinavischen Ländern, die mit einer Kerzenkrone auf dem Kopfe zu der beliebtesten Figur der Weihnachtszeit gehört. Sie kann aber auch, wenn sie ihre dunkle Seite zeigt, dämonisch und erschreckend sein. Der Lucientag am 13. Dezember galt vor der Einführung des gregorianischen Kalenders als der kürzeste Tag und man sagt im Inntal: »St. Lutzen macht den Tag stutzen.« Die Winterzeit beginnt nach dem Kalender hier, so daß an diesem Tage neujahrsähnliche Bräuche geübt wurden.
Vor allem heißt es, daß man an diesem Tag nicht bis spät in die Nacht spinnen darf, denn sonst sind alle Spindeln verdreht. Es darf kein Brot gebacken werden und auch nicht genäht werden. Und auch der Glaube, in die Zukunft zu schauen, ist an diesem Tage ganz besonders vorhanden. So muß man nur tüchtig fasten, um sein zukünftiges Weib im Traume sehen zu können. In Niederösterreich legen sich die Burschen auf den Heuboden und erwarten die 12. Stunde, in der sich der Lucienschein zeigen soll. Wer in dieser langen Wartezeit einschläft, wird mit Unglück und Krankheit von Lucia bestraft. Da gerade in dieser Nacht Geister und Hexen besonders rührig sind, durchräuchert man in vielen Gegenden das Haus, um sich vor deren Macht zu schützen. Während man mit der rauchenden »Judenkohle« und unter Beten durch das Haus zieht, muß man achtgeben, nichts dabei fallen zu lassen oder gar zu verlieren. Denn daran, was man fallen läßt, hat man für immer Mangel. Aber die unholde Lucel hat doch sehr grausame Aspekte. So fürchten sich vor allem Kinder vor ihr. Denn so heißt es, unfolgsamen Kindern schlitzt sie mit der Sichel, die sie bei sich trägt, den Bauch auf, um ihnen die Gedärme herauszureißen, sie dann mit Kieselsteinen zu füllen und den Bauch wieder zuzunähen.
Sie trägt eine erschreckende Maske, diese grausame Lucia, trägt ein Messer oder eine Sichel bei sich und kennt keine Grenzen in ihrer Grausamkeit. Lügnerischen Kindern schneidet sie die Zunge ab und erscheint oft mit der Habergeiß, einer unergründlichen Gestalt, die Schrecken und Angst einflößt.
Am Lucientag hängt auch die Wetterregel: »An Lucia geht der Tag irr.« Aber die Kinder lachen die Lucia aus und necken sie mit folgendem Spruch:

Lucia, Lucia,
dei Hemmad steht für!
Geh außi und steck's eini.
Nachand tanz i mit dir!

Und man fragt sich, wie die Lucia, die heilige Märtyrerin, die einst ihre Augen opferte und von Maria noch schönere bekam, und deren Name die Glänzende bedeutet, sich in eine so dunkle Gestalt verwandeln konnte. Es müssen hier, da es nach dem gregorianischen Kalender der kürzeste Tag ist, jene alten dunklen Dämonen in das Kleid der Lucia geschlüpft sein. Die Grausamkeiten scheinen auch in den Sprüchen sich mit einer scheinbaren Begeisterung auszuleben. Die häßlich gekleidete Lucia klopfte früher an die Fenster und leierte dazu den Spruch: »A Mölterl voll Darm, a Stückerl voll Bluat.« Und besonders die Mägde hatten unter der Lucia zu leiden. Denn es hieß, wer die Stube nicht sauber gekehrt hätte, dem schneide die Lucia den Bauch auf und trete ihr den Kehricht hinein. Das Kostüm der Schreckgestalt wechselt in der Regel. In Teddenweiß im Rottal ging sie in Stroh gehüllt mit einem langen Metzgermesser herum. In Bischofsmais trug sie ein weißes Kleid und einen roten und weißen Strumpf und hielt eine Sichel in der Hand.
Bis ins 17. Jahrhundert zurück läßt sich der Brauch: »Das Lichterschwemmen am Luciaabend« belegen. In Fürstenfeldbruck bei München vor allem hat sich der Brauch aufs neue belebt. Man baut kleine Häuschen, die Nachbildungen von Fürstenfeldbrucker Häusern sind, beleuchtet sie von innen mit Kerzen und läßt sie auf der Amper flußabwärts treiben. Der Brauch soll auf ein Hochwasser zurückgehen und eine Art Sühneopfer an den Fluß sein.

H. C. E.

Die Luzienacht

Jeder Mensch ist in dieser Nacht den Zauberflüchen und Hexensprüchen ausgesetzt, ohne daß ihn ein geweihter Gegenstand davon befreien könnte. Darum fürchten sich auch die Landleute so sehr vor dieser Nacht, um so mehr, wenn es draußen stürmt und wettert. Schweigend sitzt am Tag die Magd bei ihrem Spinnrad und statt emsig die Spindel zu drehen, blickt sie von Zeit zu Zeit nach dem Wetter und vergißt oft die Arbeit, denn heute noch will sie durch einen gefährlichen Gang ihre Neugierde befriedigen. Dann dreht sie wieder das Rad mit solcher Schnelligkeit, daß man glauben sollte, sie wolle damit die Furcht verscheuchen.

Ist es Abend, so wird in den Spinnstuben nicht lange mehr gearbeitet; teils um die heilige Luzie zu verehren, teils um sich nicht den Haß der Hexen zuzuziehen. Sollte es aber eine Dirne wagen, bis spät in die Nacht bei dem Rocken zu sitzen und die Spindel zu drehen, so sind ihr gewiß sämtliche Spindeln tags darauf verdreht, die Fäden zerrissen und das Garn ist in großer Unordnung und Verwirrung. Die Hausfrau versammelt ihre Kinder und Mägde zum Abendgebet, das heute länger als gewöhnlich dauert, da um besonderen Schutz für die Nacht gebetet wird.

Nach beendigtem Gebete nimmt die Hausfrau Judenkohle (eine Kohle von dem am Ostersamstag geweihten und verbrannten Holz), Weihrauch und Holz vom Schlehenstrauch, legt alles in eine eiserne Räucherpfanne, zündet dasselbe an und geht betend dem ganzen Gesinde voran durch alle Räume ihres Hauses. Bei diesem Zuge spricht jeder nach einem Vaterunser folgenden Spruch:

> Voarn Drudendruga, Hegsnhoagsen,
> Daiflsbroazen, Zauwrafoagsen
> b'schitz mich d' halche Luzie,
> bis ih muaring fruh oafsteh.

Jeder muß wohl achtgeben, daß er bei diesem Zuge nicht etwas fallen lasse oder gar verliere, denn sonst würde es ihm übel ergehen, er würde in der Folge an demselben, was er fallen läßt, immer Mangel leiden. Von dem Kuhstall angefangen bis zum Wohnzimmer wird bei dem Umgang ›ausgeraucht‹ (geräuchert).

Ist dieses geschehen, so wird abermals gebetet, und man geht zu Bette. Ehe man in das Bett steigt, macht man mit dem linken Fuß ein Kreuz, damit keine Hexe zum Bett heranschleichen kann.

Damit wäre die Feier des Luzieabends beendet, wenn dieser Nacht nicht besondere Kräfte zugeschrieben würden, welche die Dirnen zu benützen wissen, um ihren künftigen Mann oder ihr Schicksal zu erfahren. Das Gebot der Hausfrau übertretend, schleichen sie, in eine warme Jacke gehüllt, um Mitternacht mit einem Schnitzer, in ihrem Busen verborgen, zu einem Bach, an dem Weidenbäume stehen. Schnell wird die Rinde des Baumes an der Sonnseite nach aufwärts halb weggeschnitten, das Luzienkreuz auf die innere Seite des Schnittes gemacht und mit Wasser aus dem Bach befeuchtet. Hierauf wird der obere Teil des Schnittes umgelegt und befestigt. Die Dirne eilt nun ebenso schnell wieder nach Hause. Dieses alles muß zwischen zwölf und ein Uhr geschehen. Verspätet sich die Dirne, so findet man sie des anderen Tages tot unter demselben Baum. Erst am Neujahrstag wird dieser Schnitt eröffnet und aus den rätselhaften Zeichnungen die Zukunft vorhergesagt.
Vom Luzienschein erzählte ein Bauer folgendes: »Es hatte schon lange zwölf Uhr geschlagen und bald wäre ich eingeschlafen, als ein milde leuchtendes Licht langsam über dem Hause meines jetzigen Schwiegervaters emportauchte, sich zu einem Kranz und bald darauf in einen Totenkopf verwandelte. Mehr konnte ich nicht sehen, ich ward besinnungslos und taumelte gegen die Bodentür, um meine Schlafstätte aufzusuchen. Doch fiel ich aus dem Heufenster hinab in einen großen Schneehaufen. Der Schnee brachte mich wieder zur Besinnung, so daß ich bald mein Kämmerlein finden konnte. Bald darauf heiratete ich mein jetziges Weib, es starb aber meine Schwiegermutter. Seit dieser Begebenheit sah ich nie wieder das Luzienlicht.«

Theodor Vernaleken

Die Herbergandacht – Frauentragen

Ein ganz feinsinniges Einfühlen in die Weihnachtszeit bedeutet die Herbergandacht in den Alpen. Die Familien eines Dorfes teilen sich, so sieht es aus, in ihrer Gastfreundschaft der heiligen Familie gegenüber. Denn in den letzten Tagen vor dem Christfest wandert das Bild der heiligen Familie von Hof zu Hof, als suchten sie Herberge wie einst in Bethlehem. Unter Gesängen und Gebeten wird das Bild in einem Hause aufgestellt und die Familie hält eine Hausandacht davor. Daß es unter dem eigenen Dach übernachten kann, bringt der Familie Glück. Am nächsten Tag wandert das Bild weiter zu der nächsten Familie. Und die letzte Familie behält es dann bis Lichtmeß. In Kufstein pflegte man an den Tagen, an denen man die Himmelsmutter beherbergte, einen Armen zu verköstigen. Dieser Andachtsübung liegt der Gedanke zugrunde, daß einstens die engherzigen Bethlehemiten Maria und Josef keine Herberge gewährten, heutzutage aber in der Weihnachtszeit sie in jedem Hause Aufnahme fänden.

H. C. E.

Frauliad

Mir vergeht mein Sinn,
wenn ich denke hin
an die große Himmelsfrau,
an ihre Würdigkeit,
die ihr Gott allzeit
hat verschaffen und vertraut.

Geht von Anna aus,
wie eine Rosenstaudt,
kommt vom königlichen Stamm.

Vor viel tausend Jahr
geboren war
diese Jungfrau auf die Welt.
Hat es vorgezeigt
David in den Geist
ihr zu Ehren vorgestellt.

Und Elias dann
wollte bauen an,
ihr ein Kirchlein zubereit
haben es vorerkennt
im Alten Testament
die Propheten allzeit.

Wie einst Jakob schon
an den Himmelsthron
eine Leiter g'sehn hat
dies ein Vorbild war
an der Engelschar,
welche steigen auf und ab.

Zeigt Maria an,
die nächst Gottesthron
ist erhoben allzeit.
Chor und Seraphin
rufen: »Königin,
loben dich mit größter Freud.«

»Komm her zu mir«,
spricht dein Gott zu dir,
»meine Schwester, meine Braut,
Du hast alle G'walt,
schaff was dir gefallt,
alles ist dir anvertraut.

Die Stadt Gottes bist,
die kein Satanslist
niemals überwinden kann.
Hast zerquetscht das Haupt
und die Stärk' geraubt
selbst der Höllensmacht der Schlang'.«

Sünder eilt nur hin
zu der Königin,
ruf sie an um Hilf und Gnad.
Sie wird eure Bitt
auch versagen nicht,
wer nur das Vertrauen hat.

Weil sie bei ihrem Sohn
alls erhalten kann,
denn sie gilt so viel bei Gott,
die uns bringt das Heil,
hilft den Christenteil
in dem Leben und im Tod.

Sieh, Maria, wir,
rufen all zu dir,
wann ankommt das letzte End,
empfiehl uns deinem Sohn,
stell uns vor alsdann
in dem heiligen Sakrament.

Jesus höchstes Gut,
laß dein heilig Blut
an uns nicht verloren sein,
so geflossen war
an dem Kreuzaltar
führ uns all in Himmel ein.

Rauris

Das Leben und Leiden des heiligen Apostels Thomas

Der heilige Apostel Thomas ist aus Galiläa gebürtig und ein armer Fischer gewesen. Als aber unser gütigster Heiland im jüdischen Lande predigte, nahm er ihn zuerst zu seinem Jünger und hernach zum Apostel an. Er war sehr eifrig und liebte Christus den Herrn inbrünstig. Denn als der Herr wiederum nach Judäa gehen und den Lazarus von dem Tode erwecken wollte, hielten die Apostel dieses nicht für gut, sondern mißrieten es ihm, sagend:
»Unlängst wollten dich die Juden steinigen, und du ziehst wiederum dahin!«
Da sprach der heilige Thomas, aus Liebe um Christi willen zu leiden:
»Lasset uns auch hinziehen und mit ihm sterben.«
Nach Christi Auferstehung wollte der heilige Thomas den Aposteln nicht glauben, daß sie den Herrn lebendig gesehen hätten, sondern sprach: »Es sei denn, daß ich die Male der Nägel in seinen Händen sehe und meine Finger in die Male der Nägel und meine Hand in seine Seite lege, so will ich es nicht glauben.«

Über acht Tage danach erschien der Heiland seinen Jüngern abermals und sprach: »Reiche deine Finger her und siehe meine Hände; reiche deine Hand her und lege sie in meine Seite, und sei nicht mehr ungläubig, sondern gläubig.«
Da erkannte der heilige Thomas seine schwere Sünde und sprach mit zerknirschtem Herzen: »Mein Herr und mein Gott.«
Nach der Ankunft des Heiligen Geistes, als die Apostel den ganzen Erdkreis unter sich austeilten, fiel dem heiligen Thomas Indien zur Bekehrung zu. Der eifrige Apostel begab sich eilends auf die gefährliche Reise und kam auf der Insel Zokotara, welche am Arabischen Meer liegt, glücklich an. Allda fing er an, mit großem Eifer das heilige Evangelium zu verkündigen und seine Lehre mit vielen Wunderzeichen zu bestätigen. Gott der Herr gab auch seinen Worten eine solche Kraft, daß sich etlich tausend Seelen zu Christus bekehrten und mit größtem Eifer die Abgötterei verdammten.
Als er auf der Insel viele Seelen gewonnen hatte, reiste er in die äußersten und am weitesten entlegenen Städte und Landschaften und verkündigte allerorten mit größtem Seelennutzen das heilige Evangelium. Er kam zuletzt in das Königreich China, und nachdem er auch daselbst Christus viele Seelen gewonnen hatte, kehrte er wieder zurück und besuchte die Städte und Flecken, in welchen er vorhin den Samen des göttlichen Wortes ausgesät hatte. Zuletzt hielt er sich in der Stadt Meliapor auf, welche jetzt die Stadt des heiligen Thomas genannt wird, und baute Christus zu Ehren einen herrlichen Tempel. Der König Sagamus samt seinen Götzenpfaffen wollte solches keineswegs zulassen, und die Heiden unterstanden sich, den heiligen Apostel an seinem Bau zu hindern.
Es hatte das Meer einen gewaltig großen Stock oder Block ausgeworfen, und der König hätte ihn gerne zu seinem angefangenen Bau gebraucht. Er ließ die allerstärksten Männer daran arbeiten, es war aber keine Möglichkeit, ihn vom Platze zu bringen. Es wurden auch viele Elefanten daran gespannt, welche ebenfalls nichts ausrichten konnten. Als dieses der heilige Thomas sah, sprach er zum König, er solle ihm dies große Holz schenken, damit er es zum Dienste des wahren Gottes anwenden könnte, so wollte er die ganze Last ohne einige Mithilfe in die Stadt ziehen. Der König hielt dies Begehren für eine Vermessenheit und war dessen spottweise zufrieden. Da tat der heilige Thomas seinen Gürtel vom Leibe, band denselben an ein Ästlein des Baumes und machte das heilige Kreuzzeichen darüber. Als er nun ein wenig mit dem Gürtel fortzog, folgte ihm die ganze Last ohne einige Mühe, und er brachte das Holz zur Stadt zur höchsten Bestürzung des Königs und des Volkes. Er richtete an der Kirche ein

steinernes Kreuz auf und sagte zu den Anwesenden, daß alsdann von den äußersten Grenzen der Welt zu ihnen weise Männer kommen werden, den von ihm verkündigten christlichen Glauben fortzupflanzen, wenn das Meer bis an dies steinerne Kreuz sich erheben würde. Dies ist nach vielen hundert Jahren erfüllt worden, als die Portugiesen das erstemal in diesem Königreiche angekommen sind; denn damals ist das Meer bis an diesen Stein gestiegen und daselbst geblieben.

Nach diesem predigte der heilige Apostel das Wort Gottes diesen Ungläubigen ohne Hindernis und bekehrte ihrer gar viele durch die Wunder, welche er zur Bekräftigung seiner Lehre tat.

Weil der heilige Thomas denn vielmals aus Inbrunst des Geistes verzückt wurde, so nahmen sie diese Gelegenheit in Obacht und fingen anfänglich an, ihn zu steinigen wie auch mit Pfeilen zu schießen. Als sie aber sahen, daß er nach ihrem Verlangen nicht alsbald sterbe, rannte einer auf ihn mit einer Lanze und durchstach ihn grausam, daß er unverzüglich starb. Seinen heiligen Leichnam hoben seine Jünger von da mit Ehrerbietung auf und begruben ihn in der neuerbauten Kirche. Allda tat der Herr durch seine glorwürdige Fürbitte viele Wunderzeichen, und es geschah zu seinem Begräbnis von allen Orten großer Zulauf des Volkes.

Als hernach die Portugiesen mit ihren Schiffen in die Landschaften kamen, haben sie alles, was jetzt erzählt worden, nicht allein von den Einwohnern vernommen, sondern auch mit klaren Worten in ihren alten Jahresgeschichten beschrieben gefunden. Sie sahen auch mit großer Verwunderung, daß sie noch damals das Amt der heiligen Messe hielten, die Sterbenden mit der heiligen Kommunion versahen und in den vierzigtägigen Fasten, wie sie von dem heiligen Apostel gelernt hatten, mit großem Eifer fasteten. Die Mohammedaner und die umliegenden Heiden, obwohl sie ihnen viele Widerwärtigkeiten zufügten, haben sie dennoch nicht davon abhalten noch zu ihrem gottlosen Wesen zwingen können.

Weil denn alles das Johannes dem Dritten, König in Portugal, berichtet wurde, hat er seinem Vizeregenten in Indien, mit Namen Eduard, ernstlich anbefohlen, die Kirche und das Grab des heiligen Apostels fleißigst aufzusuchen, welchem er mit allem Fleiße nachgekommen ist. Er fand zuletzt den Ort, worauf früher die alte Stadt Meliapor gestanden, und sah davon nur etliche alte Mauern und zerfallene Türme übrig. Unter anderem trafen auch die Seinigen die Fundamente eines uralten Tempels an wie auch eine gegen Sonnenaufgang stehende Kapelle, welche von außen und inwendig mit vielen in die Wände gehauenen Kreuzen geziert war. Diese uralte Kapelle war sehr baufällig, welche sie vor allem reparierten und darin einen Sarg fanden, als sie die Erde herausgruben. Derselbe war mit einem schönen Deckel überzogen, worauf mit indischen Buchstaben eingehauen war, daß dieser Tempel vor alters vom heiligen Apostel erbaut und der oben gemeldete König Sagamus ihm den Zehnt der Stadtrenten verordnet habe, mit beigefügter Protestation an die Nachkömmlinge, daß sich keiner, demselben das Geringste zu entwenden, gelüsten lassen sollte.

An diesem Orte hatten die Christen jährlich den achtzehnten Dezember, drei Tage vor dem Feste des heiligen Thomas, zu Ehren der Verkündigung Mariä das Amt der heiligen Messe, unter welchem sich im Jahre 1561 ein großes Wunderzeichen zugetragen. Denn als der Priester zum heiligen Evangelium gekommen war, fing ein steinernes Kreuz, welches in obenbesagter Kirche gefunden worden, häufig Blut zu schwitzen an. Der Priester, welcher das göttliche Amt verrichtete, stieg nach vollbrachtem hochheiligem Geheimnis auf den Altar und machte viele geweihte Tücher davon blutig, indem er das Kreuz abtrocknete, welches nachher viel glänzender erschien. Dies Wunder hat sich in den folgenden Jahren an demselben Tag und zur selben Stunde allezeit zugetragen, was bei den Christen große Andacht und die Besserung ihres Lebens verursachte.

An dem gemeldeten Kreuz waren etliche Sprüche mit alten indischen Buchstaben eingehauen, welche niemand in derselben Gegend lesen konnte. Man hat zuletzt zwei alte und in vielen Sprachen erfahrene Brahmanen gefunden, was sie so ausgelegt, daß sie folgendermaßen zu verstehen seien: Thomas ist ein göttlicher Mann gewesen und vom Sohne Gottes, dessen Jünger er war, zu den Zeiten des Königs Sagamus in diese Gegend geschickt worden, daß er diese Völker in der Wissenschaft des wahren Gottes unterweisen sollte. Er hat daselbst einen Tempel erbaut, und als er zuletzt vor diesem Kreuze mit gebogenen Knien sein Gebet verrichtet, ward er von einem Brahmanen mit einer Lanze durchstochen. Das Kreuz aber, welches mit seinem heiligen Blut besprengt worden, hat man zum ewigen Andenken daselbst aufbehalten.

Weil denn dies große Wunderzeichen je länger, je mehr ausgebreitet worden, geschah dahin jährlich an oben gemeldetem Tage sowohl von den Christen als Sarazenen großer Zulauf. Der Herr hat auch daselbst durch die Fürbitte des heiligen Apostels Thomas viele Wunderzeichen zu Trost und Aufbau seiner Kirche getan, wovon viele bewährte Skribenten Meldung tun. Es erzählen auch etliche Geschichtsschreiber, daß zu den Zeiten des Kallistus, des zweiten römischen Papstes, ein Patriarch aus Indien nach Rom gekommen

sei und im öffentlichen Konsistorium vor dem Papst und vielen Kardinälen und Bischöfen erzählt habe, daß der heilige Apostel Thomas jährlich in herrlicher Gestalt öffentlich in der Kirche erschien und mit eigenen Händen das hochheiligste Sakrament des Altars den Christen austeilte, vor denjenigen aber, welche dessen unwürdig waren, vorbeiging.

Pater Martin von Cochem

Thomastag und Weihnachtszelten

Unter Zelten versteht man in Tirol jenes braunrindige, mit gedörrten Birnschnitzen (Klozen), Nüssen, Feigen, Zibeben und dergleichen gefüllte Gebäck, welches unter den Bescherungen der fröhlichen und gnadenbringenden Weihnachtszeit nicht die kleinste Rolle spielt. Das moderne Stadtleben hat zwar in der Regel nur einen entarteten Sprossen aufzuweisen; auch bäckt man ihn selten mehr zu Hause, sondern kauft ihn lieber in der Zuckerbäckerei oder läßt sich einen starkgewürzten überzuckerten Boznerzelten kommen, der sich zum echten altbürgerlichen verhält, wie ein verzärteltes Stadtkind zu einem vierschrötigen, bocklederhosigen Passeierbauern.

Anders ist es auf dem Lande.

Da steht der Weihnachtszelten noch in seiner urwüchsigen Kraft und ererbtem Ansehen und schließt sich mit den religiösen und weltlichen Gebräuchen, die sich an seine Zubereitung und Verschmausung knüpfen, innig an die Festfeier der heiligen Christzeit an. Schon der Tag und der ganze Vorgang des Backens weist auf die hohe Bedeutung und Wichtigkeit hin, die man ihm beilegt. Es gilt nämlich als alte Bauernregel, daß der Zelten am Vorabend des Thomastages (22. Dezember) gebacken werden muß.

Darauf freut sich jung und alt. Schon am Vormittag geht die Bäuerin zum Getreidekasten und holt eine tüchtige Schürze voll »Klozen«, die sie auf den großen Eßtisch leert. Herum lagert sich nun alles, was Hände hat, und ist eifrig beschäftigt, die gedörrten Birnen, mit denen der Zelten gefüllt wird, kleinweis zu zerteilen. Bei dieser Arbeit geht es lustig her. Besonders die Dirnen müssen sich von den Burschen viel gefallen lassen, indem letztere sie mit der Frage quälen, wer ihnen den »Zelten anschneiden« dürfe. Nebst dem großen Familienzelten wird nämlich eine Anzahl kleinerer ausschließlich für die Dirnen gebacken, wozu jedoch an den meisten Orten der Bauer bloß den Teig hergibt, hingegen die Füllung von den Bescherten selbst beigeschafft werden muß. Nur die Groß- und Kleindirn, denen das Geschäft des Teigknetens und Backens obliegt, erhalten den ganzen Zelten umsonst, den sogenannten »Kneter«, der auch etwas größer als die übrigen Brote ist. Dafür müssen sie auch den Teig aus Roggenmehl wacker durchkneten, und dann heißt sie die sorgsame Hausfrau auf den Anger hinausgehen und mit den teigigen Armen die bereiften Bäume umschlingen, damit sie künftiges Jahr recht viel Früchte tragen. Ist nun der Zelten gefüllt, so wird er bekreuzigt und mit Weihwasser besprengt und dann in den ausgekehrten glühhei-

ßen Backofen geschoben. Während er nun drinnen über seine allmähliche Umwandlung nachgrübeln mag, will ich etwas vom Thomastag erzählen.
Dieser Tag ist nämlich nicht nur wegen des großen Schweinemarktes berühmt, der meist am Montag vor Thomas abgehalten wird, sondern auch wegen der vielen wunderlichen Volksgebräuche, die auf den Vorabend desselben fallen und zu dem Weihnachtszelten in ziemlich enger Beziehung stehen. Die meisten davon sind abergläubische Liebesorakel, welche von den Mädchen geübt werden, um den Namen oder Stand ihres künftigen Bräutigams zu erfahren. Dahin gehört das Bleigießen, von dem im nächsten Abschnitt gehandelt werden wird. Oder man schreibt Buchstaben auf einzelne Zettel und legt sie unter das Kopfkissen; welchen Buchstaben das Mädchen während der Nacht hervorzieht, mit dem beginnt der Name des künftigen Liebhabers. In dieser Nacht tritt man auch häufig die sogenannte »Bettstaffel«. Dies geschieht so. Mädchen, die gerne heiraten möchten, stellen vor dem Schlafengehen einen Schemel vors Bett und, nachdem sie sich vollständig entkleidet haben, sprechen sie:

Bettstaffel ich tret' dich,
Heiliger Thomas, ich bitt' dich,
Laß mich sehen den herzallerliebsten Mann
Diese heilige Nacht.

Darauf muß sich das Mädchen lautlos zu Bette begeben und dann wird es in der Nacht den sehen, der folgendes Jahr zum Freien kommen wird. Dieses bewährte Mittelchen soll nur deshalb selten helfen, weil es kein Mädchen gibt, das sein Schnäbelchen so lange still halten kann, bis die Augen zufallen, besonders wenn es ein Verbot betrifft.
Wie nun der heilige Thomas zu seinem merkwürdigen Kuppleramte gekommen ist und welcher altgermanische Gott sich unter seiner christlichen Verkleidung verbirgt, wollen wir getrost den Mythologen überlassen, sicher ist nur, daß unser Weihnachtszelten nichts anderes als ein christianisiertes heidnisches Opferbrot ist, ein Konvertit, der trotz der Einsegnungen seine alte Götzennatur nicht verleugnen kann. Der Familienzelten aber wird in den Roggen gelegt, damit er frisch bleibe; denn da derselbe erst am heiligen Dreikönigstag angeschnitten werden darf, so liegt bis dort noch eine lange Frist, während welcher er sich noch verschiedenen Zeremonien unterwerfen muß. Er muß vor allem dreimal geräuchert werden. Dies geschieht an den drei sogenannten Rauhnächten, nämlich an den Vor-

abenden vom Weihnachtstag, Neujahr und Heiligen Drei König. An diesen Abenden wird bekanntlich in jedem Tiroler Bauernhaus nach dem Ave-Maria-Läuten Stube und Kammer, Stall und Tennen, kurz jeder Winkel ausgeräuchert, um böse Einflüsse fernzuhalten. Was weiter mit ihm geschieht und welch bedeutungsvolle Ereignisse sich an ihn knüpfen, so das »Zeltenanschneiden« und »Zeltennachtragen« am Stephans- und Dreikönigstag werden wir später bei Beschreibung dieser Feste hören. Vorderhand bleibt der Weihnachtszelten in der Roggentruhe verwahrt.

L. v. Hörmann

Der Thomaswagen

Die Volkssagen über den Wagen beziehen sich weit mehr auf den Hellwagen als auf den Himmelswagen. Die Vorstellung von Wotan auf seinem Götterwagen scheint älter als die des Reitens durch die Luft. Zieht er an der Spitze des wilden Heeres, so sind Seelen in seinem Geleit. Nach den vorhergehenden Erörterungen ist es klar, daß auch der Teufel reitend und fahrend gedacht wurde, und der Wagen mit den schwarzen Pferden ward ein Schrecken für die Menschen. Der Wagen lebt nicht bloß in den Volkssagen fort, sondern auch in Gebräuchen, z. B. bei dem oben erwähnten »Klopfengehen« in Komotau soll der goldene Wagen den Hörer in den Himmel tragen. Ausführlicher können wir berichten über den Thomaswagen. Wenn die Thomasnacht (21. Dezember) heranrückt, so begibt sich der Familienvater samt seinen Kindern und dem ganzen Hausgesinde um die siebte Abendstunde an einen langen Tisch, in die Nähe des Ofens. Auf dem Tische befinden sich die Federn des im Laufe eines ganzen Jahres geschlachteten Geflügels. Die Federn werden an den langen Winterabenden getrennt, nämlich es wird die Fahne von dem Kiele gerissen.

Dabei erzählt man sich allerlei Geschichten, namentlich über den Thomaswagen. Ein Hausvater erzählte einst folgendes.

»Als ich eben das Haus durchsuchte, begab ich mich auch auf den Boden und sah gerade bei einer Dachluke hinaus. Da nahm ich wahr, wie der heilige Thomas in einem feurigen Wagen saß, über den Ring fuhr und schrie: ›Um 12 Uhr komm ich wieder.‹ Als nun der heilige Thomas zum Kirchhof kam, blieb er mit Wagen und Pferden stehen, und am Kirchhof warteten auf ihn die Toten, welche Thomas hießen, und halfen ihrem Patron aus dem Wagen. Alsdann ging der heilige Thomas samt seinen Begleitern bis zum Kreuz, welches ganz rot war und Strahlen von sich warf; dort kniete er nieder und betete. Nach vollendetem Gebete stand er auf, gab den übrigen Namensbrüdern den Segen, und verschwand unter dem Kreuze. Kaum war er in die Erde zurück, aus der er gekommen, so legte sich jeder Thomas wieder in sein Grab hinein.

Der Wagen samt Pferden und dem Kutscher fuhr weiter ins nächste Dorf; auf einmal hörte ich, als der Wagen kaum 20 Schritte vom Kirchhofe entfernt war, eine Stimme: ›Heiliger Thomas beschütze mich!‹ Jedoch der heilige Thomas war nicht in dem Wagen, sondern war in die Erde verschwunden.

Der Kutscher, der in den Zügen dieses Rufenden den geizigen Rich-

ter von Buhsitz erkannte, schlug ihm mit seiner feurigen Peitsche die Augen aus und fuhr weiter.«
Nach diesen Worten schwieg der Hausvater, und es schlug 12 Uhr. Da begann er wieder: »Kinder! der heilige Thomas kommt schon wieder, fangt an zu beten, damit er uns nichts zuleid tue.«
Nun knieten alle nieder und beteten das Gebet zum heiligen Thomas. Unterdessen begibt sich gewöhnlich ein Freund des Vaters mit vier großen Fackeln in den Hof, steckt an jede Seite eines Wagens eine brennende Fackel, spannt die Pferde vor den Wagen, sprengt das Haustor auf, und fährt durch den Markt Horazdiowitz. Der Hausvater steht am Fenster und sieht, ob sein Freund, der den heiligen Thomas vorstellt, schon sein Amt angetreten habe.
Nun hört der Vater den daherrollenden Wagen des heiligen Thomas und fängt an: »Heiliger Thomas, beschütze uns vor allen Übeln!«
»Nach diesen Worten fallen alle Anwesenden abermals auf die Knie und beten ein andächtiges Vaterunser; ja nicht selten geschieht es, daß in diesem Augenblick aus Furcht auch Tränen vergossen werden.
Nun ist's beiläufig ein Uhr nachts. Der Mann, welcher den heiligen Thomas vorstellt, tritt nun mit verbundenem Gesicht in das Zimmer und sagt: »Ich wurde eben vom heiligen Thomas auf eine schmerzhafte Weise begrüßt, denn er hätte mir beinahe ein Auge mit seiner feurigen Peitsche ausgeschlagen.« Darauf fangen auch die Kinder an, diesem zu erzählen, was sie gehört haben. Dabei wird es etwa zwei Uhr nachts, und es erscheint der Nachtwächter mit einem langen weißen Bart und einer Bischofsmütze (den heiligen Thomas vorstellend), und neben sich führt er einen ziemlich großen Kettenhund. Der Nachtwächter bleibt vor dem Haus stehen und fängt an in sein Horn zu blasen, hernach setzt er sich auf die Erde nieder und singt:

»Meine lieben Herrn und Frauen laßt euch sagen,
die heilige Glocke hat grad zwei Uhr g'schlagen,
nehmt's euch in acht vor Feuer und Licht,
daß euch durch den heiligen Thomas nichts g'schicht.«

Wenn er sein Lied abgesungen hat, geht der Hausvater hinaus und gibt ihm einige Kreuzer. Dann kommt der Vater herein und sagt zu seinen Kindern: »Kinder, der heilige Mann laßt euch sagen, ihr sollts brav sein, fleißig beten und das künftige Jahr wird er euch wieder besuchen.« Hat nun der Hausvater dieses gesprochen, so holt die Frau des Hauses einen Sack, um die getrennten Federn hineinzutun. Ist dies geschehen, so sagt sie noch einmal: »Mann, durchsuche noch einmal das ganze Haus, und dann gehen wir in Gottes Namen schlafen.«

Der Hausvater begibt sich abermals mit seinem Freunde fort. Dieser trägt jetzt außer der Fackel auch noch ein Glas mit dem Heiligen-Drei-Königs-Wasser gefüllt und ein wenig Salz in den Stall, besprengt denselben zuerst von außen, hernach geht er in den Stall, besprengt jede Kuh und streuet ihr ein wenig Salz auf den Kopf, mit den Worten: »Beschütze dich der heilige Thomas vor jeder Krankheit.«

Hat er so über alle Kühe diese Worte gesprochen, so geht er samt seinem Freunde in das Schlafgemach und alle begaben sich zur Ruhe.

Der nächste Tag wird mit frommen Gebeten zugebracht, und noch lange erzählen die Kinder von dem was sie gehört und gesehen haben.

Theodor Vernaleken

Der gespenstische Thomas

Wenn man etwas über die Zukunft erfahren will, dann muß man unbedingt in der Thomasnacht, am 21. Dezember, den Heiligen fragen. Es ist der kürzeste Tag des Jahres, und an ihm haften daher manche Vorstellungen und Bräuche, die für Feste zum Jahreswechsel charakteristisch sind, und damit auch der Blick ins neue Jahr, in die Zukunft.

Legt man sich in der Thomasnacht falschherum ins Bett, so träumt man, was im folgenden Jahr geschehen wird. In die Knödel, die am Thomasabend gekocht werden, steckt man Zettel mit Nummern. Derjenige Knödel, der zuerst nach oben kommt, enthält die Nummer, die man in der Lotterie setzen sollte.

Wie am Andreastag werden auch am Thomastag die mannigfaltigsten Eheorakel vollzogen. Die Dienstboten suchen am Thomasabend zu erfahren, wohin sie beim Dienstwechsel zur Lichtmeß kommen werden.

Dem dunkelsten Tag im Jahr mit dem wenigsten Licht haftet seit alters her viel Unheimliches an, weil an diesem Tag Luzifer, der Lichtbringer, aus dem Himmel gestoßen wurde. Alles was an diesem Tag geboren wird, steht unter einem bösen Omen. Die dunklen Mächte treiben ihr Unwesen, die Wilde Jagd geht um, auf feurigen Wagen mit furchterregenden Rössern braust Thomas durch die Lüfte. Vergleicht man hierzu einige Sagen aus der germanischen Göttermythologie, wie den Wotanswagen, so lassen sich Parallelen feststellen. Die heilige Lucia und der heilige Thomas sind die dunkelsten, dämonischsten Gestalten der Weihnachtszeit. In ihnen offenbart sich eindrucksvoll die Verquickung von ursprünglichem Aberglauben und Dämonenzauber mit christlicher Heilslehre.

H. C. E.

Es ist ein Reis entsprungen

Das Röslein, das ich meine,
Davon Jesaias sagt
Maria ist's, die Reine,
Die uns das Blümlein bracht.
Aus Gottes ew'gem Rat
Hat sie ein Kind geboren
Und blieb doch reine Magd.

Das Blümlein so kleine,
Das duftet uns so süß,
Mit seinem hellen Scheine
vertreibt's die Finsternis.
Wahr' Mensch und wahrer Gott
Hilft uns aus allem Leide,
Rettet von Sünd und Tod.

Mythen über Wotan

In Österreich findet man die Namen Wotn, Wut, Wudil, Wuterwald.
Im folgenden erscheint Wotan als Zukunftkündiger:
In den Rauhnächten (Weihenächten und folgenden) werden alle Räumlichkeiten unter Gebeten und Sprüchen beräuchert und mit Weihwasser besprengt. Um Mitternacht geht man dann hinaus auf einen Kreuzweg, um in die Zukunft zu schauen. Ein weißes Roß sieht man voraustraben, aber man darf demselben nicht folgen, sondern gerade vor sich hinschauend muß man aus dem, was man sieht, die Zukunft zu ergründen suchen. Sieht man das weiße Pferd nicht, so erfährt man nichts Zukünftiges; man muß daher hingehen, bis man das Pferd an der Spitze des Zuges erblickt. Oft hört man in diesen Nächten Hörnerruf und Hundegebell, das nennt man die wilde Jagd. Bei Tage sieht man dann Blutspuren, die von den erlegten und verwundeten Tieren herrühren sollen.

Weihnacht

Das Weihnachtsevangelium

Es begab sich aber zu der Zeit, daß ein Gebot vom Kaiser Augustus ausging, daß alle Welt geschätzt würde. Und diese Schätzung war die allererste und geschah zu der Zeit, da Cyrenius Landpfleger in Syrien war. Und jedermann ging, daß er sich schätzen ließe, ein jeglicher in seine Stadt. Da machte sich auch auf Joseph aus Galiläa, aus der Stadt Nazareth, in das jüdische Land, zur Stadt Davids, die da heißt Bethlehem, darum daß er von dem Hause und Geschlecht Davids war, auf daß er sich schätzen ließe mit Maria, seinem vertrauten Weibe, die war schwanger. Und als sie daselbst waren, kam die Zeit, daß sie gebären sollte.

Und sie gebar ihren ersten Sohn und wickelte ihn in Windeln und legte ihn in eine Krippe, denn sie hatten sonst keinen Raum in der Herberge.

Und es waren Hirten in derselben Gegend auf dem Felde bei den Hürden, die hüteten des Nachts ihre Herde. Und siehe, des Herrn Engel trat zu ihnen, und die Klarheit des Herrn leuchtete um sie; und sie fürchteten sich sehr. Und der Engel sprach zu ihnen: »Fürchtet euch nicht; siehe, ich verkündige euch große Freude, die allem Volk widerfahren wird; denn euch ist heute der Heiland geboren, welcher ist Christus, der Herr, in der Stadt Davids.

Und das habt zum Zeichen: Ihr werdet finden das Kind in Windeln gewickelt und in einer Krippe liegen.«

Und alsobald war da bei dem Engel die Menge der himmlischen Heerscharen, die lobten Gott und sprachen: »Ehre sei Gott in der Höhe und Friede auf Erden und den Menschen ein Wohlgefallen!«

Und da die Engel von ihnen gen Himmel fuhren, sprachen die Hirten untereinander: »Laßt uns nun gehen gen Bethlehem und die Geschichte sehen, die da geschehen ist, die uns der Herr kundgetan hat.«

Und sie kamen eilend und fanden beide, Maria und Joseph, dazu das Kind in der Krippe liegen.

Da sie es aber gesehen hatten, breiteten sie das Wort aus, welches zu ihnen von diesem Kinde gesagt war. Und alle, vor die es kam, wunderten sich der Rede, die ihnen die Hirten gesagt hatten. Maria aber behielt alle diese Worte und bewegte sie in ihrem Herzen. Und die Hirten kehrten wieder um, priesen und lobten Gott um alles, was sie gehört und gesehen hatten, wie denn zu ihnen gesagt war.

Lukas 2, 1–20

Die Heilige Nacht

Eine Weihnachtslegende von Ludwig Thoma

Jetzt, Leuteln, jetzt lost's amal zua!
Mei Gsangl is wohl a weng alt,
Es is aba dennascht schö gnua.
I moan, daß 's enk allesamm gfallt.

Erstes Hauptstück

Es war selm in Nazareth hint
A Mo, der si Joseph hat gnennt;
So brav, wia ma net oft oan findt
Und wia ma's net glei a so kennt.

Er hot als a Zimmamo glebt.
Und koa Geld war freili net do,
Mit da Arwat hot a's dahebt,
Daß a grad a so furtmacha ko.

's werd gwen sei, wia's heunt aa no is.
Ma hat oft halt grad a so z' toa.
Bal baut werd, na hot ma sei G'wiß,
Sinscht is da Vodeanst eppa kloa.

A richtiga Mensch richt si's ei'
Und halt seine Kreuza beinand.
No ja, und dös muaß amal sei',
Und dös sagt oan scho da Vastand.

Da Joseph hat's wohl a so gmacht
Und hot nia nix unnütz valorn,
Denn, bal ma dös richti betracht',
Sinscht war a koa Heiliga worn.

I woaß, daß ma'r eppa sagn kunnt:
De Zimmaleut mögn gern a Bier,
Und Brotzeit, de macha s' all Stund,
De meischt'n ham jetzt de Manier.

Vielleicht aba selbigs Mal net?
Obwohl daß ma's net so gwiß woaß,
Und weil's in die Büacha oft steht,
Z' Palästina war's a weng hoaß.

Da kunnt oana 's Bier net ganz g'rat'n,
So moant ma. Dös hätt no koa G'fahr,
Denn drei und vier Maß san koa Schad'n,
Weil's selbigs Mal billiga war.

Ko sei und net a – is's, wia's mog,
Ma hot nia nix Unrechts net g'hört,
Und hört ma no heut nia koa Klog,
Und hot si koa Mensch net beschwert.

Sei Frau, no dös wißt's ja allsamm,
Da brauchts ja koa Wort mehra net,
Indem daß mir's alle glernt ham,
Was im Katekismus steht.

Ganz Nazareth sagt, wia de lebn,
So friedli und brav und so stad! –
Dös muaß's wohl net glei wieda gebn!
War schö', bal's as öfta gebn tat.

Jetzt, daß i enk weita vazähl:
Es kimmt selm auf oamal a Schreibn,
Es müaßt si, und glei auf da Stell,
A jeda bei'n Rentamt ei'schreibn.

Da Kaiser Augustus will's ham.
Er braucht eahm halt wieda a Geld.
Ma treibt's vo de kloana Leut z'samm;
Dös is amal so auf da Welt.

Was tean jetzt de Leut z' Nazareth?
Sie wern halt a schimpfa und zahln,
Und wia'r oan de Sach g'ärgert hätt'.
Dös siecht ma danach bei de Wahln.

An Joseph hot's a net schlecht gift'.
Balst moanast, du kamst a weng z' toa,
Na kriagast a sellene Schrift,
Als war ge de Steuerlast z' kloa!

Ja, kratz di no hinta de Ohrn,
Do ko'st scho nix macha, mei Mo!
Und zahlt is no jedesmal worn,
Mit'n Staat, da fangt koana o.

Da Joseph sagt z'letzt: »In Gotts Nam',
Na roas' ma auf Bethlehem nei'
As Rentamt und sagn, was ma ham,
Es werd scho net gar so vui sei'.

Was is na mit dir, bleibst du do,
Maria? Du woaßt scho, warum.«
»I bleibet ja gern, liaba Mo,
Aba 's Rentamt will, daß i kumm.

Da Steuerbot hot's ins ja gsagt,
Denn a jeda, sagt a, muaß her,
Und d' Weiberleut a, hot a gsagt,
Und koan Ausnahm geit's do it mehr.«

Da Joseph sagt: »Jetza is's recht!
Wia geht ma denn mit de Leut um!
Und bal ma'r a ghorsam sei möcht,
Aba dös is dennascht scho z'dumm!«

»O Joseph, es steht in da Schrift:
Ös seid's bald in Bethlehem drin,
Und was si alssammet auftrifft,
Dös hot insa Herrgott an Sinn.«

Gesang

Im Wald is so stad,
Alle Weg san vawaht,
Alle Weg san vaschniebn,
Is koa Steigl net bliebn.

Hörst d' as z'weitest im Wald,
Wann da Schnee obafallt,
Wann si 's Astl o'biagt,
Wann a Vogel auffliagt.

Aba heunt kunnt's scho sei,
Es war nomal so frei,
Es war nomal so stad,
Daß si gar nix rührn tat.

Kimmt die Heilige Nacht.
Und da Wald is aufg'wacht,
Schaugn de Has'n und Reh,
Schaugn de Hirsch übern Schnee.

Ham sie neamad net g'fragt,
Hot's eahr neamad net g'sagt,
Und kennen s' do bald,
D' Muatta Gottes im Wald.

Zweites Hauptstück

Beim Tagwer'n, es war no ganz fruah,
Schaugt da Joseph außi in Schnee.
»Maria, jetzt genga ma zua,
Z'erscht trink' ma no insern Kaffee.

O mei ja! Dös werd heut was wer'n!
Dei Schuahwerk is a so vui dünn,
I wollt und i hätt's scho recht gern,
Mir warn scho in Bethlehem drin.«

»Jetzt laß da daweil, liaba Mo!
Es geht ins ganz guat, werst as sehgn,
Was sei muaß, dös packt ma frisch o,
Und es werd ins na do scho nix g'schehgn.«

So gengan sie 'naus bei da Tür.
D' Maria muaß langsama toa;
Es kam ihr bald selber so für,
Da Joseph gang g'scheida alloa.

Vo Nazareth braucht ma ganz g'wiß
Auf Bethlehem umi sechs Stund,
Dös hoaßt, bal da Weg sauber is,
Und bal oana richti geh' kunn.

So g'langts auf koa Weit'n wohl net;
D' Maria bal hundert Schritt geht,
Is not, daß sie wieda steh' bleibt.

Es geht buckelauf, buckelo;
Am bessern war's dennascht im Wald,
Hat da Wind net gar so schiach to,
Und war do net gar a so kalt.

Auf'n Mittag zua vespern s' a weng
Am Holz hiebei, glei neba'n Rand;
Sie müassn, sinscht wurd's eahna z' streng.
Und sie essn a Nudl mitnand.

An Joseph, den jammert's scho recht,
Und wia'r a d' Maria betracht',
Da sagt a: »Heunt geht's ins wohl schlecht,
Und Angscht hon i, daß's da was macht.«

Sie zoagt eahm des freundlichste G'sicht.
»Und«, sagt sie, »es feit net so weit,
Geh, Vata, was helft ins de G'schicht,
Weil 's Jammern ja a nix bedeut'.«

Gehgt's, Leuteln, so tapfa is s' g'wen,
Koan Augnblick hat sie net greint,
Da kunnt'n de Weiba – was denn? –
A Beispiel dro ham, wia's ma scheint.

No, daß i mei G'schicht füra bring –
Sie ham si so mitanand tröst'.
De Guatheit macht jede Sach' g'ring,
Da Unmuaß is oiwei des größt.

Und wia sie so freundli dischkriern,
Do hört ma'r a wunderschöns G'läut
Und siecht oan a's Holz her kutschiern.
Da hot si da Joseph scho gfreut.

Der Schlittn, der kemma is, war
Vom reich'n Manasse, an Mo
Vo Nazareth. Da hat's koa G'fahr,
Daß d' Maria net aufsitzn ko.

»He! Halt a weng! Sei do so guat!«
Schreit da Joseph. »Kunnt's eppa sei',
Du siechst ja, wia's Weda heut tuat,
Gang's net, daß sie mitkam, de mei'?«

Der aba, der gibt gor it acht,
Er schnallt mit da Goaßl, und d' Roß',
De schiaßn voro, und er lacht
Und zahnt recht und prahlt si no groß.

Mei Liaba, was ko ma da sagn?
I sag grad, wer so eppas tuat,
Der is mit eahm selba scho g'schlagn,
Und selle Leut geht's it so guat.

Jetzt hockan s' halt wieda im Schnee.
Sagt d' Maria: »Ärger di net,
Und hülf ma'r a wengl auf d' Höh!
Ma friert a net so, bal ma geht.«

So waten s' drei Stund oda vier,
Und sie bleib'n gar oft wieda steh'.

Da Joseph vazagt. Er moant schier,
Sie kunnt's eahm bald nimma dageh'.

Es war a scho nimma gar z' hell,
Und an schiachn Nebl hat's gmacht,
Und kam eahr de Dunkelheit z' schnell,
Was tean s' na im Wald bei da Nacht?

Da kimmt jetzt a Handwerksbursch her,
Draht si um, bleibt steh' und hat g'sagt:
»Es scheint, bei da Frau geht's net mehr,
War Not eppa gar, daß ma s' tragt.«

Da Joseph und er geb'n si d' Hand;
D' Maria ham s' untersi g'faßt,
Und führn s' und tragn s' mitanand;
Und g'spürn kam de heilige Last.

»Wo kemmt's denn ös her, und wer seid's?«
»I arbet als Zimmamo drent
In Nazareth. Dös is a Kreiz,
Jetzt san ma acht Stund umag'rennt.

Mir müass'ma'r auf Bethlehem nei',
As Rentamt, du woaßt ja, gon zahln.
O mei, Mensch, i dank da halt fei',
Du tuast ma'r an richtinga Gfall'n!«

»Dös braucht's it. Es gschiecht ja recht gern.
Jetzt sollt ma'r an Äpfischnaps ham,
Da wurd glei dei Frau wieda wern,
Derselbige richtet oan z'samm.«

So ham sie halt mitanand g'redt,
Ham d' Maria g'hebt und ham s' tragn.
Ja Leut, bal s' den Helfa net hätt',
Wahr's gfeit g'wen. Dös kon i enk sagn.

Jetzt sehgn sie scho Liachta im Tal;
Da druntn muaß Bethlehem sei'.
Da Handwerksbursch sagt: »Halt's amal,
I trau ma'r in d' Stadt net ganz nei'.

Vo zwegn de Standari, vasteht's,
Denn koane Papier hab' i koa,
I moan, es ist bessa, ös geht's
Auf Bethlehem eini alloa.«

Sie nehma Bfüad God voranand,
D' Maria hot gar so liab g'lacht,
Und da Joseph druckt eahm sei Hand
Und hot eahm sei Danksagung g'macht.

Wer war ge der Bursch, liabe Leut?
Wia hoaßt a? Wia hot er si g'schriebn?
Mir wiss'ma's no net bis auf heut,
Es is ins koan Ausweis net bliebn.

Du lüftiga Bursch auf da Roas',
Du host wohl koan Pfenning koa Geld
Und bist do da Reichst', den i woaß,
Und bist do da Reichst' auf da Welt!

Ja, bfüad di God! Schwing no dein Haut!
Di derf koa Standari schiniern!
Dir is insa Herrgott was guat,
Bei dem werst du g'wiß nix valiern!

Jetzt san ma in Bethlehem drin.
Wos werd eppa da alles g'schehgn?
Wos ham s' eppa da alls an Sinn?
Ös Leuteln, mir wern's na scho sehgn.

Gesang

Und drauß'd geht da Wind,
Geh, seid's do guat g'sinnt!
So kalt kimmt's oan für,
Macht's auf enka Tür!

»Wer klopft bei da Nacht?
Da werd net aufg'macht!
Geht's glei wieda zua
Und laßt's ins in Ruah!«

»De Frau nehmt's do gwiß,
Weil s' gar so arm is!
Sie wart' auf ihr Stund,
Sie geht ma sinscht z' Grund!

Und bal sie koa's hätt,
Na braucht sie koa Bett,
Es tat's a'r a so,
Kriagt s' grad an Schab Stroh.«

»Geht's weita! Geht's zua!
Und laßt's uns in Ruah!
Mir hamma koan Gfalln
Mit Gäst, de schlecht zahln.«

Es sturmt und es schneibt,
Es wedat, es treibt,
Koa Mensch laßt s' net nei' –
Ja, darf denn dös sei'?

Drittes Hauptstück

Da stenga de Zwoa jetzt am Tor,
Ham freundli an Einlaß begehrt,
An Paß aba zoagn sie z'erscht vor.
So hot's a si selbigs Mal g'hört.

Beim Rößlwirt oder im Lamm,
Da stelln de vo Nazareth ei',
Da wer'n sie an Untaschluf ham
Da kunnt's no am leichtasten sei'.

Beim Rößlwirt san sie jetzt g'west;
Kimmt da Hausknecht mit da Latern.
»Wer is denn no drauß'd?« – »Fremde Gäst,
Und a Liegastatt hätt'n mir gern.«

»Ja freili, sinscht fallt enk nix ei'?
Bei ins is scho voll«, sagt da Knecht,
»Ös kunnt's ja no spata dro sei'!
Mir wartn auf enk! Da habt's recht.«

So red't a. So reden s' no heut,
De Hausknecht, ma kennt s' ja recht guat!
De ham an da Grobheit a Freud',
Bal s' arbet'n, kemman s' in d' Wuat.

Ös Wirt, und i sag enk dessell:
Auf enkere Hausel derft's schaug'n,
Is jeda a hoanbuachna G'sell,
Und laßt's as no net aus de Aug'n!

Derselib in Bethlehem haut
De Tür zua und sagt net guat Nacht.
Da Joseph hot grad a so g'schaut
Und hot si am Weg weitag'macht.

Beim Lamplwirt dauert's z'erscht lang,
Na rumpelt da Vizi daher
Und schreit bei da Tür naus im Gang:
»Bei ins gibt's koa Liegastatt mehr.«

Sie genga zum Bräu und auf d' Post,
Beim Schimmiwirt ham s' zuawig'schaut,
Zum Goldna Horn, wo's so vui kost',
Da ham sa si net ani'traut.

Na san s' no in d' Hirwa zum Bäck,
Beim Schuasta ham s' a'r amal g'läut',
Und nacha beim Huaba am Eck,
Und nirgads hot's eahr wos bedeut'.

Da Joseph, der jammert halt recht:
»Es is ma ja gar net um mi,
Mir war wohl koan Untastand z'schlecht,
Zweg'n meiner is's net. Aba sie!

Maria, i woaß ma net z' rat'n,
Und 's Woana, dös kimmt ma glei o,
I siech's ja, du leid'st mar an Schad'n,
Und daß i für gar nix sei ko.«

D' Maria is wohl a weng schwach
Und hot si vui g'sünda o'gstellt.
Sie sagt eahm: »Geh, Joseph, de Sach,
De is nöt dös Irgst auf da Welt.

Dös is halt jetzt heut amal so,
Mir findn was, werst as scho sehgn,
Und kriag i koa Bett, auf an Stroh,
Do bin i an öften scho g'legn.«

Da hot ihra Mo wieda glacht
Und sagt ihr: »Du bist scho so guat!

Und bal ma mit dir a weng spracht,
Da kriagt ma glei wieda an Muat.«

Und weil a si's g'ringa fürnimmt
Und frischa werd, fallt eahm wos ei'.
Ja, daß ma net glei auf dös kimmt!
»Zum Josias genga ma nei'!

Zum Josias geh' ma, woaßt d' was!
Jetzt san ma scho g'wunna, dös geht.
Sie is ja a meinige Bas,
De wo a dein Zuastand vasteht.

Jetzt renna ma so umanand
Und laff'n de halbe Stadt z'ruck,
Und hättn 's Loschie bei da Hand,
Beim Josias enta da Bruck!

I hab sie wohl lang nimma g'sehgn,
Ganz g'wiß so a sim an acht Jahr
Paß auf, dera kemma mir g'legn,
Sie is a guats Leut, dös is wahr.

O mei God, i woaß no wia heunt,
Wia s' selbigsmal Hozet ham g'macht,
Da Zaches, der war da nächst' Freund
Und hot ihr an Kammawag'n bracht.

Beim Kirchagang hot's so vui g'regn't.
Ma sagt, daß dös Reichtum bedeut',
No ja, was ma hört, san s' a g'segn't,
Sie san scho recht geldige Leut.

Maria, paß auf, laß da sagn,
Mei Basl, de kocht da ganz g'wiß
A Muas, und da kriagst d' was in Mag'n.
Na, daß i auf so was vagiß!«

So geht a dahi volla Freud,
»Und«, sagt a, »es braucht nix pressiern,
Maria, jetzt laß da no Zeit,
Jetzt wiss'ma ja, wo ma loschiern.«

O Joseph, wia kennst du de Welt?
Du host, scheint's, no weni dalebt.
Mit selle Vawandte mit Geld,
Und was für an Ehr ma aufhebt.

Gesang

Wos eppa dös bedeut'
Mit enk, ös reichn Leut,
Und enkern Geld?
Müaßt's oiwei mehra sparn,
Müaßt's owei z'sammascharrn
Und müaßt's do außifahrn
Aus dera Welt!

Ös müaßt's ma's scho valaubn,
I ho koan andern Glaubn,
Als daß 's enk reut.
Kemmt's ös in d' Trucha nei',
Da seid's ös a net fei',
Wia'r ander Leut!

Drum denkt's, solang als 's lebt's:
Wos ös de Arma gebt's,
Is net vaschwend't.
Ös habts 's des Best davo,
So wia ma's hoffa ko,
Kriagt's ös den schönstn Loh'
Amal da drent!

Viertes Hauptstück

»Schaug hi!« sagt da Joseph und lacht,
»Beim Josias brennt no d' Latern,
Jetzt hot's a si wirkli guat g'macht,
Jetzt ham ma z'letzt do no an Stern.

Und schaug no, wia schö is dös Haus!
Sechs Fensta herunt und fünf drobn,
So reinli und sauba sicht's aus,
Da muaß ma mei Basl scho lobn.

Jetzt wart no, i ziahg an da Schelln,
Vom Umasteh ham ma jetzt gnua,
De wer i ge aussarebelln.
He, Josias, mach amal zua!«

Sie hörn bald, wia drobn oana schreit:
»Wos is bei da stockfinstern Nacht?
Wer kimmt um a sellane Zeit?
Do werd koa Spetakel net g'macht!«

»Ja, grüaß di God, Josias! Kimm
Und laß ins no g'schwind amal nei':
Du kennst mi ganz g'wiß an da Stimm,
Mir kemma vo' Nazareth rei'.

Mir san heut scho lang auf da Roas',
Und suach'ma Loschie überalln,
Und wia'r i z'letzt gar nix mehr woaß,
Da bist ma halt du no ei'gfalln.«

»So, moanst du? Da braucht's ja net mehr,
Jetzt geht's scho auf zehni bereits,
Da kamst du ganz oafach daher,
I woaß net amal, wer's ös seid's.«

»Da Joseph. Mir san do vawandt,
Und de Dei' is a Basl vo mir ...«
»Vo dem is mir gar nix bekannt,
Jetzt geht's amal weg vo da Tür!

I sag da des sell, bei da Nacht,
Da hab' i am liabern mei Ruah,
Da werd koa Bekanntschaft net g'macht,
Adjes! Und jetzt geht's amal zua!«

»Geh, Josias, bal a da's sag' ...«
»Nix sagst d' ma! I kenn di net, di,
Scho deratwegn, weil i net mag,
Wo's d' her bist, da gehst wieda hi'!«

Jetzt kimmt no a Weibets dazua,
De tuat scho abscheili und schreit:
»A Ruah möcht' ma ham, inser Ruah!
Was san da denn dös no für Leut!«

»A Vetta vo dir, hot a g'sagt ...«
»Wos Vetta? A sella, der kimmt

Und 's Sach na bei'n Haus außitragt
Und selba nix hot und grad nimmt!

A Vetta! A so war'n s' ma recht!
Ja, selle Verwandte gab's vui,
Wo jeda was brauchat und möcht,
Und jeda was ob'brocka wui.

Da gang oan d' Vawandtschaft net aus,
De fressat oan arm, vor ma schaugt,
Koa sella kimmt net in mei Haus!
A Vetta! Dös hätt ma ge 'taugt!«

Sie ham jetzt de Fensta zuag'schlagn
Und wergeln und schimpfa no drin.
Da Joseph woaß gar nix zum sagn,
Es is eahm ganz wunderli z' Sinn.

Er geht a paar Schritt auf da Straß',
D' Maria geht hinta eahm drei',
Sie siecht, seine Augn san eahm naß.
Wia kinna de Leut a so sei'?

Er wischt üba 's Gsicht mit da Hand.
»Maria, wos tean ma denn jetzt,
Wos trifft ins no alls mitanand,
Wos is ins no alles aufg'setzt?

Da soll na da Mensch net vazagn
Und soll bei da Bravheit besteh'!
Bal'st arm bist, muaßt d' alssamm vatragn,
Und alls muaß da üba si geh'!«

»A selle Red soll'n ma net führn,
Schau, Joseph, dös war do a Sünd!
Mir brauchan koan Unmuaß net spürn,
Ins is do des Schönste vakünd't.

I woaß wohl, du moanst ma's recht guat,
Grad weil a da gar so dabarm,
I hab do den fröhlichsten Muat
Und woaß ja, mir zwoa san net arm.«

Jetzt, wia no d' Maria so spracht,
Do kimmt üba d' Straß her a Mo;
Der fragt, was sie tean bei da Nacht
Und ob er s' net eppa führn ko.

Ös Leuteln, i bild ma dös ei,
I moan grad und woaß ja net g'wiß,
Dös sell kunnt an Engl g'wen sei,
Bal's eppa koa Mensch g'wesen is.

Ko sei oda net, er hot s' g'weist
Und hot si koan Ausred vagunnt,
Er hot si so richti befleißt,
Wia's an Engl net bessa toa kunnt.

Da drauß'd vor da Stadt war a Haus,
A Häusl war's, kloa und dafall'n,
Do sagt da Mo: »Simmei, kimm raus,
Geh außa und tua ma den G'fall'n!«

»Glei kimm i«, schreit oana vo drin,
Es dauert net lang, geht die Tür.
»De Leut hättn 's Dobleib'n an Sinn,
I moanat, es gang scho bei dir?«

Da Simmei, der kratzt si a weng
Z'erscht hinta de Ohrn, sagt: »Am End
Gang's wohl, do bei mir is 's halt eng,
Wia war's denn im Stall eppa drent?«

»Vagelt's Gott! Mir war'n ja so froh«,
Sagt da Joseph, »wann du ins nahmst
Und geabst ins a wengl a Stroh –
Mir tat'n 's wohl a, bal du kamst.«

»Ja, bleibt's no. I weiger mi net,
I woaß scho, wia's tuat, is ma'r arm.
's is schod, daß's herinna net geht,
Aba drentn im Stall, da is 's warm.

Und 's Stroh hab i enk glei aufg'schütt',
A Heu kriagt's ma'r a no dazua,
Da legt's enk ös eini a' d' Mitt',
Da habt's ös de allabest Ruah!«

»I woaß ja, da Simmei is recht«,
Sagt der ander, »bfüat enk Gott a!
Ös sehgt's scho, ös habt's as it schlecht
Im Stall drin auf enkera Strah.«

Da Simmei, der führt s' jetzt in Stall,
Und da Joseph b'steht eahm was ei'.
»Woaßt d'«, sagt a, »bei ihr is da Fall,
Es kunnt no heut nacht eppas sei'.«

»O mei Gott, und muaß umanad!
Es ist auf da Welt scho a Kreiz,
Jetzt bin i erst recht bei da Hand
Und hülf enk, weil's gar so arm seid's.«

Dös beste Stroh hot a aufg'straht,
Und schaugt, daß de Tür a guat schliaßt,
Daß ja net koa Wind einawaht
Und daß sie ja gar nix vodriaßt.

Na sagt a recht freundli: »Guat Nacht,
Ös Leut, und es derft's ja it moan',
Ös hätt's ma'r an Arwat herg'macht,
Und an Umstand macht's ma'r ös koan'.

Guat Nacht jetzt, und schlaft's ma recht guat,
Und laßt's enk nix kümmern mitnand.
I woaß an mir selba, wia's tuat,
Und 's Armsei', dös is ma bekannt.«

Ja Simmei, du host di scho brav,
Du host di scho richti og'stellt!
Bal jeda so war, den ma traf,
Na war's da fei schö auf da Welt.

Gesang

Es mag net finsta wern,
Es bleibt so hell,
Es rucken Mond und Stern
Net von da Stell'.

Sie ham wia Liachta brennt,
So still und klar,
Als war dös Firmament
A Hochaltar.

Und 's is so wundafei',
Wia's obaklingt!
Dös muaß da Herrgott sei,
Der 's Hochamt singt.

I denk' ma, dieselbige Nacht
War net, wia'r a jede sei' kunnt,
I denk ma, die Welt is aufg'wacht
Und wart't auf de heiligste Stund.

Da Wind hot si lang scho valorn,
Es laßt si koa Lüftl net spürn,
Und allaweil stader is wor'n,
Es traut si koan Astl net z' rührn.

Und gang no a Mensch übers Feld,
Es tat eahm an Schnaufa vahebn,
Es hätt 'n am Weg eppas g'stellt
Und wußt si koa Rechenschaft z' gebn.

Ma kennt's net, was' is und wia's hoaßt,
Und 's is eppas rundumadum,
Und 's Herz klopft da schnella, und woaßt,
Wannst d' selba di fragst, net warum.

A diam is, als kam aus da Höh'
Vo homalinga Musi a Klang,
A diam is, als kam übern Schnee
Vo z'weitest a hoamlinga G'sang.

A Zeitl, da is 's wieda stad
Und fangt auf a neu's wieda o,
Als wann ma wo Orgl spieln tat
So fei, wia's herunt koana ko.

Es war scho a b'sundere Nacht,
Und kam oan scho bald a so für,
Als war da ganz Himmi aufg'macht,
Ma stand vor da offana Tür.

Und kunnt grad so eini. Koa Gschloß
War für, und da Eingang war frei,
Und da Mond, der war da so groß,
Als war a vui nächa hiebei.

De Sternein, de hätt' ma kam kennt,
Sie flimmern net, scheina so klar,
So stad wia'r a Bergfeua brennt,
Daß's oan scho grad feierli war.

Und wia si de Nacht so aufhellt,
Da Fuchs bleibt im Holz drinna steh',
Er hot seine Lauscha aufg'stellt
Und traut si koan Schritt nimma z' geh'.

In Bethlehem liegn wohl de Leut
A Stund oda zwoa scho im Bett.
Is g'scheida. De sell'n hätt's bloß g'reut,
Bal's eahna de Ruah gnumma hätt'.

Beim Josias ham sie was g'spannt,
Es leucht' eahna gar a so rei'
Und wirft eahna Liachta an d' Wand
Und macht in da Kamma an Schei'.

Sie is als de erste aufg'wacht
Und stößt ihran Josias o:
»Schaug außi, wia hell is de Nacht!«
Er brummt grad, es liegt eahm nix dro.

»Es werd do koa Feua net sei'?«
»Vo mir aus, bal's weita weg brennt,
I schlaf jetzt und misch mi net ei',
Scho weil ma de Leut gar it kennt.«

»Es is grad so licht wia'r am Tag
Und is bloß da Mond und de Stern.«
»Vo mir aus, und is's jetzt, wia's mag,
I sag da, i schlafet jetzt gern.«

Sie druckt's aba dennascht a weng,
Sie mag nimma gar so stad liegn,
Es werd in da Bettstatt ihr z' eng,
Sie is nacha do außag'stiegn.

Und wia sie beim Fensta nausschaugt
Da werd ihr so wunderli z'muat,
Es hot ihr scho gar nix mehr taugt,
Und 's is ihr scho gar nimma guat.

Sie legt si glei wieda a's Bett
Und draht si bald hin und bald her,
Als lag s' auf an stoa'hartn Brett,
Von schlafa is a koa Red mehr.

»Du, Josias«, sagt s' auf amal,
»I moan, mir war'n do a weng grob,
Kunnt sei, und es war glei da Fall,
Ma kriagat mit so was koa Lob.«

»Vo was«, fragt da Josias, »red'st?«
»No ja, vo de sell'n vo heut nacht,
I moan, bal's da s' aufgnumma hättst,
Es hätt ins net gar so vui g'macht.«

»So, moanst du? Da hab i scho gnua,
Jetzt hätt' sie d' Vawandtschaft an Sinn,

Mit selle Leut laß d' ma mei Ruah!
Mit selle Leut hot ma koan G'winn.«

»I ho vom Vawandtsei' nix g'sagt,
Es fallt ma no grad a so ei',
Und daß ma de Arma vajagt,
Werd a net des allaschönst sei‹.«

»Bal wieda oa kemma, na g'halt s',
Und gib eahr und schenk eahr allssamm,
An Butta und Oar und a Schmalz,
Na wer'n ma bald selba nix ham.

Denn bal amal dös oana gneißt,
Wia schö daß beim Josias is,
Und wia ma da 's Sach außischmeißt,
Na ham ma de Kundschaft ganz g'wiß.

I mag net, dös will a da sagn,
Do hot da mei Guatheit an End,
Und willst ma du 's Sach so vatragn,
Na laß a da nix mehr in d' Händ.«

Er hot si an d' Wand umidraht,
Und sagt, daß a nix mehr hörn möcht.
Sie brummelt no lang, aba stad,
Denn g'falln tuat ihr gar nix mehr recht.

Jetzt laß ma de zwoa beiranand,
Und schaug'n ins wos Schöners ge o,
Dös Streit'n, dös tat ins grad and,
Mir ham ins scho gnua g'hört davo.

Sehgt's, weita vo Bethlehem dauß'd,
Da stengan drei Hüttn im Feld,
In dena ham d' Hüata drin g'haust
Und üba Nacht d' Schaf einig'stellt.

In oana, da is auf da Strah
Derselbige Handwerksbursch g'legn,
Er schlaft jetzt, und tramt hot er a
Und hot eppas Wundaschön's g'sehgn.

Woaßt scho, wia's an arma Mensch macht,
Geht wo bei de Großen was z'samm,
Er möcht grad a weng vo da Pracht
Und möcht vo da Freud eppas hamm.

Er stellt si vor d' Tür hin und spitzt,
Und geht oana raus oda nei',
Na sicht a, wia's drinna aufblitzt
Und kriagt vo dem Glanz a'r an Schei'.

So kimmt's jetzt dem Handwerksbursch für;
Es hot 'n an d' Höh aufig'hobn,
Er steht vor da himmlischen Tür
Und schaugt umananda da drobn.

Durch d' Klums'n durch schleicht si a Strahl,
Der glanzt scho, als war a vo Gold,
Und Musi is drin in dem Saal,
Als wenn's oan glei einiziahgn wollt'.

Es werd eahm so z'muat, wia'r an Kind,
Dös gar so aufs Christkindl wart',
Und drin is da Bam scho o'zünd't,
Und 's Draußnsteh' werd eahm so hart.

Auf oamal, da rüahrt si's am Tor,
Es werd eahm glei z'weitest aufg'macht.
Er halt si de Händ g'schwind davor,
So blend't oan dös Liacht und de Pracht.

Dös Silba! Dös Gold und de Stoa!
Und 's Sunnalicht hot so a G'walt!
Wer kunnt eppa d' Aug'n no auftoa,
Wia's funkelt und blitzt und wia's strahlt?

A Kini hot g'wiß a schö's Haus,
A Reicha ko g'wiß was vatragn,
Und haltet do koana dös aus –
Wos will erst an arma Mensch sagn?

Und wia si da Handwerksbursch traut
Und blinzelt a weng umanand,

Do steht a vorm Herrgott und schaut,
Der gibt eahm ganz freundli sei' Hand.

»No, Hansei, wia g'fallt's da bei mir?
Kimmst a'r amal her?« hat a g'fragt,
»Und geh no ganz rei' bei da Tür,
Du derfst scho.« A so hot a g'sagt.

»Heut«, sagt a, »heut host ma fei g'falln,
Wer ander Leut hilft und dös tuat,
Dem hülf i a gern überalln;
A sella, der hot's bei mir guat.«

Er klopft eahm auf d' Achsel und lacht,
Da Hansei, der danket eahm gern,
Do über dös is er aufg'wacht
Und siecht durch a Lucka an Stern.

Der leucht' eahm so hell und so klar,
Und hot eahm a Botschaft vakünd't
Vo drobn her, da wo 'r a jetzt war
Und wo 'r a scho wieda hi'find't.

– Jetzt horcht a ... Dös is do koa Tram!
A Stimm ... und jetzt wieda ... Es tuat,
Als wenn's von da Höh oba kam ...
Jetzt hört ma's auf oamal ganz guat!

»Ös Hüata, kemmt's allesamt her!
Es schlagt enk de heiligste Stund,
Ja, Gott in da Höh sei de Ehr!
Und Frieden den Menschen herunt!«

Gesang

Und ko ma koa Bettstatt,
Und ko ma koa Wiagn,
Und ko ma koa Lei'tuach
Fürs Christkindl kriagn?

A Wiagn passat freili,
Da lieget's recht warm.
Woher solln s' as nehma?
De Leut san so arm!

Drum legn s' as in d' Krippn,
Drum legn s' as aufs Heu,
An Ochs und an Esel,
De stengan dabei.

Dös is für de Arma
A tröstliche G'schicht.
Sinscht hätt's insa Herrgott
Scho anderst ei'gricht'.

Sechstes Hauptstück

Paßt's auf, und jetzt lass' ma'r ins Zeit,
Mir müass'ma beim Simmei zuakehrn
Und schaugn, was's im Stall eppa geit,
Und ob ma net gar eppas hörn.

Es laßt si vo drinna nix g'wahrn,
Vielleicht no, gab oana recht acht,
Er hörat an Ochs a weng scharrn,
Wia s' Viech an da Kett'n oft macht.

De Leut is de Ruah wohl vagunnt,
Dös nimmt oan na dennascht scho her,
A Marsch von a 'n acht a neun Stund,
Und g'spürt ma's beim Schnee no vui mehr.

Is guat für a jed's, bal ma schlaft,
Und is ja a Glück, bal ma's ko,
Ma kimmt do a weng zu da Kraft,
Und 's packt oan net gar a so o.

An Simmei hot's oiwei aufg'weckt.
Er draht si im Bett umadrum,
Und bal er si wieda zuadeckt,
Er schlaft net und woaß net warum.

Er denkt eahm, was kunnt denn dös sei'?
Und was eahm denn heut so schiniert?
Er b'sinnt si und fallt eahm nix ei',
Und hot wieda 's Schlafa probiert.

Und wia's eahm net g'lingt, geht a raus.
Es treibt eahm vo selba a d' Höh,
Da siecht er den Glanz vor sein Haus,
An Mond und de Stern überm Schnee.

Was is denn jetzt dös für a Ding,
Dös wo oan so b'sunderli macht?
Es werd oan so leicht und so g'ring
Und laßt oan koa Ruah bei da Nacht.

Vom Stall raus, da kimmt jetzt a Schei',
So hell, als wann's ei'wendi brennt.
Es werd do koa Feua net sei'!
Da Simmei is g'schwind umig'rennt.

Und hört scho a Stimm' – de is hell,
Is fei', wia'r a Glock'n vo Gold,
Da is eahm scho glei auf da Stell,
Als wann er si niedaknian sollt.

Und hot's a da Simmei net g'wißt,
Es is eahm so feierli wor'n.
Denn drin liegt da heilige Christ,
Denn drin is da Heiland geborn.

Und jetzt! Was dös am Himmi war!
Als wenn de Kirz'n am Altar
Da Mesna o'zünd't – da – jetzt durt –
Oans nach dem andern brenna s' furt –
So leuchtn d' Stern auf – oiwei mehr.
Auf oamal braust's von ob'n her,
Als wia vo hundert Orgeln klingt's,
Als wia vo tausad Harfa singt's,
Und Engelstimma wundafei',
De klingan drei'.
Halleluja! Halleluja!
Und vo da Weit'n, vo da Näh
Und vo herunt bis z'höchst in d' Höh,
Und tuat bald laut, und bald vaschwimmt's
Ganz ob'n, und wieda runta kimmt's.
Halleluja!
Und in den hellen Jubelg'sang,
Im Orgel- und im Harfaklang
Hat jetzt
A tiafe Stimm o'g'setzt,
Mit G'walt,
So wia'r a Glock'n hallt:

»Kommt alle z'samm!
Ihr braucht koa Furcht net ham!
Die höchste Freud wird euch verkünd't,
Im Stall dort liegt das Christuskind.

So hat die Nacht
Den Heiland bracht
Zu dieser Stund.
Ehre sei Gott in der Höh'
Und Frieden den Menschen herunt!«

Da werd's jetzt mit oan wieda stad,
Vorbei is mit Musi und G'sang.
A paarmal is's grad, als vawaht
Da Wind no vo z'weitest an Klang.

Da Simmei kniat no dort im Schnee
Und lust, aba hört scho nix mehr.
Jetzt kemann vo drent über d' Höh
De selbigen Hüata daher.

Sie war'n a no ganz ausanand,
Bei eahr war dös nämli da Fall,
Da Simmei nimmt s' stad bei da Hand
Und geht mit eahr eini in'n Stall.

Sie schleichen auf g'nagelte Schuah.
Da Simmei, der geht a weng für
Und mahnt no an jed'n zu da Ruah
Jetzt bleibn s' alle steh' bei da Tür.

De selln, de wo weita hint war'n,
De ham si auf d' Zechaspitz g'stellt.
Vor eahna, da liegt drin im Barr'n
A Kindl – da Heiland der Welt.

So nackt und so arm ham s' 'n g'sehgn.
Im Barr'n war an aufg'häufelts Stroh.
Und 's Kind is ganz ruhig drauf g'legn.
Es woant net und schaugt grad a so.

Es hot sie mit Stolz und mit Pracht
Und Herrlichkeit g'wiß net vaführt
Und hot do a sellane Macht!
A jeda hot's ei'wendi g'spürt.

Und wia s' a si niedaknieat hamm –
Vo de hot si koana vastellt,
Sie faltn de Händ alle z'samm,
De war'n a weng starr vo' da Kält'.

Sie bringan als erste eahm dar
De Wünsch für a Glück ohne End',
Net groß, aba ehrli und wahr,
So wia's halt an arma Mensch kennt.

Na gengan sie stad wieda naus
Und wischpern a weng mitanand.
Ziahgt jeda sein Geldbeutel raus
Und druckt was an Simmei in d' Hand.

Sie geben's fürs Kind so gern her,
Und bal dös erst größa wor'n is,
Na woaß's scho, sie ham halt net mehr,
Es kennt de guat Meinung scho g'wiß.

Sie nehman B'füad God voranand
Und gengan na hoam durch de Nacht.
In Bethlehem hot ma nix g'spannt,
Vo dena is neamad aufg'wacht.

Und geht's ös in d' Mett'n, ös Leut,
Na roat's enk de G'schicht a weng z'samm!
Und fragt's enk, ob dös nix bedeut',
Daß 's Christkind bloß Arme g'sehgn ham.

Fröhlich soll mein Herze springen

Fröhlich soll mein Herze springen
Dieser Zeit,
Da vor Freud
Alle Engel singen.
Erd und Himmel nehmt's zu Ohren!
Jauchzend ruft
Alle Luft:
Christus ist geboren!

Sollt uns Gott nun können hassen,
Der uns gibt,
Was er liebt
Über alle Maßen?
Gott gibt, unsrem Leid zu wehren,
Seinen Sohn
Von dem Thron
Seiner Macht und Ehren.

Nun, er liegt in seiner Krippen,
Ruft zu sich,
Mich und dich,
Spricht mit süßen Lippen:
Lasset fahren, liebe Brüder,
Was euch quält,
Was euch fehlt;
Ich bring alles wieder.

Ei so kommt mit offnen Händen,
Stellt euch ein,
Groß und klein,
Kommt von allen Enden!
Liebt den, der vor Liebe brennet;
Schaut den Stern,
Der euch gern
Licht und Labsal gönnet.

Paul Gerhardt

Mystische Weihnacht

Heute begeht man dreierlei Geburten in der heiligen Christenheit, an denen ein jeglicher Mensch so große Freude und Wonne sollte empfangen, daß er recht von Wonne sollte aus sich selbst springen in Jubel, Liebe, in Dankbarkeit und innerlicher Freude, und welcher Mensch das nicht in sich empfindet, mag sich wohl fürchten.

Die erste und oberste Geburt ist, daß der himmlische Vater gebieret seinen eingeborenen Sohn in göttlicher Wesentlichkeit, in persönlichem Unterschied. Die andere Geburt, die man heute begeht, ist das mütterliche Gebären, das geschah in jungfräulicher Keuschheit und in rechter Lauterkeit. Die dritte Geburt ist, daß Gott alle Tage und alle Stunden wird wahrlich geistlich geboren in einer guten Seele, mit Gnade und mit Liebe.

Diese drei Geburten begeht man heute mit den drei Messen. Die erste Messe singet man in der finsteren Nacht, und sie fängt an: Dominus dixit ad me. Der Herr hat gesprochen zu mir: Du bist mein Sohn, ich habe dich heute (das ist in Ewigkeit) geboren. Diese Messe bedeutet die verborgene Geburt, die geschah in der finsteren Verborgenheit unerkannter Gottheit.

Die andere Messe hebt an: Lux fulgebit hodie super nos. Das Licht scheint heute über uns. Diese bezeichnet den Schein der vergotteten Natur; diese Messe ist einesteils in der Nacht und einesteils im Tag, denn sie war zum Teil bekannt und zum Teil unbekannt.

Die dritte Messe singet man an dem klaren lichten Tag, und die hebt an also: Puer natus est nobis et filius datus est nobis. Ein Kind ist uns geboren und ein Sohn ist uns geschenkt.

Sie zeigt an die innigliche Geburt, die alle Tage und alle Augenblicke soll geschehen und geschieht in einer jeglichen guten heiligen Seele, wenn sie sich dazu kehrt mit Sammlung und mit Liebe. Denn soll sie diese Geburt in sich empfinden und gewahren, so muß es geschehen durch Einkehren und Wandeln aller ihrer Kräfte. Und in dieser Geburt wird ihr Gott zu eigen und gibt sich ihr also eigen, daß nie kein Ding also eigen ward. Denn die vorgesprochenen Worte sagen: Ein Kind ist uns geboren und ein Sohn ist uns gegeben. Er ist unser, und ganz unser eigen, denn er wird allezeit geboren ohne Unterlaß in uns.

Johannes Tauler

Die Christmetten

Der bayerische Magen steht mit den Fastenkasuisten auf sehr gespanntem Fuß. Am Heiligen Abend indessen nimmt es der Bayer ungewöhnlich streng. Morgens ißt er gar nichts; mittags speist er bloß einiges Warmes: Erbsen (die »Arbis-Suppn«), Nudeln und gesottene Kletzen; abends »kollatzt« er, d. h. er ißt nur mehr ein bißchen Kaltes: Dörrobst und Gebackenes.
Der festliche Charakter tritt nun schon deutlicher in den Familienkreis herein. Die Stube ist an keinem Tag im Jahr so ausnehmend blank gefegt wie am heiligen Christabend, der Boden mit appetitlichem frischem Schnittstroh mattenartig belegt: eine lang ersehnte Kinderfreude. Unersättlich kugeln und purzeln sie im Stroh herum, vergessen sind Bank und Stuhl und »Lodern und Höllwinkel«, die sonstigen Lieblingsplätzlein um den Ofen herum.
Aber es ist auch der »Heilige Abend«. Schon hat der bayerische Bauer die Hauslegende, sitzt am Tisch und um ihn herum Weib und Kind, Knecht und Dirn. Nun hebt er zu lesen an gar rührend und schön von der heiligen Familie: Christkind, Maria und Joseph, von der Stallherberge, von den Hirten und Engeln. Die ewig alte Geschichte mit der ewig neuen Lehre. Strahlenden Auges lauscht das Kleinvolk den Erzählungen von Christkindleins Bescherungen und geht alsdann auf väterliches Kommando in die Federn. Aber erst, nachdem in ihrem Beisein die Mutter an das Fenster die geräumigste Schüssel gestellt hat, damit ja das Christkind recht viel »einnikelt«, d. h. einlegt wie Sankt Nikolaus, auf gut bayerisch der Nikel genannt.
Das Großvolk dagegen hat freien Entscheid: die einen bleiben auf bis zum Mettenamt, die andern gehen ins Bett und lassen sich mitternachts wecken. Die Regel ist: daß das ganze weibliche Hofvolk bis auf die Bäuerin in die Metten geht.
Eine alte Dirn in der Stallwänger Pfarr, die es ohnehin mit dem Beten und Kirchengehen nicht recht hatte und jedenfalls das warme Bett mehr liebte als den beschwerlichen Weg zur Christmetten durch kaltes Schneegestöber, stieß einmal die schöne christliche Volkssitte um, legte sich bis an die Ohren ins Bett und sprach den andern zu Spott und Trutz: »Geht's ös Heiling nur brav in enka Christmetten, i bleib in mein Bett dahoam und schlaf ma grad gnua!« Wie gesagt, so getan. Aber sieh, unter der Christmetten kam eine unheimliche »Weiz« in die Schlafstube hereingehuscht, rüttelte derb die alte Dirn aus ihrem Schlaf und sprach ihr mit schauriger Stimme ins Gesicht:

»Steh auf, alte Frettn, und geh in d' Mettn!« Die Dirn fuhr entsetzt unter die Decke, getraute sich den Kopf nicht mehr herauszustrekken und erzählte, als die andern zurückkamen, in Angstschweiß gebadet, ihr Schreckenserlebnis. Das war vor einem guten Jahrzehnt. Wie ein Lauffeuer ging das seltsame Frevelgericht auseinander im ganzen bayerischen Vorwald; sooft die Weihnacht kommt, wird die unheimliche Begebenheit aufgetischt, und seither bleibt kein weibliches Wesen mehr aus der Christmetten weg, um faul in den Federn zu schlafen.

Die bis zum Mettenamte aufblieben, rückten den Tisch zum prasselnden Ofen, und in der Regel setzt nun das lesefertigste Familienmitglied die Weihnachtslegende fort. Die heilige Stimmung paart sich freilich unwillkürlich mit Scherz, wenn sich der alte Baumann ans Vorlesen wagt und an schwierigen Wörtern herumstottert. Wenn er aber gar vorliest: »Für Maria hatte Joseph einen Esel herbeigeschafft, den sie von Nazareth nach Bethlehem tragen sollte«, anstatt »der sie von Nazareth nach Bethlehem tragen sollte«, dann bricht natürlich das stille Gekicher in helles Lachen aus. Gleichwohl kommt der weltliche Sinn am Heiligen Abend nicht recht auf. Allerdings der Drittelknecht, ein leichtblütiges Bürschl, probiert es und bringt sein Büchlein mit den Schnaderhüpfeln. Aber alles erhebt sich dagegen: »Dös ghört sie für'n Heilign Abend nöt!« Abermals wird die Legende gelesen; einige merken auch jetzt noch auf, während andere bereits entschlummern, »einnatzen« wie der Bayer sagt.

Endlich um halb zwölf Uhr füllt sich die Stube mit Ehehalten und großen Kindern, draußen wandeln schon Leute im knirschenden Schnee, nun klingen auch die sämtlichen Turmglocken in die sternflimmernde Nacht hinein. »Ins Mettenamt!« ruft der Bauer, und die Stube leert sich.

Nur mehr die Hausfrau bleibt, die sich in Speisgewölb und Küche umtut, und der handfeste Oberknecht, der am Ofen sitzt: vor sich die Legende und das geladene Hausgewehr, die »Schuißn«. Draußen im und um den Hof herum ist nämlich der gezottelte halbhohe Sultan der Wächter, im Hause aber der Oberknecht in Waffen. In diesem Augenblicke freilich obliegt er einem hohen Friedenswerk; er schiebt nämlich eben den »Mettenstock« in den Ofen. Es ist das ein Prachtwurzelklotz aus verwimmertem Kien, eigens schon beim Ausklaftern für die Mettennacht erkoren und zur Seite gelegt. Es gibt ein geschäftiges Feuerlein, macht »bacherlwarm« und hält »mentisch« nach.

Der Oberknecht liest abwechselnd in der Legende, dann greift er wieder und wieder nach der Flinte, geht in den sternhellen Hof hinaus, hält in die Höhe und schießt das Christkindl an. Das vielliebe Jesulein wird nämlich bei den katholischen Bayern als ein Königsprinz behandelt und erhält in der Mettennacht seine Wiegensalve. Im Christkindanschießen wetteifert alt und jung. Der Bursche zieht, man weiß gar nicht wie oft, sein Terzerol aus der Joppentasche und entsendet einen krachenden Schuß in die Christnacht. Der Hausherr selbst hält seinen Zwilling zum Fenster hinaus: Bum! Bum! Ja sogar der Ähnl legt seine alte Steinmuskete noch mal an die Backe und schießt das Christkindlein an. Der tapfere bayerische Range aber feuert mit seiner Schlüsselbüchse, die ihm gar gern, wenn er voll Ungeduld in die Zündpfanne bläst, den ganzen Speiteufel ins Gesicht wirft. Wenn aber der wachende Oberknecht in den Christnächten seine Flinte entladet, so dient das zwei Zwecken zugleich: erstens dem hohen Welterlöserlein, der Christkindmajestät, zur Huldigung und zweitens der polizeiwidrigen Menschheit, die etwa nach der Mettensau angelt, zum Signal, daß der bayerische Großhof bestens armiert ist.

Dieses Christkindanschießen pflegt dem einen oder andern Altbayer bisweilen auch einen Spott und Volksscherz zu stiften, z. B. 1870 auf einer Zwei-Bauern-Einöde in einer linksländischen Donautalbucht. Der eine Bauer von ihnen kam schon in seinen Hof vor der allgemeinen Wehrpflicht; so wurde er zwangsweise nicht in der Waffe geübt, er selbst und aus freien Stücken hält aber sorgfältig seine Hand vor einem jedem Trumm, welches losgeht, kracht, Feuer und Tod speit. Aber einmal in jedem Jahr, wenn er die hausamtliche Mettenwacht hat, muß er von Zeit zu Zeit schießen. So lud er denn auch 1870 wieder den alten Hausroller nicht mit abgewogener Patrone, sondern auf Augenmaß, indem er »eine Handvoll Pulver aus dem Haferl« nahm und in die verrostete Krachröhre schüttete, trat hernach hinaus auf die Gred und hielt sein überladenes Trumm so weit wie nur möglich vom Leib mit den zwei Händen in die stockdunkle Mettennacht hinein: »Bummm«, und der Bauer hatte im Hui nichts mehr in seinen Pfoten. In jähem Schreck duckte er flugs seinen breiten Schmalzbuckel und trottete dann eilig von der Gred zurück in die sichere Stube: »No, Bruader, da war i aber bald hin g'wen«, vertraute er seinem besten Duzfreund, welchem er sein Weihnachtsabenteuer erzählte. In Stücke war das alte Gewehr nicht gegangen, aber über das Ausnahmshaus geflogen; am Morgen fanden es die Knechte weit unten im Garten.

In der Christmetten selbst liegt ein besonderer Reiz von ewiger Frische. Die einzige Mitternacht mit hochfeierlichem Gottesdienst, die ganze Dorfkirche in flimmerndem Kerzenschein, auf der Musikem-

pore die vielliebe Hirtenmesse, bei welcher die Orgelpfeife zur Schalmei wird und das Gloria zum Kuhreigen; jeder Altar mit seinem Christkindl und namentlich das auf dem Hochaltare im langen, goldverbrämten Hemdlein, mit dem rechten Händchen segnend und in dem linken die blaue Weltkugel tragend, ein allerliebst feines, rotwangiges Gesichtlein, die Augenweide aller Mütter, Jungfrauen und Mädchen. Das bayerische Mettenamt bringt geistliche und leibliche Freuden: es führt zur morgenländischen Wiege des Christkindleins und von da zum blauweißheimatlichen Tafelgenuß.
Kaum hat sich die warme Stube mit der heimkehrenden Familie gefüllt, so stellt die Hausfrau schon die duftig abgebräunte Mettenblunze auf den Tisch, zu der sich nach unrüttelbarem altem Herkommen die Leberwürste gesellen, das gesottene Schweinerne mit Kraut und das hochfesttägliche Weißbrot. Dieser nächtliche Christschmaus endet köstlich vergeltend das strenge heilige Vorfasten. Und nun wechseln die Wachtposten: die vor der Metten aufgeblieben, legen sich jetzt schlafen.

Bloß ein kurzer Schlummer, denn alsbald erklingt die Glocke zum Morgenamt, und abermals ist die Dorfkirche voll Andächtiger. Der katholische Bayer wird nicht müde, am Weihnachtstag zur Kirche zu gehen. Seine schöne Religion beschenkt ihn am heiligen Christtag mit drei Weihnachtsmessen; es ist jedem Bayer eine religiöse Herzensangelegenheit, am Christtag fein ja gewiß die drei Messen zu bekommen. Die Heimkehr aus dem Morgenamte bringt ein neues Weihnachtsereignis: die Kinderwelt in freudigster Aufregung. Die kleine Ware ist aus den Federn, steht um den kerzleinflimmernden Tisch und hüpft um die gabengefüllte Schüssel. Zu den Kleinen gesellen sich die Großen, ebenfalls Neugierde und Mitfreude in den Blicken. Wirklich hat das Christkind in der Mettennacht schön viel eingenikelt: Schürzchen, Wollstrümpfe, Rockpers, Halstüchlein, hölzerne Gäulchen mit Farbenpracht und Schweifpfeife, Puppenküche, Lesbüchlein, allerhand köstliches Backwerk in Gestalt von Brezeln, Flachsrasteln, Widerhaken und Zöpfeln, eine Spende Äpfel, Birnen, Dörrzwetschgen, Hasel- und Welschnüsse und eine frische Strafrute.

Als leibliches Labsal schiebt sich zwischen Frühamt und Hauptgottesdienst die speckige Morgensuppe; um halb neun Uhr erklingt abermals die Glocke. Was an Altarschmuck, Paramenten und Kirchenmusik aufzubringen ist, wird zum Weihnachtshochamt aufgeboten. Katholisches Bayernvolk erfüllt Körper an Körper die Kirche: in Pelz, Wolle, Tuch und Seide.

Der Christmittag ist ein bayerischer Rauhnachtstisch mit Bier und Schweinsbraten in Hülle und Fülle. Nachmittags ist Hochvesper und Kripperlschau. Die Weihnachtskrippe gilt bei den Bayern ihren Batzen. Der Vater führt nun seine wohl behosten, bewamsten und gestiefelten Buben zur Kirche, die Mutter ihre winterlich ausstaffierten Mädchen. Klein und groß schaut mit unersättlichem Auge. Aber das Kripperl sieht sich auch so heimisch an; es ist ja gerade, als sei das majestätreiche Jesulein nicht im wildfremden Morgenland, sondern justweg im trauten Bayerlandl auf die Welt gekommen!

Das Kripperl-Bethlehem ist ein durchaus bayerisches Stadtl mit merklich vielen Bräuhäusern, zum Schornstein guckt der Rauchfangkehrer heraus, ja eine Strecke von der Stadt ragt ein blauweißer Straßenzeiger mit der Aufschrift: »Nach Vilsbiburg.« Von Palmen keine Spur, aber Fichten mit muntern Eichkätzlein. Und gar erst wenn nach Heiligendreikönig der Kripperlmeister die Hochzeit von Kana aufrichtet! Das ist auf und nieder die bayerische Bauernhochzeit: der dicke Wirt mit dem Samtkäppchen, die hemdärmelige Kellnerin mit der weißen Schürze und dem goldenen Mieder, schäumen-

des Malgersdorfer Bier und Bratwürsteln so gut bayerisch, als kämen sie eben aus der Regensburger »Wurstkuchl«.
Zu lärmender Unterhaltung sind diese Nächte und Tage zu heilig; im ganzen hält der Altbayer dieses ein, bisweilen auch ist das leidenschaftliche Blut stärker als das Gewissen.
In einem abgelegenen Dörfchen der Hallertau (in jener Pfarrei, aus welcher das Abensflüßchen entspringt) taten sich um die Zeit 1850 sechs Knechte, erpichte Eisschützen, zusammen und schossen, daß ihre eisenumringten Stöcke auf dem Kirchenweiher hin und her fuhren, mit unbändiger Spielwut: war ein altes »Bot« aus, immer wieder ein neues, durch die ganze sternenhelle Nacht durch, volle fünfzehn Stunden, von drei Uhr nachmittags bis sechs Uhr morgens, aus dem Christ- in den Steffelstag hinein, von der Christvesper bis zum Steffelsfrühamt.
Und noch wäre keiner vom Eis gegangen, denn die Spielleidenschaft hatte in ihnen jeden heiligen Gedanken erstickt; aber nun geschah etwas Seltsames: sechs Eisschützen waren es, aber seit die Glocken zur Kirche riefen, flog immer auch ein siebenter Eisstock unter den ihrigen hinaus. Keiner sah einen siebenten Eisschützen.
»Wos tuat denn jetz' der fremd' Stock da?« frug einer den andern; man warf ihn öfter zum Weiher hinaus, aber umsonst.
Endlich begann ein alter Knecht seinen grauen Kopf zu schütteln; er schwang seinen Eisstock auf den Buckel und ging nach Hause: »Da tuat noch ein anderer mit, der g'fallt mir nöt«, brummelte er. Er meinte den Höllischen, denn er schlug ein heiliges Kreuz über sich; die andern taten es ihm nach.
Aus dem Mund eines überzeugten Wiederundwiedererzählers niedergelegt in dieses Altbayernbuch, ohne jedoch dem buchstäblichen Glauben daran das Wort zu reden, weil ja nicht am Tag und Ort zur Stelle, um den Tatbestand selbst einzusehen und zu prüfen. Ob eine wahre Begebenheit, ob nur eine bedeutsame Sage: das religiöse Gewissen ist es, welches darin ein kräftiges, plastisches Volkskleid anzieht; es ist die schöne Lehre, welch eine fromme Feierruhe am erhabenen Christfeste dem Tag wie der Nacht geziemt, und daß es nicht sehr zu wundern wäre, wenn wirklich der geisterhafte Urfeind aller Guten und Urfreund aller Bösen sich unter die Weihnachtsschänder gesellt mit seinem höhnischen Spuk und Schabernack.

Joseph Schlicht

Lied bei der Krippe Jesu zu singen

Ihr Christen eilet her zur Krippen,
Zum Friedensfürsten, singt mit mir!
Und preiset ihn mit reinen Lippen!
Nach unserm Bildnis liegt er hier,
Er kam aus Lieb zu uns hernieder,
Der eingeborne Gottessohn,
Er nimmt uns an als seine Brüder,
Erhebt die Menschheit auf den Thron.

Der, dessen Allmacht ohne Grenzen,
Der schränkt sich hier in Windeln ein,
Dem Millionen Sterne glänzen,
Will arm und ganz verdunkelt sein,
Auf dessen lautes Wort: Es werde,
Die ganze Welt dem Nichts entsteigt,
Dem alle Himmel und die Erde
Gehorchen: Der liegt hier und schweigt.

Es kam für unser Glück und Leben
Hier an des ew'gen Vaters Sohn,
Vor dem die Cherubinen beben,
Der ruhet hier im Krippenthron;
Als Mittler für uns hinzutreten
Zur göttlichen Gerechtigkeit,
Zog er uns alle zu erretten
Die Schwachheit an: das menschlich Kleid. *Linz*

Mariä Bittgesang

Die Zeit kommt an,
Es will geboren sein
Der göttlich Sohn.
Thu dich nit saumen
Ein Ort zu raumen
Und klopfe an!

Alle fangt an

Jesulein süeß,
Von Herzen dich grüeß!
Tuest mir gefallen;
Lieb dich vor allen.
Du bist ganz mein:
Schließ mich ins Herz ein!

Wie schön leucht' uns der Morgenstern

Du helle Perle, werte Kron,
du Gottes und Mariä Sohn
Mein König hochgeboren!
Du Rosenblüte, Lilienreis,
Du Himmelsblume rot und weiß,
Dich hab ich auserkoren
Nach dir steht mir mein Gemüte,
Ew'ge Güte,
All mein Sehnen
Ruft nach dir mit Freudentränen.

Von dir kommt mir mein Freudenlicht,
Wenn du mit deinem Angesicht
Mich freundlich tust anblicken.
O Jesu, du mein höchstes Gut,
Dein Wort, dein Geist, dein Fleisch und
Mich innerlich erquicken. [Blut
Nimm mich freundlich in die Arme,
Herr erbarme
Dich in Gnaden!
Auf dein Wort komm ich geladen.

Christnachtigall

Flieg her zum Krippelein,
Flieg her, gefiedert Schwesterlein,
Laß tönen hold dein Schnäbelein,
Sing Nachtigall, gar fein!
Dem Kindelein fröhlich singe
lieblich klinge,
Flügelein schwinge, sing, sing, sing
Dem teuren Christkindlein!

Sing Nachtigall, ohn End,
Zu vielen hundert – tausendmal,
Das Kindlein lobe ohne Zahl,
Ihm deine Lieder send!
Dem Heiland mein Ehr beweise,
Lob und Preise,
Laut und leise,
Sing, sing, sing dem Christuskindelein!

Maria hielt den Herrn im Schoß

Maria hielt den Herrn im Schoß
viel süße Tränen sie vergoß;
das Kindlein sie in Tücher band,
mit reinen Windeln es umwand.

Das Kripplein rauh, die harte Stätt',
das war sein' Wieg und Kinderbett;
ein Öchslein und ein Eselein,
die standen bei der Krippe fein.

Der Esel aber und das Rind
erkannten wohl das heil'ge Kind,
den Kopf voll Ehrfurcht neigten sie
und sanken nieder auf die Knie,

sie schauten ihren Schöpfer da
und wußten nimmer wie's geschah,
da mochte keines trinken, essen,
das hatten sie vor Lust vergessen. *(13. Jh.)*

Vom Himmel hoch, o Engel, kommt

Kommt ohne Instrumente nit –
Eia, eia, susani, susani, susani!
Bringt Lauten, Harfen, Geigen mit!
Alleluja, alleluja!
Von Jesu singt und Maria.

Hier muß die Musik himmlisch sein –
Eia, eia, susani, susani, susani!
Weil dies ein himmlisch Kindelein.
Alleluja, alleluja!
Von Jesu singt und Maria.

Singt fried den Menschen weit und breit –
Eia, eia, susani, susani, susani!
Gott Preis und Ehr in Ewigkeit!
Alleluja, alleluja!
Von Jesu singt und Maria.

Lobgesang der Maria

Und Maria sprach: »Meine Seele erhebet den Herrn, und mein Geist freuet sich Gottes, meines Heilands, denn er hat die Niedrigkeit seiner Magd angesehen. Siehe, von nun an werden mich selig preisen alle Kindeskinder. Denn er hat große Dinge an mir getan, der da mächtig ist, und des Name heilig ist; und seine Barmherzigkeit währet immer für und für bei denen, die ihn fürchten. Er übt Gewalt mit seinem Arm und zerstreut, die hoffärtig sind in ihres Herzens Sinn. Er stößt die Gewaltigen vom Stuhl und erhebt die Niedrigen. Die Hungrigen füllet er mit Gütern und läßt die Reichen leer. Er denket der Barmherzigkeit und hilft seinem Diener Israel auf, wie er geredet hat unsern Vätern, Abraham und seinem Samen ewiglich.«

Lukas 1, 46–55

Schlaflied

Schlaf, schlaf, schlaf,
O Jesukindlein, schlaf!
Die Engel thun schön musiciren,
Vor dem Kindlein jubeliren.
Schlaf, schlaf, schlaf,
O Jesukindlein, schlaf!

Groß, groß, groß,
Die Lieb ist übergroß!
Gott hat den Himmelssaal verlassen
Und will reisen unser Straßen.
groß, groß, groß,
Die Lieb ist übergroß!

Kind, Kind, Kind,
O liebes Jesukind!
Du kommst zu uns herab auf Erden
Und willst ein blutigs Opfer werden.
Kind, Kind, Kind.
O liebes Jesukind!

Das Kindlwiegen

Um das Jahr 1511, in eben dem Jahr, in dem das Sterzinger Weihnachtsspiel aufgeschrieben wurde, ladet Maria den heiligen Josef ein:

Josef, lieber Josef mein,
nu hilf mir wiegen das Kindelein,
Gott, der will dein Lohner sein,
im Himmelreich der Jungfrau Maria.

Während beide das Kind wiegen, begleiten es die Engel mit ihrem Gesang. Dieser Brauch wurde in den Alpenländern schon im frühen Mittelalter in den Kirchen, in denen meistens eine Krippe stand, geübt. Vor dem Altar stand man da, sang die Christkindwiegenlieder und in der Freude an der theatralischen Darstellung nahm man eine Puppe in den Arm und wiegte sie hin und her.
Auch ein besonderes Glockenläuten, das einen Extragottesdienst mit Kindelwiegen einläutete, ist bezeugt. An Weihnachten nach der Mitternachtsmesse wurde das Kind zum erstenmal gewiegt. Nach verschiedenen Zeremonien in der Kirche, in der das Kind vor den Altar getragen und wobei »In dulci jubilo« gesungen wurde, küßte man das Kind und trug es wieder in die Sakristei.
Das Kindlwiegen fand an allen Sonn- und Feiertagen bis zu Lichtmeß statt. Vor allem in den Frauenklöstern, wie z. B. in dem Clarissinnenkloster in Brixen um 1870, wurde das Kindlwiegen gepflegt. Und auch hier und da hat es sich noch bis in die Gegenwart erhalten. Die schönsten und stimmungsvollsten Weihnachtslieder verdanken wir dem Brauch des Kindleinwiegens.

H. C. E.

»Andächtige Weysz das Jesukind zu wiegen«

Kommt her ihr lieben Kinderlein,
Und singet mit den Engelein,
Ein kleines Kind, ein großer Gott,
Ist heut gebor'n zur Sündennot.
O Jesulein süß!

Laßt uns das Kindlein wiegen,
Das Herz zum Kripplein biegen,
Strohhalmlein daraus klauben,
Anzünden unsern Glauben.
O Jesulein süß!

(»Hie fahet das Wiegen an.«)

Die Erde grünt und bringet Röselein,
Der Heiland kommt vom Himmelsschein,
Deß freuen sich die Engelein
Und singen in den Lüften fein:
O Jesulein süß!

Joseph und Maria beim Krippelein,
Die Hirten bei den Schäfelein,
Die König weit von Orient,
Das Vieh auch seinen Herren kennt.
O Jesulein süß!

Der Tag scheint mit Barmherzigkeit,
Scheint mit der Sonn der G'rechtigkeit,
Scheint mit dem Lichte der Wahrheit,
Scheint mit dem Glanz der Ewigkeit.
O Jesulein süß!

Es hat uns dieser heilige Tag
Geben den Schöpfer aller Tag,
Das ewige Wort hier ist Fleisch word'n
Ein kleines Kindlein heut geborn.
O Jesulein süß!

Gott ist heut ein Mensch geborn,
Die Menschen gleich den Göttern word'n,

Der Herr gleich als ein Knecht geborn,
Die Knecht sind heute Herrn word'n
O Jesulein süß!

Laßt uns das Kindlein wiegen,
Das Herz zum Kripplein biegen,
Tut auf das Kindlein hoffen,
D' Himmelstür steht jetzt offen.
O Jesulein süß!

(»Ein anders Kind wieget.«)

Ein Kind ist uns geboren,
Ein Söhnlein ist uns geben,
Uns geben aus der Gottheit,
Geboren aus der Menschheit. –
O Jesulein süß!

Geben ist uns Gottes Sohn,
Geben ist des Menschen Sohn,
Es ward geboren in dem Stall,
Der Herrscher in des Himmels Saal.
O Jesulein süß!

Innkreis

In der Christnacht

In unserer Stube, an der mit grauem Lehm übertünchten Ofenmauer, stand jahraus, jahrein ein Schemel aus Eichenholz. Er war immer glatt- und reingescheuert, denn er wurde, wie die anderen Stubengeräte, jeden Samstag mit feinem Bachsande und einem Strohwisch abgerieben. In der Zeit des Frühlings, des Sommers und des Herbstes stand dieser Schemel leer und einsam in seinem Winkel, nur an jedem Tag zur Abendzeit zog ihn die Ahne etwas weiter hervor, kniete auf denselben hin und verrichtete ihr Abendgebet. Auch an den Samstagen, wenn der Vater an dem Tisch die Feierabendandacht vorbetete, kniete die Ahne auf dem Schemel.

Als aber der Spätherbst kam mit den langen Abenden, an welchen die Knechte in der Stube aus Kienscheiten Leuchtspäne schnitzten, und die Mägde sowie auch meine Mutter und Ahne Wolle und Flachs spannen, und als die Adventszeit kam, in welcher an solchen Span- und Spinnabenden alte Märchen erzählt und geistliche Lieder gesungen wurden, da saß ich beständig auf dem Schemel am Ofen. Ich hörte von da aus den Geschichten und Gesängen zu, und wenn solche schauerlich wurden und sich meine kleine Seele aufzuregen und zu fürchten begann, rückte ich den Schemel näher der Mutter und begann mich ängstlich an ihr Kleid zu halten, und ich konnte gar nicht mehr begreifen, wie die anderen über mich oder über ihre schrecklichen Geschichten noch zu lachen vermochten. Zuletzt, als es zum Schlafengehen kam und mir die Mutter mein Ladbettchen hervorzog, wollte ich schon gar nicht mehr allein in das Bett gehen, und es mußte die Ahne neben mir liegen, bis die fürchterlichen Bilder in mir vergingen und ich einschlief.

Aber die langen Adventsnächte waren bei uns immer sehr kurz. Bald nach zwei Uhr begann es im Hause unruhig zu werden. Oben auf dem Dachboden hörte man die Knechte, wie sie sich ankleideten und umhergingen, und in der Küche brachen die Mägde Späne ab und schürten am Herde. Dann gingen sie alle auf die Tenne zum Dreschen.

Auch die Mutter war aufgestanden und hatte in der Stube Licht gemacht; bald darauf erhob sich der Vater, und sie zogen Kleider an, die nicht ganz für den Werktag und auch nicht ganz für den Feiertag waren. Dann sprach die Mutter zur Ahne, die im Bette lag, einige Worte, und wenn ich, erweckt durch die Unruhe, auch irgendeine Bemerkung tat, so gab sie mir bloß zur Antwort: »Sei du nur schön still und schlaf!« – Dann zündeten meine Eltern eine Laterne an,

löschten das Licht in der Stube aus und gingen aus dem Hause. Ich hörte noch die äußere Tür gehen, und ich sah an den Fenstern den Lichtschimmer vorüberflimmern, und ich hörte das Ächzen der Tritte im Schnee, und ich hörte noch das Rasseln des Kettenhundes. – Dann wurde es wieder ruhig, nur war das dumpfe, gleichmäßige Pochen der Drescher zu vernehmen, dann schlief ich wieder ein.
Der Vater und die Mutter gingen in die fast drei Stunden entfernte Pfarrkirche zur Rorate. Ich träumte ihnen nach, ich hörte die Kirchenglocken, ich hörte den Ton der Orgel und das Adventslied: Maria sei gegrüßet, du lichter Morgenstern! Und ich sah die Lichter am Hochaltare, und die Engelein, die über demselben standen, breiteten ihre goldenen Flügel aus und flogen in der Kirche umher, und einer, der mit der Posaune über dem Predigtstuhl stand, zog hinaus in die Heiden und in die Wälder und blies es durch die ganze Welt, daß die Ankunft des Heilands nahe sei.
Als ich erwachte, strahlte die Sonne schon lange zu den Fenstern herein, und draußen glitzerte und flimmerte der Schnee, und die Mutter ging wieder in der Stube umher und war in Werktagskleidern und tat häusliche Arbeiten. Das Bett der Ahne neben dem meinigen war auch schon geschichtet, und die Ahne kam nun von der Küche herein und half mir die Höschen anziehen und wusch mein Gesicht mit kaltem Wasser, daß ich aus Empfindsamkeit zugleich weinte und lachte. Als dieses geschehen war, kniete ich auf meinen Schemel hin und betete mit der Ahne den Morgensegen:

In Gottes Namen aufstehen,
Gegen Gott gehen,
Gegen Gott treten,
Zum himmlischen Vater beten,
Daß er uns verleih'
Lieb' Englein drei:
Der erste, der uns weist,
Der zweite, der uns speist,
Der dritt', der uns behüt' und bewahrt,
Daß uns an Leib und Seel' nichts widerfahrt.

Nach dieser Andacht erhielt ich meine Morgensuppe, und nach derselben kam die Ahne mit einem Kübel Rüben, die wir nun zusammen zu schälen hatten. Ich saß dabei auf meinem Schemel. Aber bei dem Schälen der Rüben konnte ich die Ahne nie vollkommen befriedigen; ich schnitt stets eine zu dicke Schale, ließ sie aber stellenweise doch wieder ganz auf der Rübe. Wenn ich mich dabei gar in den Finger schnitt und sofort zu weinen begann, so sagte die Ahne immer sehr unwirsch: »Mit dir ist's wohl ein rechtes Kreuz, man soll dich frei hinauswerfen in den Schnee!« Dabei verband sie mir die Wunde mit unsäglicher Sorgfalt und Liebe.

So vergingen die Tage des Advents, und ich und die Ahne sprachen immer häufiger und häufiger von dem Weihnachtsfeste und von dem Christkinde, das nun bald kommen werde zu den Menschen. Je mehr wir dem Feste nahten, um so unruhiger wurde es im Hause. Die Knechte trieben das Vieh aus dem Stalle und gaben frische Streu hinein und stellten die Barren und Krippen zurecht; der Halterbub striegelte die Ochsen, daß sie ein glattes Aussehen bekamen; der Futterbub mischte mehr Heu in das Stroh als gewöhnlich und bereitete davon einen ganzen Stoß in der Futterkammer. Die Kuhmagd tat das gleiche. Das Dreschen hatte schon einige Tage früher aufgehört, weil man durch den Lärm die nahen Feiertage zu entheiligen geglaubt hätte.

Im ganzen Hause wurde gewaschen und gescheuert, selbst in die Stube kamen die Mägde mit ihren Wasserkübeln und Strohwischen und Besen hinein. Ich freute mich immer sehr auf dieses Waschen, weil ich es gern hatte, wie alles drunter und drüber gekehrt wurde, und weil die Glasbilder im Tischwinkel, die braune Schwarzwälderuhr mit ihrer Metallschelle und andere Dinge, die ich sonst immer nur von der Höhe zu sehen bekam, herabgenommen und mir näher gebracht wurden, so daß ich alles viel genauer und von verschiedenen Seiten betrachten konnte. Freilich war mir nicht erlaubt, dergleichen Dinge anzurühren, weil ich noch zu ungeschickt und unbesonnen dafür wäre und die Gegenstände leicht beschädigen könne. Aber es gab doch Augenblicke, in welchen man im eifrigen Waschen und Scheuern nicht auf mich achtete.

In einem solchen Augenblick kletterte ich einmal über den Schemel auf die Bank und von der Bank auf den Tisch, der aus seiner gewöhnlichen Stellung gerückt war und auf dem die Schwarzwälderuhr lag. Ich machte mich an die Uhr, von der die Gewichte über den Tisch hingen, sah durch ein offenes Seitentürchen in das messingene, sehr bestaubte Räderwerk hinein, tupfte einigemal an die kleinen Blätter des Windrädchens und legte die Finger endlich selbst an das Rädchen, ob es denn nicht gehe; aber es ging nicht. Zuletzt rückte ich auch ein wenig an einem Holzstäbchen, und als ich das tat, begann es im Werk fürchterlich zu rasseln. Einige Räder gingen langsam, andere schneller, und das Windrädchen flog, daß man es kaum sehen konnte. Ich war unbeschreiblich erschrocken, ich kollerte vom Tisch über Bank und Schemel auf den nassen, schmutzigen Boden hinab; da faßte mich schon die Mutter am Röcklein, und die »birkene Liesel« war da.Das Rasseln in der Uhr wollte gar nicht aufhören, und zuletzt nahm mich die Mutter mit beiden Händen und trug mich in das Vorhaus und schob mich durch die Tür hinaus in den Schnee und schlug die Tür hinter mir zu. Ich stand wie vernichtet da, ich hörte von innen noch das Greinen der Mutter, die ich sehr beleidigt haben mußte, und ich hörte das Scheuern und Lachen der Mägde, und ich hörte noch immer das Rasseln der Uhr.

Als ich eine Weile dagestanden und geschluchzt hatte, und als gar niemand gekommen war, der mich wieder in das Haus gerufen hätte, ging ich fort nach dem Pfade, der in den Schnee getreten war, und ich ging über den Hausanger und über das Feld dem Walde zu. Ich wußte nicht, wohin ich wollte, ich bildete mir nur ein, daß mir ein großes Unrecht geschehen sei, und daß ich nun nicht mehr in das Haus zurückkehren könne.

Aber ich war noch nicht zu dem Walde gekommen, als ich hinter mir ein grelles Pfeifen hörte. Das war das Pfeifen der Ahne, wie sie es machte, wenn sie zwei Finger in den Mund nahm und die Zunge spitzte und blies: »Wo willst du denn hin, du dummes Kind«, rief sie, »wart, wenn du so im Wald herumlaufen willst, so wird dich schon die Mooswaberl abfangen, wart nur!« Auf dieses Wort kehrte ich augenblicklich um, denn die Mooswaberl fürchtete ich unsäglich. Ich ging aber immer noch nicht in das Haus, ich blieb im Hofe stehen, wo der Vater und zwei Knechte gerade ein Schwein aus dem Stalle zogen, um es abzustechen. Über das ohrenzerreißende Schreien des Tieres und über das Blut, das ich nun sah, und das eine Magd in einem Topf auffing, vergaß ich auf das Vorgefallene, und als der Vater im Vorhause das Schwein abhäutete, stand ich schon wieder dabei und hielt die Hautzipfel, die er mit einem großen Messer von dem speckigen Fleisch immer mehr und mehr lostrennte. Als später die Eingeweide herausgenommen waren und die Mutter Wasser in das Becken goß, sagte sie zu mir: »Geh weg da, sonst wirst du ganz angespritzt!«

Aus diesen Worten entnahm ich, daß die Mutter mit mir wieder versöhnt sei, und nun war alles gut, und als ich wieder in die Stube kam, um mich ein wenig zu erwärmen, stand da alles an seinem gewöhnlichen Platz. Boden und Wände waren noch feucht, aber reingescheuert, und die Schwarzwälderuhr hing wieder an der Wand und tickte. Und sie tickte viel lauter und heller durch die neu hergestellte Stube als früher.

Endlich nahm das Waschen und Scheuern und Glätten ein Ende, im Hause wurde es ruhiger, fast still, und der Heilige Abend war da. Das Mittagsmahl am Heiligen Abend wurde nicht in der Stube eingenommen, sondern in der Küche, wo man das Nudelbrett als Tisch eignete und sich um dasselbe herum setzte und das einfache Fastengericht still, aber mit gehobener Stimmung verzehrte.

Der Tisch in der Stube war mit einem schneeweißen Tuche bedeckt, und vor dem Tische stand mein Schemel, auf welchen sich zum Abend, als die Dämmerung einbrach, die Ahne hinkniete und still betete.

Mägde gingen leise durch das Haus und bereiteten ihre Festtagskleider vor, und die Mutter tat in einen großen Topf Fleischstücke, goß Wasser daran und stellte sie zum Herdfeuer. Ich schlich in der Stube auf den Zehenspitzen herum und hörte nichts als das lustige Prasseln des Feuers in der Küche. Ich blickte auf meine Sonntagshöschen und auf das Jöppel und auf das schwarze Filzhütlein, das schon an einem Nagel der Wand hing, und dann blickte ich durch das Fenster in die hereinbrechende Dunkelheit hinaus. Wenn kein ungestümes Wetter eintrat, so durfte ich in der Nacht mit dem Großknecht in die Kirche gehen. Und das Wetter war ruhig, und es würde auch, wie der Vater sagte, nicht allzu kalt werden, weil auf den Bergen Nebel lag.
Unmittelbar vor dem »Rauchengehen«, in welchem Haus und Hof nach alter Sitte mit Weihwasser und Weihrauch besegnet wird, hatten der Vater und die Mutter einen kleinen Streit. Die Mooswaberl war dagewesen, hatte glückselige Feiertage gewünscht, und die Mutter hatte ihr für den Festtag ein Stück Fleisch geschenkt. Darüber war der Vater etwas ungehalten; er war sonst ein Freund der Armen und gab ihnen nicht selten mehr, als unsere Verhältnisse erlauben wollten, aber der Mooswaberl sollte man seiner Meinung nach kein Almosen reichen. Die Mooswaberl war ein Weib, welches gar nicht in die Gegend gehörte, welches unbefugt in den Wäldern umherstrich, Moos und Wurzeln sammelte, in halbverfallenen Köhlerhütten Feuer machte und schlief. Daneben zog sie bettelnd zu den Bauernhöfen, wollte Moos verkaufen, und da sie keine Geschäfte machte, weinte sie und verfluchte das Leben. Kinder, die sie ansah, fürchteten sich entsetzlich vor ihr, und viele wurden gar krank; Kühen tat sie an, daß sie rote Milch gaben.
Wer ihr eine Wohltat erwies, den verfolgte sie einige Minuten und und sagte ihm: »Tausend und tausend Vergeltsgott bis in den Himmel hinauf.«
Wer sie aber verspottete oder sonst auf irgendeine Art beleidigte, zu dem sagte sie: »Ich bete dich hinab in die unterste Hölle!«
Die Mooswaberl kam oft zu unserem Hause und saß gern vor demselben auf dem grünen Rasen oder auf dem Querbrett der Zaunstiegel, trotz des heftigen Bellens und Rasselns unseres Kettenhundes, der sich gegen dieses Weib besonders unbändig zeigte. Aber die Mooswaberl saß so lange vor dem Hause, bis die Mutter ihr eine Schale Milch, oder ein Stück Brot, oder beides hinaustrug. Meine Mutter hatte es gern, wenn das Weib sie durch ein tausendfaches Vergeltsgott bis in den Himmel hinauf wünschte. Der Vater legte dem Wunsche dieser Person keinen Wert bei, war er ein Segensspruch oder ein Fluch.

Als man draußen im Dorfe vor Jahren das Schulhaus gebaut, war dieses Weib mit einem Manne in die Gegend gekommen und hatte dabei geholfen, bis einst der Mann bei einer Steinsprengung getötet wurde. Seit dieser Zeit arbeitete sie nicht mehr, und sie zog auch nicht fort, sondern trieb sich herum, ohne daß man wußte, was sie tat und was sie wollte. Zum Arbeiten war sie nicht mehr zu bringen; sie schien geisteskrank zu sein.
Der Richter hatte die Mooswaberl schon mehrmals aus der Gemeinde gewiesen, aber sie war immer wieder zurückgekommen. »Sie würde nicht immer zurückgekommen sein«, sagte mein Vater, »wenn sie in dieser Gegend nichts gebettelt bekäme. So wird sie hier verbleiben, und wenn sie alt und krank ist, müssen wir sie auch hegen und pflegen; das ist ein Kreuz, welches wir uns selbst an den Hals gebunden haben.«
Die Mutter sagte nichts zu solchen Worten, sondern sie gab der Mooswaberl, wenn sie kam, immer das gewohnte Almosen, und heute noch etwas mehr, zu Ehren des hohen Festes.
Darum also war der kleine Streit zwischen Vater und Mutter, der aber allsogleich verstummte, als zwei Knechte mit dem Rauch- und Weihwassergefäß in das Haus kamen.
Nach dem Rauchen stellte der Vater ein Kerzenlicht auf den Tisch, Späne durften heute nur in der Küche gebrannt werden. Das Nachtmahl wurde schon wieder in der Stube eingenommen. Der Großknecht erzählte während desselben wundersame Geschichten. Nach dem Abendmahle sang die Mutter ein Hirtenlied. So wonnevoll ich sonst diesen Liedern lauschte, aber heute dachte ich nur immer an den Kirchgang, und ich wollte durchaus schon das Sonntagskleidchen anziehen. Man sagte, es sei noch später Zeit dazu, aber endlich gab die Ahne meinem Drängen doch nach und zog mich an. Der Stallknecht kleidete sich sehr sorgsam in seinen Festtagsstaat, weil er nach dem Mitternachtsgottesdienst nicht nach Hause gehen, sondern im Dorfe den Morgen abwarten wollte. Gegen neun Uhr waren auch die anderen Knechte und Mägde bereit und zündeten am Kerzenlicht eine Spanlunte an. Ich hielt mich an den Großknecht, und meine Eltern und meine Großmutter, welche daheim blieben, um das Haus zu hüten, besprengten mich mit Weihwasser und sagten, daß ich nicht fallen und nicht erfrieren möge.
Dann gingen wir.
Es war sehr finster, und die Lunte, welche der Stallknecht vorantrug, warf ihr rotes Licht in einer großen Scheibe auf den Schnee und auf den Zaun und auf die Steinhaufen und Bäume, an denen wir vorüberkamen. Mir kam dieses rote Leuchten, das zudem noch durch

die großen Schatten unserer Körper unterbrochen war, grauenhaft vor, und ich hielt mich sehr ängstlich an den Großknecht, so daß dieser einmal sagte: »Aber hörst, meine Joppe mußt du mir lassen, was tät' ich denn, wenn du mir sie abrissest?«

Der Pfad war eine Zeitlang sehr schmal, so daß wir hintereinander gehen mußten, wobei ich nur froh war, daß ich nicht der Letzte war, denn ich bildete mir ein, daß dieser unendlichen Gefahren wegen der Gespenster ausgesetzt sein müsse.

Eine schneidende Luft ging, und die glimmenden Splitter der Lunte flogen weithin, und selbst, als sie auf die harte Schneekruste niederfielen, glimmten sie noch eine Weile fort.

Wir waren bisher über die Blößen und durch Gesträuche und Wälder abwärts gegangen; jetzt kamen wir zu einem Bache, den ich sehr gut kannte, er floß durch die Wiese, auf welcher wir im Sommer das Heu machten. Im Sommer rauschte dieser Bach sehr, aber heute hörte man ihn nur murmeln und gurgeln, weil er überfroren war. Auch an einer Mühle kamen wir vorüber, an welcher ich gar heftig erschrak, weil einige Funken auf das Dach flogen; aber auf dem Dache lag Schnee, und die Funken erloschen. Als wir eine Weile durch das Tal gegangen waren, verließen wir den Bach, und der Weg führte aufwärts durch einen finsteren Wald, in welchem der Schnee sehr seicht lag, aber auch keine so feste Kruste hatte als auf den Blößen. Endlich kamen wir zu einer breiten Straße, wo wir nebeneinander gehen konnten und wo wir dann und wann ein Schlittengeschelle hörten. Dem Stallknecht war die Lunte bereits bis zu der Hand herabgebrannt, und er zündete nun eine neue an, die er vorrätig hatte. Auf der Straße sah man nun auch mehrere andere Lichter, große rote Fackeln, die heranloderten, als schwämmen sie in der schwarzen Luft, und hinter denen nach und nach ein Gesicht und mehrere Gesichter auftauchten, von Kirchengehern, die sich nun auch zu uns gesellten. Und wir sahen Lichter von anderen Bergen und Höhen, die noch so weit entfernt waren, daß wir nicht erkennen konnten, ob sie standen oder sich bewegten.

So gingen wir weiter. Der Schnee knirschte unter unseren Füßen, und wo ihn der Wind weggetragen hatte, da war der schwarze Fleck des nackten Bodens so hart, daß unsere Schuhe an ihm klangen. Die Leute sprachen und lachten viel, aber mir war, als sei das in der heiligen Christnacht gar nicht recht; ich dachte nur immer schon an die Kirche und wie das doch sein werde, wenn mitten in der Nacht Musik und ein Hochamt ist.

Als wir eine lange Weile auf der Straße fortgegangen und an einzelnen Bäumen und an Häusern vorüber und dann wieder über Felder und durch einen Wald gekommen waren, hörte ich auf den Baumwipfeln plötzlich ein leises Klingen. Als ich horchen wollte, hörte ich es nicht, aber bald darauf hörte ich es wieder und deutlicher als das erstemal. Es war der Ton des kleinen Glöckleins vom Turme der Kirche. Die Lichter, die wir nun auf den Bergen und im Tale sahen, wurden immer häufiger, und nun merkten wir es auch, daß sie alle der Kirche zueilten. Auch die kleinen, ruhigen Sterne der Laternen schwebten heran, und auf der Straße wurde es immer lebhafter. Das kleine Glöcklein wurde durch ein größeres abgelöst, und das läutete so lange, bis wir fast nahe zur Kirche kamen. – Also war es doch wahr, wie die Ahne gesagt hatte: Um Mitternacht fangen die Glokken zu läuten an und läuten so lange, bis aus den fernen Tälern der letzte Bewohner der Hütten zur Kirche kommt.

Die Kirche steht auf einem mit Birken und Tannen bewachsenen Hügel, und um sie liegt der kleine Friedhof, welcher mit einer niederen Mauer umgeben ist. Die wenigen Häuser stehen im Tale.

Als die Leute an die Kirche gekommen waren, steckten sie ihre Lunten umgekehrt in den Schnee, daß sie erloschen, nur eine wurde zwischen zwei Steine der Friedhofmauer geklemmt und brennen gelassen.

Jetzt klang auf dem Turme in langsamem, gleichmäßigem Wiegen schon die große Glocke. Aus den schmalen, hohen Kirchenfenstern fiel heller Schein. Ich wollte in die Kirche, aber der Großknecht sagte, es habe noch Zeit, und blieb stehen und sprach und lachte mit anderen Burschen und stopfte sich eine Pfeife an.

Endlich klangen alle Glocken zusammen, in der Kirche begann die Orgel zu tönen, und nun gingen wir hinein.

Das sah ganz anders aus wie an den Sonntagen. Die Lichter, die auf dem Altare brannten, waren hellweiße, funkelnde Sterne, und der vergoldete Tabernakel strahlte gar herrlich zurück. Die Ampel des ewigen Lichtes war rot. Der obere Raum der Kirche war so dunkel, daß man die schönen Verzierungen des Schiffes nicht sehen konnte. Die dunklen Gestalten der Menschen saßen in den Stühlen oder standen neben denselben; die Weiber waren sehr in Tücher eingeschlagen und husteten. Viele hatten Kerzen vor sich brennen und sangen aus ihren Büchern mit, als auf dem Chore das Tedeum ertönte. Der Großknecht führte mich durch die zwei Reihen der Stühle gegen einen Nebenaltar, wo schon mehrere Leute standen. Dort hob er mich auf einen Schemel zu einem Glaskasten empor, der, von zwei Kerzen beleuchtet, zwischen zwei aufgesteckten Tannenwipfeln stand und den ich früher, wenn ich mit den Eltern in die Kirche kam, nie gesehen hatte. Als mich der Großknecht auf den Schemel gehoben hatte, sagte er mir leise ins Ohr: »So, jetzt kannst das Krippel anschauen.« Dann ließ er mich stehen, und ich schaute durch das Glas. Da kam ein Weiblein zu mir herbei und sagte leise: »Ja, Kind, wenn du das anschauen willst, so muß dir's auch jemand auslegen.« Und sie erklärte mir die kleinen Gestalten.

Ich sah die Dinge an. Außer der Mutter Maria, welche über den Kopf ein blaues Tuch geschlagen hatte, das bis zu den Füßen hinabging, waren alle Gestalten, welche Menschen vorstellen sollten, so gekleidet wie unsere Knechte oder wie ältere Bauern. Der heilige Joseph selbst trug grüne Strümpfe und eine kurze Gemslederhose.

Als das Tedeum zu Ende war, kam der Großknecht wieder, hob mich von dem Schemel, und wir setzten uns in einen Stuhl. Dann ging der Kirchenmann herum und zündete alle Kerzen an, die in der Kirche waren, und jeder Mensch, auch der Großknecht, zog nun ein Kerzlein aus dem Sack und zündete es an und klebte es vor sich auf das Pult. Jetzt war es so hell in der Kirche, daß man auch die Verzierungen an der Decke genau sehen konnte.

Auf dem Chore stimmte man Geigen und Trompeten und Pauken, und als an der Sakristeitür das Glöcklein klang und der Pfarrer in funkelndem Meßkleide, begleitet von Ministranten und rotbemäntelten Windlichtträgern, über den purpurroten Fußteppich zum Altare ging, da rauschte die Orgel in ihrem ganzen Vollklang, da wirbelten die Pauken und schmetterten die Trompeten.

Weihrauch stieg auf und hüllte den ganzen lichterstrahlenden Hochaltar in einen Schleier. – So begann das Hochamt, und so strahlte und tönte und klang es um Mitternacht. Beim Offertorium waren alle Instrumente still, nur zwei helle Stimmen sangen ein liebliches Hirtenlied, und während des Benedictus jodelten eine Klarinette und zwei Flügelhörner langsam und leise den Wiegengesang. Während des Evangeliums und der Wandlung hörte man auf dem Chore den Kuckuck und die Nachtigall wie mitten im sonnigen Frühling.

Tief nahm ich sie auf in meine Seele, die wunderbare Herrlichkeit der Christnacht, aber ich jauchzte nicht auf vor Entzücken, ich blieb ernst, ruhig, ich fühlte die Weihe.

Aber während die Musik tönte, dachte ich an Vater und Mutter und Großmutter daheim. Die knien jetzt um den Tisch bei dem einzigen Kerzenlichtlein und beten, oder sie schlafen gar, und es ist finster in der Stube, und nur die Uhr geht, sonst ist es still, und es liegt eine tiefe Ruhe über den waldigen Bergen, und die Christnacht ist ausgebreitet über die ganze Welt.

Als endlich das Amt seinem Ende nahte, erloschen nach und nach die Kerzlein in den Stühlen, und der Kirchenmann ging wieder herum und dämpfte mit seinem Blechkäppchen an den Wänden und Bildern und Altären die Lichter aus. Die am Hochaltare brannten noch, als auf dem Chore der letzte freudenreiche Festmarsch erscholl und sich die Leute aus der weihrauchduftenden Kirche drängten.

Als wir in das Freie kamen, war es trotz des dichten Nebels, der sich von den Bergen niedergesenkt hatte, nicht mehr ganz so finster wie vor Mitternacht. Es mußte der Mond aufgegangen sein; man zündete keine Fackeln mehr an. Es schlug eine Uhr, aber der Schulmeister läutete schon die Betglocke zum Christmorgen.

Ich warf noch einen Blick auf die Kirchenfenster; aller Festglanz war erloschen, ich sah nur mehr den matten, rötlichen Schimmer des ewigen Lichtes.

Als ich mich dann wieder an den Rock des Großknechtes halten wollte, war dieser nicht mehr da, einige fremde Leute waren um mich, die miteinander sprachen und sich sofort auf den Heimweg machten. Mein Begleiter mußte schon voraus sein; ich eilte ihm nach, lief schnell und an mehreren Leuten vorüber, auf daß ich ihn bald einhole. Ich lief, so sehr es meine kleinen Füße konnten, ich kam durch den finsteren Wald, und ich kam über Felder, über welche scharfer Wind blies, so daß ich, wie warm mir sonst war, von Nase und Ohren fast nichts mehr fühlte. Ich kam an Häusern und Baumgruppen vorüber, die Leute, die früher noch auf der Straße gegangen waren, verloren sich nach und nach, und ich war allein, und den Großknecht hatte ich noch immer nicht erreicht. Ich dachte, daß er auch hinter mir sein könne, ich beschloß, geradewegs nach Hause zu eilen. Auf der Straße lagen hie und da schwarze Punkte, die Kohlen der Spanfackeln, welche die Leute auf dem Kirchwege abgeschüttelt hatten. Die Gesträuche und Bäumchen, die neben dem Wege standen und unheimlich aus dem Nebel emportauchten, beschloß ich gar nicht anzusehen, ich fürchtete mich davor. Besonders in Angst war ich, so oft ein Pfad quer über die Straße ging, weil das ein Kreuzweg war, an dem in der Christnacht gern der Böse steht und klingende Schätze bei sich hat, um arme Menschenkinder dadurch mit sich zu locken. Der Stallknecht hatte zwar gesagt, er glaube nicht daran, aber geben mußte es denn doch dergleichen Dinge, sonst könnten die Leute nicht so viel davon sprechen. – Ich war aufgeregt, ich wendete meine Augen nach allen Seiten, ob nicht irgendwo ein Gespenst auf mich zukomme. Endlich nahm ich mir vor, gar nicht mehr an solches Zeug zu denken, aber je fester ich das beschloß, desto mehr dachte ich daran.

Nun war ich zum Pfad gekommen, der mich von der Straße abwärts durch den Wald und in das Tal führen sollte. Ich bog ab und eilte unter den langästigen Bäumen dahin. Die Wipfel rauschten stark, und dann und wann fiel ein Schneeklumpen neben mir nieder. Stellenweise war es auch so finster, daß ich kaum die Stämme sah, wenn ich nicht an dieselben stieß, und daß ich den Pfad verlor. Letzteres war mir ziemlich gleichgültig, denn der Schnee war sehr seicht, auch war anfangs der Boden hübsch glatt; aber allmählich begann er steil und steiler zu werden, und unter dem Schnee war viel Gestrüppe und hohes Heidekraut. Die Baumstämme standen nicht mehr so regelmäßig, sondern zerstreut, manche schief hängend, manche mit aufgerissenen Wurzeln an anderen lehnend, manche mit wild und wirr aufragenden Ästen am Boden liegend. Das hatte ich nicht gesehen, als wir aufwärts gingen. Ich konnte oft kaum weiter, ich mußte mich durch das Gesträuche und Geäste durchwinden. Oft brach der Schnee ein, das steife Heidekraut reichte mir bis zur Brust heran. Ich sah ein, daß ich den rechten Weg verloren hatte, aber war ich nur erst im Tale und bei dem Bache, dann ging ich diesem entlang aufwärts, und da mußte ich endlich doch zur Mühle und zu unserer Wiese kommen.

Schneeschollen fielen mir in das Rocksäcklein, Schnee legte sich an die Höschen und Strümpfe, und das Wasser rann mir in die Schuhe hinab. Zuerst war ich durch das Klettern über das Gefälle und das Kriechen in dem Gesträuche müde geworden, aber nun war auch die Müdigkeit verschwunden; ich achtete nicht den Schnee, und ich achtete nicht das Heidekraut und Gesträuche, das mir oft rauh über das Gesicht fuhr, sondern ich eilte weiter. Oft fiel ich zu Boden, aber ich raffte mich schnell auf. Auch alle Gespensterfurcht war weg; ich dachte an nichts als an das Tal und an unser Haus. Ich wußte nicht, wie lange ich mich so durch die Wildnis fortwand, aber ich fühlte mich kräftig und behendig, die Angst trieb mich vorwärts.

Plötzlich stand ich vor einem Abgrund. In dem Abgrunde lag grauer Nebel, aus welchem einzelne Baumwipfel emportauchten. Um mich hatte sich der Wald gelichtet, über mir war es heiter, und am Himmel stand der Halbmond. Mir gegenüber und weiter im Hintergrunde war nichts als seltsame, kegelförmige, waldige Berge.

Unten in der Tiefe mußte das Tal mit der Mühle sein; mir war, als hörte ich das Tosen des Baches, aber es war das Rauschen des Windes in den jenseitigen Wäldern. Ich ging rechts und links und suchte einen Fußsteig, der mich abwärts führte, und ich fand eine Stelle, an welcher ich mich durch Gerölle, welches vom Schnee befreit dalag, und durch Wacholdergesträuche hinablassen zu können vermeinte. Das gelang mir auch eine Strecke, doch noch zur rechten Zeit hielt ich mich an eine Wurzel, fast wäre ich über eine senkrechte Wand gestürzt. Nun konnte ich nicht mehr vorwärts. Ich ließ mich aus Mattigkeit zu Boden. In der Tiefe lag der Nebel mit den schwarzen Baumwipfeln. Außer dem Rauschen des Windes in den Wäldern hörte ich nichts. Ich wußte nicht, wo ich war. – Wenn jetzt ein Reh käme, ich würde es fragen nach dem Weg, vielleicht könnte es ihn mir weisen, in der Christnacht reden ja Tiere menschliche Sprache! –

Ich erhob mich, um wieder aufwärts zu klettern; ich machte das Gerölle locker und kam nicht vorwärts. Mich schmerzten Hände und Füße. Nun stand ich still und rief, so laut ich konnte, nach dem Großknecht. Meine Stimme fiel von den Wäldern und Wänden langgezogen und undeutlich zurück.

Dann hörte ich wieder nichts als das Rauschen des Windes.

Der Frost schnitt mir in die Glieder.

Nochmals rief ich mit aller Macht den Namen des Großknechtes. Wieder nichts als der langgezogene Widerhall. Nun überkam mich eine fürchterliche Angst. Ich rief schnell hintereinander meine Eltern, meine Ahne, alle Knechte und Mägde unseres Hauses. Es war vergebens.

Nun begann ich kläglich zu weinen.

Bebend stand ich da, und mein Körper warf einen langen Schatten schräg abwärts über das nackte Gestein. Ich ging an der Wand hin und her, um mich etwas zu erwärmen, ich betete laut zum heiligen Christkind, daß es mich erlöse.

Der Mond stand hoch am dunkeln Himmel.

Ich konnte nicht mehr weinen und beten, ich konnte mich auch kaum mehr bewegen, ich kauerte mich zitternd an einen Stein und dachte: Nun will ich schlafen, das ist alles nur ein Traum, und wenn ich erwache, bin ich daheim oder im Himmel.

Da hörte ich plötzlich ein Knistern über mir im Wacholdergesträuche, und bald darauf fühlte ich, wie mich etwas berührte und emporhob. Ich wollte schreien, aber ich konnte nicht, die Stimme war wie eingefroren. Aus Furcht und Angst hielt ich die Augen fest geschlossen. Auch Hände und Füße waren mir wie gelähmt, ich konnte sie nicht bewegen. Mir war warm, und mir kam vor, als ob sich das ganze Gebirge mit mir wiegte. –

Als ich zu mir kam und erwachte, war noch Nacht, aber ich stand an der Tür meines Vaterhauses, und der Kettenhund bellte heftig. Eine Gestalt hatte mich auf den festgetretenen Schnee gleiten lassen, pochte dann mit dem Ellbogen gewaltig an die Tür und eilte davon. Ich hatte diese Gestalt erkannt – es war die Mooswaberl gewesen.

Die Tür ging auf, und die Ahne stürzte mit den Worten auf mich zu: »Jesus Christus, da ist er ja!«

Sie trug mich in die warme Stube, aber von dieser schnell wieder zurück in das Vorhaus; dort setzte sie mich auf einen Trog, eilte dann hinaus vor die Tür und machte durchdringliche Pfiffe.

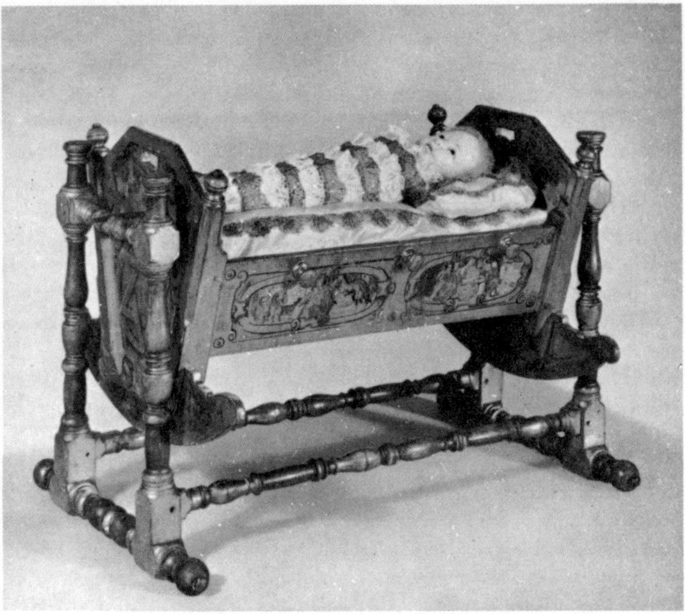

Sie war ganz allein zu Hause. Als der Großknecht von der Kirche zurückgekommen war und mich daheim nicht gefunden hatte, und als auch die anderen Leute kamen und ich bei keinem war, gingen sie alle hinab in den Wald und in das Tal und jenseits hinauf zur Straße und nach allen Richtungen. Selbst die Mutter war mitgegangen und hatte überall, wo sie ging und stand, meinen Namen gerufen. – Nachdem die Ahne glaubte, daß es mir nicht mehr schädlich sein konnte, trug sie mich wieder in die warme Stube, und als sie mir die Schuhe und Strümpfe auszog, waren diese ganz zusammen- und fast an die Füße gefroren. Hierauf eilte sie nochmals in das Freie und machte wieder ein paar Pfiffe und brachte dann in einem Kübel Schnee herein und stellte mich mit bloßen Füßen in diesen Schnee. Als ich in dem Schnee stand, fühlte ich in den Zehen einen so heftigen Schmerz, daß ich stöhnte, aber die Ahne sagte: »Das ist schon gut, wenn du Schmerz hast, dann sind dir die Füße nicht erfroren.« Bald darauf strahlte die Morgenröte durch das Fenster, und nun kamen nach und nach die Leute nach Hause, zuletzt aber der Vater, und zu allerletzt, als schon die rote Sonnenscheibe über der Wechselalpe aufging, und als die Ahne unzählige Male gepfiffen

hatte, kam die Mutter. Sie ging an mein Bettlein, in welches ich gebracht worden war, und an welchem der Vater saß. Sie war ganz heiser.
Sie sagte, daß ich nun schlafen sollte, und verdeckte das Fenster mit einem Tuche, auf daß mir die Sonne nicht in das Gesicht scheine. Aber der Vater meinte, ich solle noch nicht schlafen, er wolle wissen, wie ich mich von dem Knechte entfernt, ohne daß er es merkte, und wo ich herumgelaufen sei? Ich erzählte sofort, wie ich den Pfad verloren hatte, wie ich in die Wildnis kam, und als ich von dem Monde und von den schwarzen Wäldern und von dem Windrauschen und von dem Felsenabgrund erzählte, da sagte der Vater halblaut zu meiner Mutter: »Weib, sagen wir Gott Lob und Dank, daß er da ist, er ist auf der Trollwand gewesen!«
Nach diesen Worten gab mir die Mutter einen Kuß auf die Wangen, wie sie nur selten tat, und dann hielt sie ihre Schürze vor das Gesicht und ging davon.
»Ja, du Donnersbub, und wie bist denn heimkommen?« fragte mich der Vater. Darauf sagte ich, daß ich das nicht wisse, daß ich nach langem Schlafen und Wiegen auf einmal vor der Haustür gewesen und daß die Mooswaberl neben mir gestanden. Der Vater fragte mich noch einmal über diesen Umstand, aber ich antwortete, daß ich nichts Genaueres darüber sagen könne.
Nun sagte der Vater, daß er in die Kirche zum Hochgottesdienst gehe, weil heute der Christtag sei, und daß ich schlafen solle.
Ich mußte darauf viele Stunden geschlafen haben, denn als ich erwachte, war draußen Dämmerung, und in der Stube war es fast finster. Neben meinem Bette saß die Ahne und nickte, von der Küche herein hörte ich das Prasseln des Herdfeuers.
Später, als die Leute beim Abendmahle saßen, war auch die Mooswaberl am Tisch.
Auf dem Kirchhofe, über dem Grabhügel ihres Mannes, war sie während des Vormittagsgottesdienstes gekauert, da trat nach dem Hochamte mein Vater zu ihr hin und nahm sie mit in unser Haus. Über die nächtliche Begebenheit brachte man nicht mehr von ihr heraus, als daß sie im Walde das Christkind gesucht habe; dann ging sie einmal zu meinem Bette und sah mich an, und ich fürchtete mich vor ihren Blicken. –
In dem hinteren Geschosse unseres Hauses war eine Kammer, in welcher nur altes, unbrauchbares Geräte und viel Spinnengewebe war.
Diese Kammer gab mein Vater der Mooswaberl zur Wohnung und stellte ihr einen Ofen und ein Bett und einen Tisch hinein.

Und sie blieb bei uns. Oft strich sie noch in den Wäldern umher und brachte Moos heim, dann ging sie wieder hinaus zur Kirche und saß stundenlang auf dem Grabhügel ihres Mannes, von dem sie nicht mehr fortzuziehen vermochte in ihre ferne Gegend, in der sie wohl auch einsam und heimatlos gewesen wäre wie überall. Über ihre Verhältnisse war nichts Näheres zu erfahren, wir vermuteten, daß das Weib einst glücklich und sicher bei voller Vernunft gewesen war und daß der Schmerz über den Verlust des Gatten ihr den Verstand geraubt hatte.

Wir hatten sie alle lieb, weil sie ruhig und mit allen zufrieden lebte und niemandem das geringste Leid zufügte. Nur der Kettenhund wollte sie immer noch nicht sichern, der bellte und zerrte überaus heftig an der Kette, so oft sie über den Anger ging. Aber das war anders von dem Tiere gemeint; als einmal die Kette riß, stürzte der Hund auf das Weib zu, sprang ihm winselnd an die Brust und leckte ihm die Wangen.

Da kam einmal in den Spätherbsttagen, an welchen die Mooswaberl fast ununterbrochen auf dem Grabhügel saß, eine Zeit, in welcher unser Kettenhund, statt lustig zu bellen, stundenlang heulte, so daß meine Ahne, die indes schon mühselig geworden war, sagte: »Schau, jetzt wird in unserer Gegend herum bald einmal wer sterben, weil der Hund gar so heent; tröste ihn Gott!«

Und nach kurzer Zeit wurde die Mooswaberl krank, und als die Winterszeit gekommen war, starb sie.

In ihren letzten Augenblicken hielt sie noch meinen Vater und meine Mutter an der Hand und sprach die Worte: »Vergelt's euch Gott zu tausend und zu tausendmal, bis in den Himmel hinauf!«

Peter Rosegger

Geschichte der Weihnachtskrippe

Kein Brauch, der mit dem Kirchenjahr verbunden ist, hat in den breiten Volksschichten von ganz Mittel- und Südeuropa stärkere Wurzeln gefaßt als der Aufbau der Weihnachtskrippe. Krippenkunst ist eine liebenswürdige Kleinkunst, die bei uns seit Jahrhunderten blüht.

Die Idee der Krippe ist unwandelbar, doch ihre Ausgestaltung richtet sich nach den Menschen der verschiedenen Zeiten und Völker, spiegelt ihr Denken und Empfinden und porträtiert in der Nachbarschaft der Krippe die eigene Umwelt, das städtische oder dörfliche Leben.

Als Geburtsjahr der Weihnachtskrippe gilt das Jahr 1223, als Franz von Assisi im Wald von Feccio eine Weihnachtsfeier abhielt mit Figuren und ausgestopften – manche sagen auch mit lebendigen – Tieren das weihnachtliche Geschehen für seine andächtigen Zuschauer und Zuhörer darstellte.

Dieser Brauch fand dann bald überall Nachahmer, von Sizilien bis hinauf nach Flandern, von Spanien bis Österreich. In Altbayern und Tirol wurde er aber besonders heimisch, viele behaupten sogar, er sei von hier ausgegangen.

In Italien verehrte man auch das sogenannte »Bambino im Kästchen«, ein Fatschen- oder Wickelkind unter einem Glassturz.

Die Figuren der Krippe wurden meist von unbekannten einheimischen Künstlern geschnitzt. Durch sie wird die Krippe erst lebendig und sie erzählen die biblischen Geschehnisse in allen Einzelheiten. Der gläubige Sinn und die Freude an der Prachtentfaltung, wie sie Altbayern und Tirolern eigen sind, konnten sich an den Krippendarstellungen so recht entfalten.

Auch Phantasie und Humor sind dabei nicht zu kurz gekommen. Dafür gibt es in jeder großen Krippenschau genügend Beispiele: Da hält – man glaubt nicht recht zu sehen – vor den Toren Bethlehems eine Kompanie Kaiserjäger Wache. In der sogenannten Elefantenkrippe zu Brixen ist ein Schweineschlachten mit allem Drum und Dran dargestellt. Die Kirche von Großthalham erwarb 1758 eine Krippe, in der das militärische Gefolge eines der Heiligen Drei Könige originalgetreu uniformierte kurbayrische Husaren waren! Auch zur politischen Satire mußte das Kripperl schon herhalten: Der Tiroler Heimatforscher Mang berichtet von einer Krippe, in der der Schornsteinfeger zum Rauchfang eines Hauses hineinschaut. Das sollte eine Anspielung auf die gesetzliche Verfügung Kaiser Jo-

Gnadenreiches Kind Jesu bey denen P:P:
Augustinern in München.

Hier liegst du Heiland aller Weld
Frost, Schnee, und Winden ausgestelt,
Und hast die Menscheit angenomen.
Schlaf Sanfte bester fridens Fürst,
Schlaf ohngestöhret denn du Wirst
Das Creuz zu deinen lohn bekomen
Schlaf sanfte Alles Ungemach
Folgt dieser süssen Ruhe nach,
Der Kercker rauscht von band und Ketten
Du wirst durch dein vergossenes Blut
Wie der Prophet den ausspruch thut
Allein des zornes Kälter tretten

M: Weissenhahn Sc: Mon:

sephs II. an die Kaminkehrer sein, bei der Ausübung ihres Berufes zu riechen, ob die Frauen nicht heimlich den damals in den österreichischen Landen streng verbotenen Kaffee kochten.
In der Zeit des Rokoko tritt uns in der Krippe die Schäferpoesie entgegen. Dabei brachte die Phantasie der Aufsteller oft Dinge in das Kripperl mit hinein, die mit dem weihnachtlichen Geschehen wirklich nichts mehr zu tun hatten. Darum darf es uns nicht wunder nehmen, daß die Aufklärung Front machte gegen die Krippendarstellung, nachdem ihr früher schon einmal die Reformation den Krieg erklärt hatte. Im Jahre 1803, also in einer Zeit, in der die Säkularisation Klöster und Kirchen schloß und die Passionsspiele in Oberammergau verboten waren, wurde auch das Kripperl aus den Kirchen Bayerns verbannt. Doch aus dem Herzen des Volkes konnte der alte Brauch nicht gerissen werden.
Zweifellos liegt auch eine Ursache für die Beliebtheit der Krippen in der natürlichen Aufgeschlossenheit und Freude des Altbayern und Alpenländlers am Theatralischen. Der Norden Deutschlands, auch das katholische Rheinland und Westfalen dagegen haben erst spät und dann nur vereinzelt zum Kripperl gefunden.
Es besteht auch eine enge Verwandtschaft zwischen den Krippendarstellungen und dem geistlichen Theater. Der Gegenreformation und ihren Hauptträgern, den Jesuiten, war die Krippe, ebenso wie das Theater, eine wertvolle pädagogische Hilfe zur Veranschaulichung und Vertiefung des biblischen Geschehens.
Um 1600 wurde in unserer ostbayerischen Heimat der Krippenbau in den Kirchen eingeführt. Aus der Chronik der Oberpfälzer Krippenbauten wissen wir, daß z. B. die katholische Kirche in Walderbach schon um 1671 eine eigene Krippe besaß. Heute ist sie allerdings nicht mehr vorhanden – fünf Brände und Plünderungen, das übersteht kein Kircheninventar!
Die wertvollste und älteste Krippe dürfte die von Heilbrünnl bei Roding sein. Ursprünglich soll diese Krippe ja aus der Pfarrkirche oder dem Spital von Cham stammen, vielleicht kam sie im Zuge der Entbarockisierung nach Heilbrünnl, wird aber jetzt in Roding aufbewahrt.
Der Schnitzer war schon ein Künstler von Rang! Dafür sprechen vor allem die ausdrucksvollen Köpfe der Hauptfiguren. Da die Krippen laufend ergänzt und erweitert wurden, haben sie meist keinen einheitlichen Stil und auch die Größe der Figuren ist oft recht unterschiedlich, so auch in Heilbrünnl.
Beim Gefolge der Weisen waren die Schnitzer recht auf ihre Phantasie angewiesen. Das zeigen vor allem die beiden Kamele, die aus-

schauen »wie bucklige Rösser mit schiach langen Krägn«, wie es in einem alpenländischen Weihnachtslied heißt.
Ein echter Elefant hat bei dem grauen Ungetüm der Krippe auch nicht Pate gestanden. Aber, was machte das schon aus, die andächtigen Kripperlbesucher hatten ja damals auch noch keinen echten Elefanten gesehen.
In der Biedermeierzeit fand die Krippe Eingang in die Familien. Seit dieser Zeit gibt es in Stadt und Land eine Menge heimischer Darstellungen.
Bei der jahrhundertelangen Tradition der Krippendarstellungen, die alle nach Zeit und Ort vielfältige Variationen über dasselbe Thema, die Geburt des Herrn, darstellen, ist nur verständlich, daß Krippen auch gesammelt werden, und das nicht erst in jüngster Zeit.
Die schönste, reichste und wertvollste Sammlung hat das Nationalmuseum in München. Eine ähnliche befindet sich in Innsbruck im Tiroler Volkskundemuseum.
In Saalfelden im Salzburger Land gibt es ein Krippenmuseum, das 150 Krippen zeigt, in allen Größen: von zehn Quadratmeter Fläche bis herunter zur Krippe in der Zigarrenschachtel. In Regensburg hat sich ein Krippenverein der Gestaltung der Weihnachtskrippen und der Pflege der Krippenkunst angenommen. In Cham findet auch regelmäßig eine Krippenschau statt. Einige recht schöne Krippen beherbergt das Oberhausmuseum in Passau, weihnachtliche Volkskunst aus der Oberpfalz und Niederbayern das städtische Museum Regensburg.

Willi Strasser

Krippenlied

Ihr Kinderlein, kommet,
O kommet doch all',
Zur Krippe her kommet
In Bethlehems Stall,
Und seht was in dieser
Hochheiligen Nacht
Der Vater im Himmel
Für Freuden uns macht.

O seht in der Krippe
Im nächtlichen Stall,
Seht hier bei dem Lämpchens
Hell glänzendem Strahl
In ärmlichen Windeln
Das himmlische Kind,
Viel schöner und holder,
Als Engel es sind.

Da liegt es – ihr Kinder!
Auf Heu und auf Stroh,
Maria und Joseph
Betrachten es froh,
Die redlichen Hirten
Knien betend davor,
Hoch oben schwebt jubelnd
Der Engelein Chor.

Manch' Hirtenkind trägt wohl
Mit freudigem Sinn
Milch, Butter und Honig
Nach Bethlehem hin:
Ein Körblein voll Früchte,
Das purpurrot glänzt,
Ein schneeweißes Lämmchen
Mit Blumen bekränzt.

O beugt wie die Hirten
Anbetend die Knie,

Erhebet die Hände
Und danket wie sie.
Stimmt freudig ihr Kinder –
Wer soll sich nicht freu'n? –
Stimmt freudig zum Jubel
Der Engel mit ein.

Christoph v. Schmid

Joseph, lieber Joseph mein

Gerne, liebe Mutter mein,
Helf ich wiegen dein Kindelein,
Daß Gott müsse mein Lohner sein
Im Himmelreich,
Der Jungfrau Sohn Maria.

Freue dich, o Christenschar,
Denn der himmlische König klar
Nahm die Menschheit offenbar,
Den uns gebar
Die reine Magd Maria.

Auf, ihr Hirtensleut

Nachba, sei do g'scheid!
Sag ma, was 's bedeut't,
Daß d' Sunn anheit
So schö scheit?
D' Lampi gebn koa Rua,
Springant auf und zua.
Was muaß das sei,
Bruada mei?
D' Engeln toant singa rar
Allaweil: Gloria
In excelsis!
Lustig is 's!

Lippel hat's dafragt,
Hat's an Engel g'sagt,
Es war iaz grad
Bei da Nacht.
Heit Messias kimmt
Als ein kleines Kind
Dös war rar,
Wenn er's war!
D' Altväter sind getröst't;
Mir werden all erlöst.
Wenn er's nur is!
Is scho gwis!

Gott sei jetzt die Ehr!
Fried den Menschen mehr!
Gott ist allhier;
Glaubt es mir!
Es hat ihn geborn
Ein Jungfrau auserkorn
In einem Stall.
Laufts nur all!
Er liegt auf bloßem Heu,
Esel und Ochs dabei;
Ein alter Mann
Kniet voran.

Schau, mei liaba Lipp,
Wia das Kind daligt!
Ist recht a Schad!
Voller Noth!
Ruap, an Zucka bring!
Franzel, hurtig spring,

Nimm du an Reis
Und a Fleisch!
Ös sagts am Fischer g'schwind,
Daß a zwoa Hechtel bringt;
Für dös kloa Kind
Is 's koa Sünd.

Maria, die neue Eva – Christus, der neue Adam

Die Geburt Christi ist der erste Schritt zur Erlösung der durch Adam und Eva sündig gewordenen Menschheit. Am schönsten sagt dies Andreas Gryphius:

> Der Mensch war Gottes Bild,
> weil dieses Bild verloren,
> wird Gott als Mensch in dieser Nacht geboren.

Ebenso wie zum Gekreuzigten besteht eine Beziehung Adams und Evas zur Christgeburt. Denn der 24. Dezember ist im christlichen Heiligenkalender der Tag Adams und Evas. Als Tag vor dem Erscheinen des Erlösers zeigt sich, wie in der christlichen Vorstellung Sündenfall und Geburt des Herrn verknüpft sind. Mannigfaches Legendengut weist diesen Gedanken auf. Der Volksmund verbietet noch heute hierorts am 24. Dezember Äpfel zu essen. Eine enge Beziehung besteht auch zwischen dem Baum des Paradieses und dem Weihnachtsbaum. So ist das Paradeis, das Pardeisl in Bayern genannt, noch immer der Name für den Platz um den Weihnachtsbaum.

> Was durch Adams Fall ist verdorben,
> hat Christus erworben und uns erlanget
> die ewige Gottseligkeit.

So steht es auf einer Truhe der Renaissancezeit. In manchen Gegenden wird der Christbaum als Adamsbaum bezeichnet. Das mittelalterliche Denken, oft in Analogieschlüssen verhaftet, zieht eine enge Verbindungslinie zwischen Sündenfall und der erlösenden Geburt Christi, zwischen Christbaum und Baum der Erkenntnis.

Den Menschen früher als Selbstverständlichkeit erschienen, gehörte zu jedem Weihnachtsspiel ein Paradeisspiel vorneweg. Denn erst der Sündenfall zwang Gott, seinen Sohn zur Erlösung zu schicken. Und so konnte während der Theateraufführung der Paradiesbaum mit den Äpfeln beim Szenenwechsel unverändert stehenbleiben.

Die mystische Verbindung zwischen Altem und Neuem Testament basiert auf der Bibel. Besonders in der Geschichte Adam–Christus, alter und neuer Adam, für den Sündenfall als Ursache des Kreuzestodes und für die Verbindung damit von Sünde und Tod: »Durch einen Menschen ist die Sünde in die Welt gekommen und durch die Sünde der Tod und so ist der Tod auf alle Menschen übergegangen,

weil alle in Adam gesündigt haben« (Röm. 5, 12). Besonders Paulus weist auf diese Verbindung von Adam und Christus hin. Wie Adam nach dem Bild Gottes geschaffen wurde, so ist Christus das Bild Gottes. Gleiche Parallelen zählten zwischen Eva und Maria. Der Gruß des Verkündigungsengels: »Ave Maria« bedeutet nur, daß Ave die Umkehrung von Eva ist.

»Wie der erste Sünder gemacht war aus jungfräulicher Erde, so sollte der Erlöser geboren werden von einer reinen Jungfrau. Wie Eva die Sünde zur Folge hatte und die Sünde den Tod, so bringt die Jungfrau Maria die Geburt Christi und mit ihm die Erlösung. Unzählig sind die wachsenden spielerischen Bestrebungen, äußerliche Begebenheiten und Handlungen des Alten Testaments als auf den neuen Bund bezügliche Heilswahrheiten auszudeuten ... So hat man auch die Kreuzigung, insbesondere das Öffnen der Seite Christi, zusammengebracht mit der Erschaffung Evas, die aus der Hüfte Adams hervorgegangen ist, die die Sünde in die Welt gebracht hat, geht aus der Seite Christi am Kreuze die neue Eva, d. h. die Kirche hervor, die die Sünde sühnt ... Nach der Legende Aurea geschah der Sündenfall am Freitag in der 6. Stunde, d. h. zur Stunde der Kreuzigung Christi. Aus dem Baum der Erkenntnis wird der Baum des ewigen Lebens. Die Frucht des Lebensbaumes ist Christus. Gerade um den Lebensbaum hat sich ein reicher Legendenkranz gerahmt.« (L. Röhrrich)

Der Betrachter der Weihnachtsspiele erfährt also, indem er zuerst das Paradeisspiel und dann das Krippenspiel sieht, diesen inneren Zusammenhang. Mit der Freude an drastischer Schilderung wird Teufel, Eva und Adam, verdammt, Maria und Josef und das Christkindlein geliebt und beschenkt.

H. C. E.

Paradeisspiel aus Oberösterreich

(18. Jahrhundert)

Engel Ich kum herein am Abend spat:
Gott der Herr gib' euch ein guten Tag!
Ein guet'n Tag und guete Zeit,
Und darnach das ewi Himmelreich.
Ehrsame Herren und Frauen,
Manaleut und Jungfrauen
Bitten uns aus eine guete Ruah,
Schweiget stille und hörts uns zua!

Gott Vater Ich bin Gott der Vater vom himmlischen Thron,
In der Heilig'n Dreifaltigkeit die erst' Person,
Hab geschaffen alle Ding,
Die im Himmel und auf Erden sind:
Das große runde Firmament,
Wo die großen zwei Lichter stehnt;
Die Sunn für'n Tag, da Man für d'Nacht.
Das hab ich allas wohlbedacht.
Den Menschen ich jetzt erschaffen will
Nach mein' Gleichnus und Ebenbild.
Adam, Adam! fang an zun löb'n,
Und tritt auf deine Füeß zu öb'n!
Schau an die schön ausgezierte Welt,
Sag an, Adam, was dir gefällt?

Adam Herr ich dank für deine Gnad',
Die mich als Kreatur g'schaff'n hat.
Ich will lieb'n und lob'n meinen Gott,
Ich will halten seine Gebot'.

Gott Vater Du sollst alle Tier mit Namen nennen,
Drum solln dich alle gleich erkennen.

Adam Die Vögel und Fisch und wilden Tier,
Mit Namen ruef ich alle hier.

Gott Vater Da du hast im Garten geschlaf'n,
Hab ich dir die Eva zum Ghilfen erschaff'n.

Eva Ich will liebn und lobn meinen Herrn und Gott,
Und befolgen seine Gebot.

Gott Vater Adam und Eva ich gib euch Gwalt'
Über alles, wie es hat die Gstalt.
Die Vögel in der Luft
Die Fisch' im Wasserstand,
Alle Tier im ganzen Land;
Ich gib dir Gewalt über alle Element
Und alle Bäum, die in Garten stehnt;
Die beste Frucht wachst in der Mitt',
Von dieser sollt ihr essen nit.
Werdts ihr aufs Gebot vergessen
Und von dieser Frucht was essen,
So müßt ihr in Angst und Not sterben
Und ewiglich auch verderben.

Adam und Eva Lieber Adam, solche Freude
Solln genießen wir da beide.
Und ein Baum der Weisheit zarten
Steht allhier in unserm Garten.
Esset nicht von ihm! – gebot
Unser Schöpfer Herr und Gott.

Teufel *(schleicht herzu)*
Ich kum aus der Höll – da ist es hoaß!
Ich tritt herein ins Paradoas.
In eine Schlang ich mich verkleid,
Zum Essen verführ ich die zwoa Leut.

Zu Adam und Eva

Ihr sollt essen von den Früchten all'n?
Esset nur nach eurem Wohlgefall'n!
Eva, tätst wissen, was ich weiß,
Gleich tätst össen von dieser Speis.

Eva O weh – o weh – eine große Schlang'!
Wie wird mir angst, wie wird mir bang!

Teufel Eva bleib' nur unverzagt!
Was hat Euch Gott für ein Gebot gesagt?

Eva Von allen Bäumen derfn essen wir,
Nur nit von dem Baum in der Mitt'n hier.

Teufel Esset nur von dieser Frucht,
Gott hat euch nur versucht.

Eva Wir müssen in Not und Angst sterben
Und ewiglich verderben.

Teufel Ihr werdet nicht sterbn und verderb'n,
Sondern Gott gleich werd'n.

Eva Ich ess' die Frucht,
Ich hör einen Ruef:
Ich will eine Göttin werd'n,
Gleich Gott dem allmächtig'n Herrn.

Adam Nein, Eva, nein – glaub dieses nicht:
Der böse Feind betrüget dich!

Teufel Glaub – Eva, glaub ...
(Sonst wirst du keine Göttin nicht.)

Eva Ich höre einen Ruef',
Ich habe die Frucht,
Ich will eine Göttin, eine Göttin werd'n
Gleich Gott dem Herrn.

(Adam und Eva essen von dem Baum.)

Teufel Der leidige Teufel bin ich genannt,
Den Ehleuten gar wohl bekannt.
Ich gibs allen zweien in den Sinn,
Es sei gar schön,
Thut sich der Mann aufhenga,
Und thuet sichs Weib datrenga.
Löegts ab eure Fax'n!
Ich hab eng bei der Hax'n!
Freu mich recht auf zwoa solche Ratz'n,
Gibs nit her um tausend Batz'n
Hättn Adam und Eva Kletz'n g'fress'n,
Wär ihnen gar viel nutzer gwes'n.
(Als was ich mit List und Freudenreich
Zu Wege gebracht hab' mit euch.)
(ab)

Gott Vater Adam, wo bist du?

Adam Mein Gemüt is ganz verwandelt.
Ach Herr, wir haben übel gehandelt!
Wir sind ganz nacket und bloß,
Wir haben gesündigt schwer und groß.

Gott Vater Adam, wo bist du?

Adam Ich steh hinter der Staud'n und schame mich.

Gott Vater Warum denn schamst du dich?

Adam Weil wir dein Gebot hab'n gebrochen.

Gott Vater Meinst du, das bleibt mir verschwiegen und verborgen?

Adam O Herr, ich schwör's bei mein Leben:
Die Eva, so du mir zum Weib gegeben,
Ist schuld, daß wir veracht't dein Gebot.
Vergib uns auf diese Stund', o Herr und Gott!

Gott Vater Gabriel, komm her zu mir!
Das feurige Schwert übergib ich dir,
Damit Adam und Eva weiß,
Daß sie gschlagen werd'n aus'n Paradeis.
Mit einem Eid solls beschworen sein:
Sie kommen nimmer da herein.

Adam *(zu Eva)* Hätt ich nicht gleich gefolget dir,
So säh ich das feurige Schwert nit hier.

Engel Vom allerhöchsten Herrn und Gott
Ist an mich ergangen das Gebot,
Ich soll Adam und Eva aus dem Paradeis jag'n,
Mit diesem Schwert soll ich sie schlag'n.
So geht nur fort aus dem Paradeis!
Machet schnell euch auf die Reis'.

Gott Vater Adam, weil du wegen dein'm Weib
Gehört hast auf den bösen Feind
Und gegessen von der verbotnen Frucht,
So soll jeder Acker sein verflucht.
Distel und Dornen soll er tragen,
Du sollst weinen und verzagen.

Adam Verloren ist das Paradeis,
Nun bau ich das Feld in Angst und Schweiß.

Gott Vater Du Eva, sollst mit Weh und Schmerzen
Kinder gebären unter dein' Herzen.

Adam Komm Eva, allererste der Frauen,
Wir wollen uns eine Hütte erbauen.
Wir wollen uns plagen fruh und spat,
Wie's Gott der Herr befohlen hat.

Gott Vater Du bist gemacht aus Erden,
Und sollst wieder dazue werden.

Eva Solln wir Gott den Herrn verlassen?

Engel Tue keinen Zweifel fassen!
Du warst bald Gott dem Herrn zugleich,
Drum wirst gestoßen aus dem Himmelreich.
Ehr' nur dein' Mann, und zieg' dein Kind,
Gott allein kann austilgn deine Sünd.

(Adam und Eva ab.)

Teufel Juhu! Jetzt habe ich die zwei Leut betrogen
Und habs aus dem Paradeis gelog'n.
Jetzt schau ich, ob i's nit kann finden,
Sie mit glüeten der Ketten anzubinden,
Wo ist denn Gott Vater, Gott Vetter, Gott Viter?
Der gstreng Herr und grechte Richter?
Ich schrei Rach und Zorn und Zeter
Über Adam und Eva Übeltäter.
Jetzt bin ich Tag und Nacht bei euch,
Ich will euch führen in mein Reich;
Dort müßt ihr brennen und braten gleich.
In der Höll müßt ihr sitzen,
Da sollts ihr brav schwitzen, juhu!
Ich leg euch in Ketten und Banden
Koan Herrgott und koan Toifl darett
eng aus mein' Handen. Juhu!

Gott Vater Packst dich hinweg, du höllischer Hund!
Was laßst für schändliche Wort aus dein' Schlund?
Verflucht seist vor aller Tieren auch,
Du sollst umkriechen auf deinem Bauch.
Du wirst das Weib in die Ferse stechen,
Dir aber wird dein Kopf zertreten.

Teufel Juhu hu – hu hu! *(ab)*

Gott Vater *(zum Engel)*
Geh vor der Pforten auf und nieder,
Bis ich komm und ruef dich wieder.

Engel Ich tritt hinaus am Abend spat:
Gott gib' euch einen gueten Tag,
Ein guete Tag und ein' guete' Stund;
Pfürt Herrn und Frau Gott und bleibts fein g'sund.

St. Oswalder Weihnachtsspiel

(Oberes Mühlviertel, Ende 18. Jahrhundert)

Personen: St. Maria – St. Joseph – Engel – 1. König – 2. König – 3. König – Herodes – Annas, »Tragant« des Herodes – Kalfas, Hoherpriester – Sedo, Hirt – Lomo, Hirt – Dalketer Bauer, Hirt – Wirt – 1. Jude – 2. Jude – Die Schifferin – Engelchor – Chor der Liedsinger

I. Abteilung

1. Szene

(Erster Spruch des Kalfas)

Kalfas Ihr lieben Christen allzumal,
Seid gegrüßt von uns zu tausendmal!
Ihr möcht' es uns doch nit für übel han,
Eine geistliche Komedie zu fangen an.
Ich bitt' euch ihr lieben Leut, groß und klein,
Ihr mögt doch ein wenig stille sein,
Auf daß wir spielen ohn' Verwehren
Dem neugeboren Christkindlein zu Ehren.
So spielt ein jeder auf das Best',
Daß sich erfreuen die dazuekommenden Gäst! *(ab)*

2. Szene

(Engel und Maria treten vor.)

Engel Ave Maria
Jungfräuliche Zier!
Du bist voll der Gnaden,
Der Herr ist mit dir.
Ein ganz neue Botschaft,
Ein unerhörts Ding'
Von der himmlischen Hofstatt
Ich, Gabriel, bring!

Maria Was sind das für Reden?
Was soll dieses sein?
Wer will zu mir treten
Ins Schlafzimmer herein?
Die Tür ist verschlossen,
Alle Fenster sind zu:
Wer ists, der mich wecket
Bei nächtlicher Ruh?

Engel Fürcht' dir nit Maria,
Es gschiert dir kein Leid;
Ich bin nur ein Engel,
Verkünd' dir groß Freud:
Daß du sollst empfangen
Und tragen einen Sohn,
Nach welchem verlangen
Viel tausend Jahr schon.

Maria Wie soll dies geschehen?
Ich kenn keinen Mann.
Will lieber vergehen,
Als trag'n einen Sohn.
Ich hab schon geschworen
Mein Jungfrauschaft Gott,
So rein ich geboren,
Will ich bleib'n bis in Tod.

Engel Es liegt nichts im Wege,
Alle Sorg ist umsunst,
Alle Furcht nur weg lege,
Bei Gott ists kein' Kunst.
Es kann leicht geschehen –
Nur fest auf ihn trau! –
Man wird dich verehren
Als Mutter und Jungfrau.

Maria Wenn Gott selbst wird kommen
Von dem Himmelsthron,
Ein Mutter zu suchen
Für sein' lieben Sohn;
Eine Jungfrau wird er suchen
Im Königspalast; –

Mein Armut und Stammen
Taugt nit für den Gast.

Engel Er ist der Reichste aus allen
Und tracht't nach kein Geld,
Dein Tugend und Demut
Ihm besser gefällt.
Nimm an mein Begehren,
Das ich trag' jetzt vor:

Maria Ich bin die Magd des Herren,
Mir g'scheh nach dein' Wort.

Engel Du bist voll der Gnaden
Und himmlischer Zier,
Vom Geist überschattet,
Der Herr ist mit dir!
Gleich wie die schön' Blumen
Die Farb' nit verkehrt,
Wird Gott in dich kommen:
Du bleibst unversehrt.
Frohlocke o Himmel
Frohlocke o Erd,
Das höllisch Getümmel
Zerstört jetzt der Herr.
Maria hat gefunden
Bei Gott alle Gnad',
Den Sündern die Ruhstatt
Erworben sie hat.
(Engel ab, Maria bleibt vorne auf der Bühne.)

3. Szene

Kalfas O weise Jungfrau unberührt,
Mit sieben Säulen wohlgeziert;
Den Saal und Tisch des Herrn
Heißt man dich zu größern Ehren.
Kein' Makel man an dir find't,
Ganz heilig und ohne Sünd.
Die Himmelspfort' bist du genannt,
Der Stern Jakobs wohl bekannt.

Eine Mutter bist du uns geben,
Der Engel Freud und Leben;
Schrecklich den bösen Feinden
Gleich wie ein Kriegesheer
Laß uns kein' Schaden leiden
Auf diesem ungestümen Meer.
Lied: Ein Kind gebor'n zu Bethlehem,
Daß freuet sich Jerusalem,
O freuet euch all' mit großer Freud'
Zu dieser heil'gen Weihnachtszeit!
Da liegt es in dem Krippelein
Ohn End soll dessen Herrschaft sein.
Alleluja! Alleluja!

4. Szene

Engelchor Ehre Gott in der Höhe sei,
der Frieden den Menschen auf Erden,
die eines guten Willens sind. *(ab)*

5. Szene

Ausrufer Das G'setz steht über die Massen,
Daß sich ein jeder Mann soll schreib'n und schätzen lassen. *(ab)*

6. Szene

(Joseph tritt auf.)

Joseph Maria! Maria! Mein vertrautes Weib!
Hör an mein Wort! Merk auf mit Fleiß!
Es ist ein G'setz ausgangen
Über alle Länder und Straßen,
Daß sich ein jeder Mann
Soll schreib'n und schätzen lassen.

Maria Mein lieber Mann, ich bin bereit,
Dir nachzufolgen alle Zeit.
(Lied:) O Joseph mein!
Schau mir um ein kleins Örtelein:
Bei mir wirds nit lang währen,
Ein Kind soll ich gebären.
O Joseph mein!

Joseph So will ich gehn in die Bethlehemstadt.
Wo ich ein Herberg bekommen mag. *(Er klopft.)*

7. Szene

Wirt Wer klopft an vor meiner Tür?

Joseph Arme Leut' seind hier.

Wirt Was wollt ihr dann von mir?

Joseph Ich bitt euch frommer Wirt
durch den treuen Gott, den Herrn:
Beherbergt mich die heutige Nacht.
Ich und mein schwangers Weib
Reisen herum schon lange Zeit;
Bitt' euch, bitt' euch! Erbarmt euch!

Wirt Mit euch hab ich nichts zu schaffen,
Wer weiß, wo ihr seid hergeloffen!
Von euch hab ich ein' schlechten G'winn,
Schaut euch um ein Ort und gehet hin! *(ab)*

8. Szene

Joseph *(Lied:)* O Jungfrau rein!
Nach dein' Begehren kanns nit sein:
Zu Spott seind wir gekommen,
Die Herberg ist schon eing'nommen
In Bethlehem.

Maria *(Lied:)* O Joseph mein!
Wie mag die Welt so untreu sein!
Bleib'n wir auf der Gassen,
So friert uns über die Massen.
O Joseph mein! Geh nochmal hinein!

Joseph Hat mi eh schon granti angfahrn!
O Gott tu dich unser erbarmen!
Wie ungern g'halt man Fremde und Arme;
Wir reisen schon in der ganzen Bethlehemstadt herumen
Und mögn nirgends kein' Herberg bekummen.
(Er klopft.)

9. Szene

2. *Wirt* Wer klopfet an vor meiner Tür?

Joseph Arme Leut seind hier.

Wirt Was wollt ihr dann von mir?

Joseph Bitt euch, frommer und teurer Wirt,
durch den treuen Gott, den Herrn:
Beherberget mich die heutige Nacht.
Ich und mein schwangers Weib
Reisen herum schon lange Zeit
Bitt' euch, bitt' euch! Erbarmt euch!

Wirt Ich glaub, ihr seid nicht recht gescheit,
Daß ihr mich lasset ungeheut.
Botz Wunder so ich von euch vernimm!
Ihr klopfet herum, wie das lausi Bettlergsind –
Mein Haus ist eh mit Leuten zu voll
Daß ih selbm nit weiß, wo ih bleibn soll.
Ein Stall ist über geblieben,
Dort seid ihr unvertrieben,
Und bald werd ich euch zeig'n,
Wo ihr die heutige Nacht werd't bleib'n. *(ab)*

10. Szene

Joseph *(Lied:)* O Maria mein!
Nach dein' Begehren kann's nit sein:
Ein Stall ist überblieben,
Dort seind wir unvertrieben.
O Jungfrau rein!

Maria O Joseph mein'
Wie mag die Welt so untreu sein,
Mich Schwangre auszuschließen,
Daß wir im Stall bleib'n müssen!
O Joseph mein! *(beide ab)*

11. Szene

Chor In einen alten Stall gingen sie hinein,
Darin ein Ochs und ein Eselein,
Als sie beim Kripplein saßen.
Beim Kripplein kniet ein alter Mann,
Er bet't das kleine Kindlein an,
Küßt ihm sein Händ und Füßn.
All Sünder mein, kommt auch herbei,
Tut eure Sünd abbüßen
Wenn ihr auch wollt nach eurem Tod
Die Gottesgnad genießen.

Kalfas Ich komm herein ohn aller List
Von dem G'spiel und Komedie Herrn Jesu Christ
Laßt mich reden mit rechtem Verstand:
Was ich herbei werd bringen auf die Bank:
Ein alter Mann – Joseph genannt,
Der noch niemals ein Weib erkannt,

Er steht dahier ganz allein
Mit seiner Jungfrau Maria rein;
Und wie wirs haben schon vernommen,
Daß sie in ganz Bethlehemstadt kein Herberg bekom-
Und wie uns die Schrift tuet zeign, [men
Daß sie draußterhalb Bethlehem in ein' alten Stall müs-
Ihr lieben Leut nehmt's doch zu Herzen; [sen bleib'n.
Wie wird es Joseph und Maria schmerzen!
Seid's doch mildtätig zu der Zeit,
Beherbergts gern die armen Leut'!
Sehet, den Hirten auf der Haid'
Verkündigt der Engel die größte Freud.
So lasset uns gehn nach der Engel Wort
Nach Bethlehem in die Davids Stadt,
Das Wunder allhier zu sehen so groß,
Welches verkündigt wird den Hirten bloß.
Doch gibts so viel arme und elendige Leut,
Wie Christus sagt zur selbigen Zeit –
So gebt's ein jeder dem Willen nach;
Der meiste Teil hat ihn veracht't.
So stellt sich ein jeder an sein' Ort,
Alsobald fangen an die Hirten ihre Wort'.

II. Abteilung

1. Szene

Chor Die Hirten auf dem Felde waren,
Erfahren die neuen Mähren
Durch des Himmels englische Scharen;
Es wird Christus geboren werden;
Ein König über alle König groß;
Herodes das so sehr verdroß,
Er sendet seine Boten.
Sogleich will er in falscher List
Töten den lieben Herrn Jesu Christ,
Die Kindlein ließ er töten.

(Jetzt haben die Hirten ihre Sprüche zu sprechen. Die Hirten heißen Sedo, der dalkate Bauer und Lomo.)

2. Szene

Sedo Husch, Maxl husch! Wia is's nöt so grimi und grau-
Ih und mein Wawal dafriern schier bald. [sam kalt,
Ih glaub, daß so arme und ölende Leut
Nöt gfund'n wer'n bei dieser Zeit.
Vor Jamar und Ölend und Not
Kinan mar uns kam erwerb'm das habarne Brot.
Tag und Nacht hab ich koan Rueh
Das richten ma die Wölfe zue.
Die Wölf und andere grobe Tier,
Die ih bei meiner Herd wohl g'spür.
So bin ih wachbar alle Zeit,
Gilts meine Schäffel auf dieser Weid.
So will ih blas'n zun erstenmal,
Das muas ma schalln üba Berg und Tal.
Liaba Gespann! Blas du dein Horn
Gög'n mir zum zweitenmal,
Auf daß sich kein Gewild aufhalt
Allhier und überall;
Aft san mar diese Nacht alle drei
Sorgenfrei – sorgenfrei!

Dalkata Bauer Ih will blasn, wie ein Jägersmann
Der niemals nix dalerna kann.
Zwoa Blasa und a Pfiff darauf
Das macht in'n Holz an Weit-Lauflauf.
So weichen die Wölf' von meiner Herd,
Damit ma oanst nu koans gfangen werd'.
Laßts mir und meinem Viech an Fried,
So brauchts bei uns dös Blasn nit.
He Lomo, laß die a amal her'n
Blas du den Horn gegn mir zun zweitnmal,
Auf daß sich kein Gewild aufhalt,
Hier und überall;
Aft san man diese Nacht alle drei
Sorgenfrei, sorgenfrei

Lomo Aft hengst halt nöt auf mit dein' Klag'n!
Vor Költ'n mecht ih schier vazagn.
Mi frierst so viel in mein'm Arsch und in d' Ohrn,
Das Blasn is bei mir ganz valorn.

Sedo Kalte Nacht, die ich empfindt,
So lang ich hüet auf dieser Haid!
Die Himmelsreth' die zoagt was an.
Der welche ists, der's recht verstehen kann?

Engelchor Gloria, Gloria, Gloria!
Der Heiland, der Heiland,
Der Heiland der Welt;
Ein Kind ist geboren
Im Stall auf dem Feld.
Gloria, Gloria, Gloria
In excelsis Deo!

Dalkata Bauer Hand viel Engl umagflodat,
Habnt uns alls ladeinisch blodat;
Oana is gar awa trabt,
Hat a weiße Pfoad anghabt,
Der sagt: mir solltn gschwind hin gehn,
Zu Bethlehem, da wer ma's segn,
Dort soll sein a Kind geborn
Von einer Jungfrau auserkorn.
Das sei der Heiland Jesu Christ,
Drum fürchts euch nöt zu dieser Frist!

Lomo Bist nöt du a lablischer Mann!
Glaubts denn, dö Engel singen bei da Nacht?
Das steht ja nöt in unsra Macht,
Das ghert zua Gottes Hoamlichkeit,
Das gib i dir zu an guatn Abscheid.

Dalkata Bauer Aft hengst halt nöt auf dein Dischbadirn.
Vor Költn mecht i schier dafriern,
Mi frierst in d' Händ und in meine Glieder,
Vor Költn lögn ma uns alle drei nieder.
(Legen sich nieder.)

3. Szene

Lied der Engel

Auf, ihr Hirten, von dem Schlaf
Bei so schönen Zeiten!
Sammelt die zerstreuten Schaf',
Laßt sie fröhlich weiden.
Denn die Nacht ist schon vorbei
Und der Tag aufgangen frei.
Hebt euch eilends aus der Ruh!
Laufet euren Herden zu!

Höret froh das Wunder an,
Das für euch begonnen;
Es ist heut des Himmels Thron
Zu den Menschen kommen.
Denn es kommt mir selber vor
Wie ein ganzer Engelschor.
Ein jedem der sich ihm geneigt
Tausnd Freud hat er erzeigt.

In ein' alten Krippelein
Liegts anstatt der Wiegen,
Mit Namen heißt es Jesulein
Vor dem solln sich biegen
Alle Knie auf Erden
Und unter der Erden,
In dem hohen Himmelssaal,
Auf der Welt und überall.

Dalkata Bauer Mich gedünkt, ih her die Engel singen!
Gar a süeße Stimm' her ich erklingen.
(Die andern stoßend:)
Sedo! Lomo! Herts nix von solchen Dingen?

Lomo Was schlagst? Was schlagst? Du grober Knopf!
Könntst mich nöt in Guat'n wöckn?
Kunst mich in Schlaf a leicht daschröckn.
Hab gmoant, es is a Brunst.

Sedo Was d' rödst, is alls umsunst.

4. Szene

Lied Es kumt ein Engel hell und klein
Von Gott gesandt zu den Hirten drei,
Sie waren gar von Herzen froh,
Er spricht zu ihnen fröhlich also:
Vom Himmel hoch da komm ich her
Und bring euch viel der neuen Mähr;
Der neuen Mähr bring ich so viel,
Was ich euch sag'n und singen will.

Der Herrgott in dem höchsten Thron
Hat euch gesandt sein liebsten Sohn,
Er ist dann heunt als Mensch geborn,
Von einer Jungfrau auserkorn.
Zu Bethlehem in der Davidsstadt,
Wie euch die Schrift hat längst gesagt,
Da leit der liebe Herr Jesu Christ,
Drum fürcht't euch nit zu dieser Frist.

Der Engel Auf, auf! Ihr Hirten von der Haid'
Ich verkündig' euch ein' große Freud',
Zu Bethlehem ist ein Kind geborn
Von einer Jungfrau auserkorn,
Das sei der Heiland Herr Jesu Christ,
Drum fürcht't euch nit zu dieser Frist.

5. Szene

1. Hirtenlied

Nachba heng dein' Bumal an,
Daß a mih nöt beissn kan;
Beißt a mih, so klag ih dih,
Nachba aft kannst zahln für mih.
Lieg da drausten bei mein' Schaf'n
Hab als wier a Ratz' grad gschlaff'n.
Hat mih aufgwöckt a Gedümmel,
Hab ih gmoant, es brinnt in Himmel;
Aft bin ih gestandt'n, wiar a Stog,
Hab mih boazt, wiar d' Laus in' Rog.
Aft bin ih gschwind hoama grennt,
Als wann ma da Kopf hätt' brennt;
Mei Wei hat just Küachl bacha,
Wia's halt alle Weiba machan:
Sand die Mana nöt im Haus,
Kochen s' ean an guat'n Schmaus.
Aft nahm ih die Küachl her,
Andas suach i a viel mehr,
Kas und Buda, Müli, Rahm,
Daß ma do nöt lari kam.
Seh, mein Kind, da hast die Sach,
Ih hätt da nu viel mehr bracht,
War da Tag in Summa kema,
Hätt ma ghabt was her zun nema;
Sand brav Antna auf da Müllnawies,
Hätt dar oani bracht' gar gwiß.

2. Hirtenlied

Lomo He, du mein Hiasl, wö stehst denn nöt af
Liegst draust in da Kama und schlafst halt brav draf.
Eh! Hast denn koan' Kopf, daß d' tuast so hart hern?
Wöll gleiwol naschaua, wöll nehma d' Ladern.

Sedo O du mein Fridel, so laß mi mit Fried!
Ih bi ja ganz schlaffri, zun Gehn bin ih nit.
Ih bi ja ganz schlaffri, voll Schlaf is mein Kopf
Kann in' Stecka nöt nehma, er hat ja koan Knopf.

3. Hirtenlied

Lomo Ach du mein Hiasl, bist a rechte Schlafhaubn!
Du tuast ja weida zun Kindl nöt taugn.
Wer soll eahm bringa, daß doh hat zun Löbn?
Ih tat' ja mein lötzts Hemad a nu hergöbn.

Da Christel, der kaft uns a guats Seitl Wein,
Da Thomal kaft Semmeln zun Eindunga drein.
Aft mecht'n mar a nu a guats Kitzl habn,
In Nachban sein Hiasei der hilft uns schon tragn.

O Jesulein, schöns Kindlein! Nimm an unsre Gab'n;
Mir sein arme Hirtn, dö nix bössas nöt habn;
Vazeih uns das Unheil, das wir habn getan,
Sei uns vor dein Vadan, der gnädige Sohn.

Dalkata Bauer Nachba, Nachba las da sagn,
Was sich neu's hat zuegetragn!
Hat da ganze Himmel klunga,
Is an Engei zun uns kuma;
Der hat gsagt, mir sollt'n nur hingehn
Nach Bethlehem, da werdn mas segn.
Da sollt sein a Kind geborn
Von einer Jungfrau auserkorn,
Das sei der Heiland Jesu Christ,
Drum fürcht't euch nöt zu dieser Frist?
(Nach dem ist das Hirt-Horn zu spielen.)

4. Hirtenlied

Lomo Los mein liaba Hiasl und laß da was sagn,
Was si' dort drunt' für a Wunda zuetragn.
Dort drunt auf'n Feldern, bei mein'n Schafherd,
Habn's pfiff'n und gsunga, habs nia so schen ghert.
Ganz scharweis san d' Engei von Himmel herab,
Viel Tausend sand gwös'n, die d' Wahr'at hab'n gsagt.
Habn gsunga und pfiff'n, habm d' Hörpauk'n g'schlagn,
O Hiasl, mein Oachl! Dös Ding hat ma gfalln!

Dawal i da glost han und wundali gschaut,
Aft kam mar a Schlaffei, han ma eh schier nöt traut.
Aft lög i mi nida a Stündel zuadöckt,
Da kam halt dar Engei und hat mi aufgwöckt.
Aft sagt halt dar Engei: »Ihr Hirten, auf, auf!
Tuets euch nit verweilen, nach Bethlehem laufts!
Jesus ist geboren, der Heiland der Welt,
Ihr Hirten bringts Opfer, dem Kindlein gefällts.«

O Hiasl, o Jodl, o Buama all zwen!
Jetzt wern ma ganz hoamli, in Stall eini gehn.
Tuets nöt lang umgaffa, fallts nieda auf d' Erd,
Da liabreiche Jesus ist alles wohl wert.
Hiatzt göbn ma das Opfa, das mir habn mitbracht,
A Lampal, a Kitzal, an Spög und a Schmalz,
An Ram und a Müli, a Mehl und an Oar;
Wans Büawei tat sterbn, wiar war ma so load!
Drum bitt ih dih, Jungfrau, weils d' sei Muata bist,
Gib acht auf das Büawei, daß's doh nit dafriast!
Es is nöt eingwicklt, hat koan Pfoadei nöt an!
Wan's Büawei that sterbn, was fangatn ma an?

Lied der Hirten (zugleich)

Laufet ihr Hirten!
Laufts von eurer Herd,
Wie euch die Engei
Schon hab'm gelernt!
Laufet nach Bethlehem
Ein in den Stall!
Grüßet das Kindlein
Zu tausendmal! –
Ihr Hirten – ihr Hirten!

Laufet ihr Hirten,
Laufts eilends zugleich!
Nehmet Schalmeien
Und Pfeifen mit euch!
Laufet gen Bethlehem
Ein in den Stall!
Grüßet das Kindlein
Mit Pfeifenschall!
Messias! – Messias!

Laufet ihr Hirten,
Laufts eilends geschwind!
Bsuechet den Joseph,
Maria und 's Kind!
Bringet dem Kindlein
Das beste Geschank!
Der Joseph, der sagt euch
Den größten Dank.
Der Joseph, der Joseph!

6. Szene

Joseph Was machts, was machts, ihr groben Leut?
Ös schröckts ma's Kind mit zamtn Weib.

Dalkata Bauer Ei ja, mein hübscher und feiner Herr,
Mir ziagn all drei von Feld daher;
Ih und meine zwoa Mitgespan
Bsuach'n Maria mit ihr'm liabstn Sohn.

Lied der drei Hirten

Gott grüaß eng beisamma, vazeichts ma die Frag,
Ih kenn's nöt vanana, is 's Nacht oda Tag?
Daß ma denn heunt gar koan'n Hirta nöt siacht
Und is da bei enk so schen frohla und liacht!
Mag mi nöt gnua wundan, daß ös meine Leut
Im Stall da jetzunda beisammen doch seids.
Mein, sagts ma, was fallt eng in Winta jetzt ein,
Daß 's mit den kloan' Kindl in da Költn mögts sein?
Magst as du kam daleidn, du stoanalta Greis;
Hast Har wiar Seidn, hübsch weng und schneeweis,
Du bist ja so zirla, du bist ja so fein,
Kanst a nöt von Hirta oder Bauanstand sein.
Wo is denn dein Hoheit, wo sand dö Lagei?
Sag wer hat di zwunga zu uns auf das Heu?
Die Liab hat di zwunga zu uns auf die Welt,
I tat da was schenga, han selba koan Geld.
Zwoar Apferl die hob ih in Sack da bei mir,
Wanns das derfast essen, tat ih's schenga dir.
Hab nu a kloanwinziges Lampal dahoam,
Das wollt ih da göbn ganz fein in da G'hoam.
Ih tat da gern mehr göbn, bi selbm nur a Hirt;
Was kunnt i da göbn, was sih wohl gebührt?
Ih tat di schön kloadt'n, tat aufwartn dir,
O Jesulein, nimm an den Willen dafür!
Wans sollt dazua kema, du herziliabs Kind,
Tue uns nöt vadama, bitt, laß uns nöt hint;
Tue uns nöt vadama und denk fein daran,
Um was ih bein Krippal gebeten hab schon.

Dalkata Bauer Is das das schene Jesukind
Das geboren is ohne Sünd,
Wiar uns der Engel hat prophazeit,
Da mir warn im Feld gar weit?

Joseph Ja, ja, ihr Hirten, mit ein' Wort,
Das hat euch Gott geoffenbart.
Das ist das schöne Jesukind,
Tragt von der ganzen Welt die Sünd.

7. Szene

Lied der drei Hirten

Laßt uns das Kindlein wiegen!
Unser Herz zum Kripplein biegen!
Laßt uns im Geist erfreuen,
Das Kindlein benedeien!
Das Jesulein süß!

Laßt uns auch jubilieren,
Im Geiste triumphieren!
Laßt uns im Geist erfreuen,
Das Kindlein benedeien!
Das Jesulein süß!

Laßt uns dem Kindlein singen
Und unser Opfer bringen!
Laßt uns im Geist erfreuen,
Das Kindlein benedeien!
Das Jesulein süß!

8. Szene

Dalkata Bauer Grüß dich Gott, Maria rein,
Mitsammt dem kleinen Kindelein!
Was soll ich denn dem Kind verehren?
Nudl und Sterz ißt 's a nöt gern.
Ih wir mih aba nöt viel bedenka
Und wir eam a Lampal schenka,

Das Fleischal recht lind kocha,
Und aus'n Heidl an Pölz macha
Daß 's es nöt so stark frias'n tuet.
Kanns ar amal an mih gedenga guet.

Sedo Grüß dich Gott, Maria rein,
Mitsammt dem kleinen Kindelein!
Was soll ich dann dem Kind verehrn?
Kas und Buda ißt 's a nöt gern.
Ih wir mih aba nöt viel bedenga,
Und wir eahm an Harlein schenga,
Kans ar amal an mih gedenga.

Lomo Willkomm! Du edlicher Gast,
Der du niemals kein' Sünder verschmähet hast!
In Armuet kum ih her zu dir.
Was soll ich dir verehren hier?
Bi selbm a hautarmer lödiga Gsöll,
Hab selbm nu Haus, nu Hof, nu Stöll;
Wir mih aba nöt viel bedenga,
Wir da all mein Bluna schenga.

Joseph Sag' Dank, sag' Dank, ihr Hirten guet!
Was ihr dem Kind verehren tuet,
Das wird euch Gott schon belohn'n
Dort am hochen Himmelsthron.

Maria Sag' Dank, sag' Dank, ihr Hirten guet!
Was ihr dem Kind verehren tuet,
Das wird euch schon Gott belohn'n
Dort am hohen Himmelsthron.

9. Szene

Dalkata Bauer Weil mir da gewesen sein
Bei dem neugebor'n Kindelein,
So müeßn mir a Liedel singen
Und dabei tanzen und springen.
(singt:) Ein Kind geboren zu Bethlehem.

Sedo Daß freuet sich Jerusalem.

Lomo Alleluja! Alleluja!

Lied der Hirten

Ein Kind gebor'n zu Bethlehem,
Daß freuet sich Jerusalem.
O große Lieb, o Gott mein Hirt!
O reinste Mutter, o Gott mein Hirt!

Das Eselein, das Öchselein
Erkannte Gott den Herren sein.
O große Lieb, o Gott mein Hirt!
O reinste Mutter, o Gott mein Hirt!

Hier liegt es in dem Krippelein,
Ohn' End' soll dessen Herrschaft sein.
O große Lieb, o Gott, mein Hirt!
O reinste Mutter, o Gott, mein Hirt.

Dalkata Bauer Weil mir da habn nix mehr z'machen,
Müess'n ma hoam schau'n zu unsane Sachen.
Denn der Wolf is gar geschwind,
Daß er uns glei zwa bis drei Lampal nimmt.

III. Abteilung

1. Szene

(1. König tritt auf.)

Ich hab studiert von Jugend auf,
Hab auch schon in vielen Büchern glös'n
Von den Planeten den Himmelslauf;
Doch von solchem Ding hob ich nie nix ghört.
Das ist mir blieben unbekannt,
Was sich für ein großer Stern laßt sehn in unserm Land.
Weil sich aba da Stern so hell und klar entzündt
So macht euch auf ihr Hofgesind!
Dem Stern wolln wir nachfolgen fein,
Und nicht länger hier verbleib'n.

2. Szene

(2. König tritt auf.)

Ich zieh her aus dem Morgenland,
Die Sonn hat mich ganz schwarz verbrannt.
Ich zieh her über Feld und Berg,
Kam mir ein Weglein über zwerg,
Ein Nebel wurd und also dick,
Daß ich sah kaum einen Stück.
Entweichen wollte uns der Stern,
Allhier wollen wir einkehrn.

3. Szene

(3. König tritt auf.)

Dreizehn Täg reisen mir schon,
Eh wir kommen zu Bethlehem an.
Entweichen wollte uns der Stern,
Allhier wollen wir umkehrn.

4. Szene

(Lied der Könige)

Wir Herren und König aus Morgenland sind zogen
Und gereiset in schnellster Eil,
Gleich als wenn wir wären in Lüften geflogen
Und gleich einem fliegenden Pfeil.
Wir haben zubracht
Dreizehn Tag und Nacht,
Sind gereist mit einmal
Vier hundert Meilen.

Wo ist denn der König jetzt, neugeboren?
Im Morgenland scheinet sein Stern.
Wir haben ihm köstliche Gaben erkoren,
Wir reisen herzu aus der Fern.
Ach wo findet man,
Den gezeiget an
Der prangende Stern?
Den göttlichen König und Herrn?

Er ist in Jerusalem nicht zu erfragen,
Herodes war heftig betrübt.
Wir müssen uns auf nach Bethlehem machen,
So zeigt uns das Königs Gelübd.
Dort ist unser Ziel,
Ein jeder sein Willn
Erfüllet da gern
Dem göttlichen König und Herrn. *(ab)*

5. Szene

(Engel tritt auf.)

Wollet ihr hörn ein neu's Gedicht?
Das Gespiel ist jetzo zugericht't,
Die drei Weisen sind vorhanden,
Sie sind weit hergereist von fremden Landen.
Sie haben gesehen den Stern
Und suchen den neugebornen König und Herrn.
Ehvor sie kummen zu ihm
Spricht König Herodes in seinem Grimm. *(ab)*

6. Szene

Herodes Ich hör' ein Stimm, es geht mich an
Komm her, Tragand, und zeig's mir an
So eilend und so schnell!
Tragand, sitz' dich nieder in meine Stell'
Ich mueß die heuti Nacht ins Spanien hinein.
Tragand, was soll wohl dieses sein?

Tragand Herr, ein neuer König soll sein geborn!

Herodes Tragand, wo hast du das erfahrn?

Tragand Die drei Weisen haben's ausgeforscht.

Herodes Wo haben sie es ausgeforscht?

Tragand In Bethlehem soll er sein geboren.

Herodes In Bethlehem soll er sein geboren?!
Wer wird mir die Sach recht zeigen an!

Tragand Zu Bethlehem ein alter Bauersmann
Wird dem Herrn die Sach' recht zeigen an.

Herodes Jetzt geht es mich wohl an,
Wer etwas weiß davon,
Der komm zu mir herbei
Und zeig's mir an ganz frei!

7. Szene

Dalkata Bauer Guten Morgen, großmächtiger Herr und König!
Ich bitt, du wollst es nit übel aufnehma,
Daß ich bin gekommen herein.

Herodes Wer bist du dann?

Dalkata Bauer Ich bin da dalkata Baur von Liedenau.
Hab Wagnschmier brennt
Und hab ma d' Hosn hin und her versengt.

Herodes Gwaxünymehr, was heri mehr.

Dalkata Bauer Hei Saxti! Wo hat denn der Herr
so viel lateinisch glernt?
In Oansigl, in Schlögl
oder gar bei uns in deutschen Landl?

Herodes Tag und Nacht hab ich kein Ruh!

Bauer Der Herr hat schon Ruah,
aba mir Bauern habnt koan Ruah.

Herodes Bis ich die Sach recht erfahren tu.

Bauer Die Sach werd'n ma schon erfahren,
wann ma lang gnuag umananda fragn;
he, Weiber! Habts koan' Aschen?

Herodes Bauer, was gibst du für ein' Rat dazu?

Bauer Was fragt denn der Herr
an so dalkaten Bauern um an Rat?
kann selbn nix lesen und schreibn, aber das Roatn.
Geht da Herr a paarmal her und hin,
Daß ih mi da drüber besinn.
Jetzt wissat ih gar an vortrefflichen Rat;
Der Rat hat vier Füaß
Und zwoa Herndl, wia die ledig'n Spieß;
An kohlschwarzn Kopf, zwoa kerschbraune Augn;
Aba da Rat wurdt in Herrn nöt taugn.
Wann ma halt ließ'n die selbign drei fragen ganz frei:
Wo denn das Kindl geboren sei?
Und wann sie's hättn gfunden,
Dann mechtens kommen zur Stundn.
Wann ma halt ließen das Kindl anbeten,
Wann ma ließen das Kindl anbinden,
Oder wann ma ließen das Kindl anleten,
Oder wann ma ließen das Kindl anhenken,
Oder wann ma ließen das Kindl abtedten.

Herodes Baur, ich folge deinem Rat.
Komm her, Tragand!

8. Szene

Tragand Hier steh' ich gegenwärtig schon.
Eure Majestät, was schaffen's an?
Mit aller Unterthänigkeit
Bin ich zu Eurer Majestät Dienst bereit.

Herodes Geh hin, Tragand, das sag ich dir,
Daß die drei Weisen kommen zu mir;
Dieselbign Drei, die dort stehn,
Sie sollen alsofort herzu gehn.
Soll'n nicht lang sich säumen
Und bald zu mir herkommen.

9. Szene

Tragand *(zu den Königen:)* Ihr Herrn alle drei!
Der königlichen Majestät gleich;
Herodes hat mir anbefohln,
Daß ihr zu ihm hinkommen sollt,
Und ohne Beschwerd
Sollt ihr kommen dahin.
(Zu Herodes:)
König, die drei Weisen lassen sich schön empfehln,
Sie werden sich gleich in's Zimmer herstelln;
Und ohne Beschwerd
Werden sie kommen daher.

10. Szene

Herodes Ich bitte, ihr lieben Herren mein,
Ihr wollt ein wenig bei mir kehren ein.
Was bringt ihr mir für neue Mähr
Sogar von fremden Ländern her.

1. König Wir haben von einem König erfahr'n,
Aus Jacob soll er gebor'n sein;
Ein Kindelein schön und zart und fein,
Das soll der junge König sein.
Wir suchen ihn mit Herzensfreud'
Hin und her schon lange Zeit.

Herodes Ihr lieben Herrn alle drei,
Jetzt muß ich gleich fragen frei:
Saget mir an, woher wisset ihr,
Daß ein neuer König sein soll hier?

2. König Der Stern, der uns versprochen war,
Ging vor uns her ganz hell und klar
Er leuchtet uns mit seinem Schein,
Zu suchen nach dem Jesulein.

Herodes Wo ist denn dieser seltsame Stern?
Den möcht ich auch gleich sehen gern;
Damit ich auch erkenne daran,
Was dieser Stern bedeuten kann.

3. König Der Stern hat verloren seinen Schein,
Der König muß dahier wo sein.
Jetzt reiten wir auf die Heide hinaus,
Und fragen dort die Hirten aus,
Ob sie denn nichts vernommen haben
Vom neugebornen Königsknaben.

Herodes Die Red' hat mich so sehr erfreut,
Ihr lieben Herrn, in meinem Reich
Nun forschet nach dem Kindelein
Mit Fleiß, wo es mag geboren sein.

Und wenn ihr es habt gefunden,
So kommt wieder her zur Stunden,
Damit ich auch hinreis' und es anbeten tu;
Sonst hab' ich Tag und Nacht kein Ruh. *(ab)*

11. Szene

2. König Der Fried', Herr König, sei mit euch.

1. König Fort, fort, wir habn schon hohe Zeit.

2. König Wohin wird dann unsre Reise sein,
Damit wir finden das neugeborne Kindelein?

1. König Wer wird uns solche Botschaft sagen?

3. König Müssen halt die Hirten drum fragen.

2. König *(zu den Hirten:)* Ihr armen und einfältigen Leut,
Wir suchen euch schon lange Zeit.
Sagt uns, ob ihr denn nicht wißt,
Wo der neugeborne Christkönig zu finden ist?

Hirt Lomo Ihr Herren und Könige alle drei!
Das werdn ma euch wohl sagen glei:
Gehts aussi vor d' Stadt und drausterhalb
Vor Bethlehem im Ochsenstall
Dort werdet ihr schon finden
Das neugeborne Christkindel. *(ab)*

12. Szene

1. König Fürwahr, das muß was Neues sein!
Vor Wunder kann ich mir's nicht bilden ein.
Daß ein König geboren sei in einem Stall,
Das hört man nicht, man reis't aus über Berg und Tal!
(Lied:) Sie saßen auf und ritten dahin,
Der vorige Stern kam wieder zu ihn'n.
Er weist ihnen die rechte Straßen.
Er weist ihnen den Königssaal
Zu Bethlehem in einem Stall,
Wo Joseph und Maria saßen.

2. König Fürwahr, fürwahr! Das ist der Stern,
Den wir zuvor hätten gesehen gern!
Auf, auf, ihr Herren Könige zwei!
Dem Stern wolln wir nachfolgen frei,
Und laßt uns nicht lang stille stehn;
Dem Stern wollen wir geschwind nachgehn,
Der uns so weit geführt hat
Aus unserm Land in die Davidsstadt.

3. König Jetzt seh ich schon das Jesulein
Und Joseph und Maria beim Krippelein.

13. Szene

Maria *(Lied:)* O Joseph mein!
Was muß das für ein Getümmel sein?
Die Pauken hör' ich schallen,
Die Trummel hör ich knallen.
O Joseph mein!

Joseph *(Lied:)* O Jungfrau rein!
Vor Wundern kann ich mirs nicht bilden ein.
Das muß was Neu's bedeuten.
Daß so viel Herrn herreiten
Von Bethlehem!

Maria *(Lied:)* O Joseph mein!
Ob sie wohl bei uns kehren ein?
Tu doch zu ihn'n hinaustreten,
Du kannst uns leicht erretten;
O Joseph mein.

14. Szene

Joseph *(Lied, zu den Königen:)*
Ihr Herren mein!
Wo wollet ihr denn kehren ein.
Mit einer so großen Menge?
Die Häuser sind zu wen'ge
In Bethlehem.

Drei Könige *(singen:)* Ihr Befreundete mein!
Wir begehren nicht in die Stadt hinein,
Sondern wir wollen gehen,
Sondern wir wollen stehen,
In den Stall hinein.

Joseph *(Lied:)* Ihr Herren mein!
Nur arme Leut da drinnen sein,
Ein Ochs und auch ein Eselein,
Dazu das arme Kindelein,
Das Jesulein.

Drei Könige *(singen:)* Ihr Befreundete mein!
Jesus ist das kleine Kindelein;
Laßt uns zu ihm eintreten.
Daß wir das Kind anbeten
Das Jesulein!

Joseph *(Lied:)* Ihr Herren mein!
So kommet nur mit mir herein
Allda werdt ihr schon finden,
Wie ihn die Lieb' tut binden,
Das Jesulein.
(Die Könige folgen Joseph an die Krippe.)

15. Szene

Lied der Könige

Seie, o Jesulein, seie gegrüßt,
Der du ein König der Könige bist,
Voll der Barmherzigkeit,
Des Lebens Süßigkeit,
Hoffnung und Freud!
Zu dir, o Jesulein,
Seufzen wir all!
Zu dir, o Jesulein,
Schreien wir all,
Trauernde, weinende,
Betrübte, elende
Kinder Hevä.

Eja, sprich, Gott, für uns,
Wie wir hier sein.
Nach diesem Leben führ'
Uns zu dir ein.
O gütiges, o mildes, o süßes,
O trostreiches Jesukindlein!

16. Szene

1. König *(kniet nieder und opfert)*
Grüß dich Gott! Maria rein,
Mitsamt dem kleinen Kindelein!
König Kasper bin ich genannt,
Ich zieh herbei aus dem Morgenland.
Das Gold ich dir verehren werd,
Weil du Mensch geworden auf Erd.
O du liebes Jesulein,
Tu uns Sündern gnädig sein!

2. König *(kniet und opfert)*
Grüß dich Gott, Maria rein,
Mitsamt dem kleinen Kindelein!
König Melcher bin ich genannt,
Den Weihrauch bring ich mit meiner Hand
Der Rauch'n steigt zu Gottes Thron,
Das bedeutet: du bist Gottes Sohn.
O du liebes Jesulein,
Tu uns Sündern gnädig sein!

3. König *(kniet und opfert)*
Grüß dich Gott, Maria rein,
Mitsamt dem kleinen Kindelein
König Balthaser ist mein' Nam,
Weil ich komm aus Mohrenland.
Du sollst unser Heiland Jesus sein,
Drum opfere ich dir den Myrrhenwein.
Der Myrrhenwein g'hört zum Gericht,
Steh uns bei beim Jüngsten Gericht!
O du liebes Jesulein,
Tu uns Sündern gnädig sein!

Joseph u. Maria Sag Dank, sag Dank, ihr Herren gut,
Was ihr dem Kind verehren tut.
Gott wird euch schon belohnen
In dem hohen Himmelsthrone!
(Die Könige entfernen sich von der Krippe.)
(Lied:) Nun hat Maria das Opfer empfangen
Von die Heiligen Drei König aus fremden Landen,
Alsbald sie von dannen reiten.
Die Prophezeiung ist worden erfüllt,
Sie zogen in Gottes Geheimnis.

17. Szene

Engel *(tritt auf)* Ihr Herren, höret und stehet still!
Merkt auf, was ich euch sagen will!
Herodes ist ein boshafter Mann,
Er hat geschrieben in jedes Land,
In alle Städte und Straßen:
Er will umbringen lassen

Alle neugebornen Knäbelein,
So eins oder zwei Jahr alt sein.
Ihr Herren, merket also gut,
Und ziehet heim in gutem Mut!

2. *König* Engel, die Wahrheit ist zu nehmen an;
So ziehn wir heim auf einer andern Bahn.
So sein wir bald aus aller Gefahr
Und bleibt der neugeborn Christkönig bewahrt.
(Engel und Könige ab)

18. Szene

Kalfas *(tritt auf)* Ihr Menschenkinder kommt herbei!
Seht an, was dort geschehen sei!
Daß die Heiligen Drei Könige hier
Gebogen haben ihre Knie.
Sie waren entfernt vierhundert Meil,
Und sind hergreist in schnellster Eil!
Darum, o Menschen, geschwind
Betracht's das schöne Jesukind,
Wie es uns erlösen tut
Aus der ewig'n Pein und Höllenglut! *(ab)*

19. Szene

Maria *(Lied:)* O Joseph mein!
Hilf du mir wiegen das Kindelein.
Hilf du mir's wiegen und bewahr'n,
Daß ihm nichts Leides tut widerfahr'n,
Dem Kindelein
Im Windelein.

Joseph *(Lied:)* O Jungfrau rein!
Jetzt hilf' ich dir wiegen das Kindelein,
Jetzt hilf ich dir's wiegen und bewahr'n,
Daß ihm nichts Leides tut widerfahr'n,
Dem Kindelein
Im Windelein.

20. Szene

(Zwei Juden treten auf.)

1. Jud Ei Bruder, in mein' Buch steht was Neu's.

2. Jud Bei mir auch.

1. Jud Bei mir stehts: Heitrenei.

2. Jud Und bei mir: Schelmachei.

1. Jud Da müssen wir ein wen'g tanzen dabei.

Lied (Die Juden tanzen.)

Jud', warum gehst du in d' Synagog?
Heitrenei, Schelmachei, wiederum hei, hei!
Jud', warum bußt du die Sau aufs Loch?
Heitrenei, Schelmachei, wiederum hei, hei!
Jud', daß du im Handl alle Christen bescheiß'st,
Heitrenei, Schelmachei, wiederum hei, hei!
Sagt der Jud, das sein die zehn Gebot.
Heitrenei, Schelmachei, wiederum hei, hei!
Zrissne Bandel, es is ein Spott!
Heitrenei, Schelmachei, wiederum hei, hei!

(Nach dem Tanz)

1. Jud Grüß Gott, grüß Gott, grüß Gott!

2. Jud Dank dir Gott, dank dir Gott, dank dir Gott!

1. Jud Ei, Bruder, wo bist du so lang gwösen?

2. Jud Z' München und Drösden bin i gwösen.

1. Jud Ei Bruder, was hast du dort gemacht?

2. Jud Alle Christen b'schissen und ausgelacht.

1. Jud Ei Bruder, das gfreut mich!

2. Jud Und mich auch!

1. Jud Ei Bruder, was hast du mir Neu's mitbracht?

2. Jud Alle guetn Sachen hab ich dir mitgebracht:
Karton, Kartis, Schallmai, Schalmankes Tuch,
Baumwollene Strümpf,
dein' Weib was aufs Knie,
dein' Weib was auf'n Buckel,
gute Schnupftüchl und alle guten Sachen,
die 's d' habn willst, hab ich dir mitgebracht.

1. Jud Ei Bruder, laß nur segn, ich kauf dir was ab.
(Jetzt handeln die Juden.)
Ei Bruder, ich weiß was Neu's.

2. Jud Was solls sein? was solls sein?

1. Jud Es soll ein König geboren sein unter den Christen.

2. Jud Soll das sein? soll das sein?

1. Jud Das müssen wir unserm König zu wissen machen.

2. Jud Geh du voran,
Du bist der größre Mann.

1. Jud Geh du voran,
Du hast ein Paar Stiefel an.

2. Jud Ei Bruder, geh wir mit samma.
(Herodes tritt auf.)

21. Szene

Beide Juden *(zu Herodes:)* Großmächtigster Herr und König,
Bei uns gibts gar wenig.
Es sein drei Weisen gekommen in unser Land,
habn dem neuen König geopfert:
Weihrauch und Myrrhen und rotes Gold;
wie gfall't dem Herrn die Sach?

Herodes Schert euch, Verbrecher! 's ist das Best',
Daß euch der Tod das Herz abstößt. *(Juden ab)*

22. Szene

Herodes Komm her, Tragand.

Tragand *(kommt)* Hier steh ich gegenwärtig schon.
Euer Majestät, was schaffens an?
Mit aller Untertänigkeit
Bin ich zu eurer Majestät Dienst bereit.

Herodes Geh hin, Tragand Annas,
Zum hohen Priester Kalfas,
Auf daß er sich bei mir einfind't,
Auf daß mein' Will'n ein G'nügen gschieht.

Tragand Königliche Majestät! Mit größter Höflichkeit.
Bring ich ihm diese Befehlung bei.
(Geht zu Kalfas.)

23. Szene

Tragand Kalfas, die königliche Majestät,
Gleichwie 's mir anbefohlen hätt',
Laßt euch sagen, daß ihr zu ihm
Hinkommen sollt ohne Grimm;
Gleich sollt ihr kommen dahin.

Kalfas Geh hin, Tragand und sag diese Wort':
Ich werd' mich bald einfinden dort,
Ich werd' kommen in sein Haus,
Richt mir eine schöne Empfehlung aus.

24. Szene

Tragand *(zu Herodes:)*
König, der hohe Priester laßt sich schön empfehl'n,
Er wird sich bald ins Zimmer herstelln.

25. Szene

(Kalfas tritt vor Herodes hin.)

Herodes Kalfas, du hoher Priester und schriftgelehrter Mann,
Sag mir wahrhaftig und treulich an,
Zeig mir aus der Heiligen Schrift,
Ob drin steht das neue Gedicht oder nicht.
Denn ich hab' mich schon besunnen
Und hab mir schon vorgenummen,
Umbringen z' lassen alle Knäbelein,
Die eins oder zwei Jahr alt sein.
Jetzt zeig du mir treulich an:
Ob die Schrift was meld't davon?

Kalfas Großmächtiger Herr und König,
Fürwahr gibts bei uns sehr wenig.
Die Heilige Schrift zeiget uns an,
Daß ein König über alle Könige ist kommen an.
Dahier liegts in einem Buch verborgen,
Ich findt es heut am rechten Morgen;
Da steht bei dem Propheten Michäas geschrieben:
»Du, Bethlehem, bist keine aus den geringsten
fürstlichen Städten; denn von dir soll hervorgehen de
der mein Volk Israel regieren wird.«
Aber Herr König tu dich wohl besinnen,
Daß d' nicht mußt in der Hölle ewig brinnen.
In der Höll ist dir bald ein Sitz bereit,
Der wird dauern in Ewigkeit.
Zum Schlusse sei dir das gesagt,
Herr König! Eine gute Nacht. *(ab)*

26. Szene

Herodes Du lügst mit sammt deinem Buch!
Verflucht, wer mir will werden zugleich,
Der mich wollt bringen aus mein' Reich!
Wer mich um meinen Thron will bringen,
Der muß mir über die Klingen springen. *(ab)*

27. Szene

Chor Ihr Herren und König, flieht eilends geschwind!
Besuchet Maria und Joseph und 's Kind!
Küßet ihn,
Lobet ihn,
Benedeit Gott! –
Der euch so viele Gnad'
Erwiesen hat.

1. König Gott sei gelobt
Im höchsten Thron,
Der uns gesandt
Sein' liebsten Sohn,
Der uns tut zu erkennen geb'n,
Die Wahrheit und das ewig' Leb'n.

2. König Willig und dankbar
Müssen wir sein
Gegen das neugebor'n
Christkindelein,
Das uns Sünder erlösen tut
Aus ewiger Pein und Höllenglut.

3. König Willig und dankbar
Müssen wir sein
Gegen das neugebor'n
Christkindelein.
Denn Undankbarkeit ist nicht gut,
Da uns Gott schwer bestrafen tut.

Drei Könige Joseph, du alter Greis!
Bewahr das Kind mit Fleiß. *(ab)*

28. Szene

Kalfas *(tritt vor)* Komm herbei, du Menschenkind,
Betracht das liebe Jesukind!
Wie es auf die Welt ist kommen,
Hat es die G'stalt schon angenommen,
Gleich ein verächtlicher Knecht;
Es weis't uns den Weg zum Himmelreich.
O Jesulein! Bist noch so klein,
Die Leut tun dich schon hassen.
Hat Herodes schon
Ausgeschrieben wohl
Auf alle Länder und Straßen.
Umbringen laßt er alle Knäbelein,
So eins oder zwei Jahr alt sein.
Über Gott im Himmel wird dich bewahr'n,
Und wird ihm stillen seinen Zorn. *(ab)*

29. Szene

Maria (*Lied:*) Jesulein, schöns Kindelein,
Bist so gar verlassen!
Liegst im kalten Krippelein
Schier auf freier Straßen.
Jesulein, schöns Kindelein,
Soll dich denn nicht frieren?
Liegst im kalten Krippelein
Zwischen zweien Tieren!

Joseph Da zwischen Ochs und Eselein
Liegst du im schlechten Stalle;
O kommt, o kommt ihr Vögelein!
Laßt eure Stimm' erschallen.
Die Nachtigal kommt auch herbei,
Läßt ihre Stimm erschallen,
Sie setzt sich auf das Krippelein
Und singt dem kleinen Kindelein.

Maria O Joseph, liebster Joseph mein!
Das Kindlein will nit schlafen,
Es frierst in seine Füeßelein,
Und hat die Äuglein offen.
O schlaf! du armes Jesulein,
In deinem kalten Krippelein!
Schlaf, Jesulein!

30. Szene

Engel (*tritt auf; zu Joseph:*)
Joseph, Joseph! Steh auf geschwind!
Nimm die Mutter mitsammt dem Kind.
Nimm sie bei der rechten Hand,
Flieh' mit ihr in's Ägyptenland.

Joseph Ach weh, ach weh, ein so weite Reis'!
Ich weiß kein Weg, der mich hinweis't.

Engel Ich bin ein Engel und ich werd dich führn,
Daß du den Weg nicht kannst verliern.

Joseph Maria, Maria, laß dir sagn,
Wir müssen uns noch weiter wagn.
Ich und du und das Kindelein
Müssen ziehen nach Ägypten hinein.

Maria Mein lieber Mann, ich bin bereit,
Dir nachzufolgen allezeit.
Eilends fort, daß uns der schnell'
Zorn Herodes' nit überfällt!
(Engel, Maria und Joseph mit dem Kindlein ab.)

31. Szene

Herodes *(tritt auf)* Jetzt weiß ich, daß ich bin betrogen,
Daß mir die drei Weisen habn vorgelogen.
Aber jetzt weiß ich, was ich werde tun,
Daß ich erhalte mein Königtum.

32. Szene

Engel *(tritt vor Herodes hin)*
Herodes, Herodes! Ich tu dich warnen;
Der Teufel tut auf dich schon warten.
Er wetzt ihm schon sein' Zähn' und Krall'n,
Er führt dich in die Höllenqual'n.

Herodes Engel, der Rat geht mir nicht ein,
Ich will einmal König Herodes sein.
Ich bin einmal zum König geborn,
Erfüllet muß mir werd'n mein Zorn.
Komm her Tragand! *(Engel ab)*

33. Szene

Tragand *(kommt)* Hier steh ich gegenwärtig schon.
Euer Majestät was schaffen s' an?
Mit aller Untertänigkeit
Bin ich zu eurem Dienst bereit.

Herodes Geh hin, Tragand, nach Bethlehem hinein,
Und töt' mir ab alle Knäbelein,
So eins oder zwei Jahr alt sein
Und bring mir eins zum Augenschein.
So bin ich doch der König genannt
Und steht mein Land in gutem Stand.

Tragand O Herr, das wär wider das Gebot
Das uns gegeben der gerechte Gott.
Ich will lieber den Dienst des Herrn vermeiden,
Als wider Gott im Himmel streiten.

Herodes Willst du nicht tun nach meinem Gebot,
Sterben müssen s' dennoch ohne Gnad.
Ich glaube, es wird doch besser sein,
Es sterben alle Knäbelein,
Als daß ich von Thron sollt' gestoßen sein!

Tragand Bitt doch, herzliebster König mein!
Verschont mich und die unschuldig'n Knäbelein!

Herodes Das Bitten ist bei mir umsunst;
Willst du erhalten mein Gnad' und Gunst,
So tu, was ich dir befohlen hab;
Sterben müssen sie ohne Gnad. *(ab)*

34. Szene

Tragand Muß ichs tun, so will ichs tun,
Aber ich wills nicht verantworten,
Das laß ich auf meinen Herrn ankommen.
Bei Gott! Bei Gott!

35. Szene

Tragand Kommt her, ihr lieben Eltern mein,
Mit euren herzlieben Kinderlein!
Der König hat ein gut's Gedenken
Er will ein'm jeden zwei Strich Erdöpf'l schenken.
Aber liebe Leut, ihr seid betrog'n
Der König hat euch vorgelog'n
Sein Gnad' könnt ihr euch nicht erwerb'n
Eure herzlieben Kinder müssen sterb'n
Weil es der König so haben will
Nun gehet hin und schweiget still.
(Tragand ab, er kehrt zurück mit einem toten Knäblein und zeigt es Herodes.)

36. Szene

Tragand *(zu Herodes)*
König nach eurem Willen ists geschehn;
Ich hab' getöt' alle Knäbelein,
So eins oder zwei Jahr' alt sein.
Es werden an der Zahl bei 40 000 sein.
Da habt ihr eins zum Augenschein!

Herodes Gut, Tragand! Für solche Fratzen
Geb ich kaum für drei ein' Spatzen!
Jetzt glaub ich, daß ich denjenig'n getöt' werd' hab'n,
Der mich wollt bringen um mein Szepter und Kron'.
Jetzt liegt er da im Staub und Kot –
Noch zu meinem Schand und Spott.

Tragand Aber mein König, ihr sollt es wissen,
Wie beschwert ist nicht euer G'wissen!
Der höllisch' Hund tut euch schon plag'n,
Daß ihr möcht't verzweifeln und verzagn.
Das sei euch zum Beschluß gesagt.
König Herodes, eine gute Nacht. *(ab)*

37. Szene

Die Schifferin *(Lied:)* Wann mein Schifflein wird anlenden
An dem Port der Ewigkeit,
Wann sich wird mein Leben enden
Und wird sein der letzte Streit;
O Maria steh' zur Seiten!
Laß mich dir befohlen sein!
Hilf mir dann mein Schifflein leiten,
Hilf, o liebste Mutter mein!

Herodes Ach weh! Ach weh! Was hab' ich getan?
Wohin? Wo aus? Was fang ich an?

Schifferin Wenn mich alle Freund' verlassen
Und ich keinen Trost mehr find,
Wollest mich mit Lieb umfassen,
Nicht gedenk an meine Sünd.

O Maria, Brunn' der Gnaden
Reich mir deine milde Hand,
Tu' mich vor dem Feind bewahren,
Nimm mein Seel' in deine Hand!

Herodes Ach, wie brennt mich mein Gewissen!
Hat mich recht der Teufel b'schissen!

Schifferin Gähling kommt die Stund zum Sterben,
Da man kein Gedanken hätt';
Herodes schätzt ihm noch viel Jahre
Und zur Stund ist sein Leb'n weg.
Wann einst ich von hier muß scheiden
Und sollt gehn in d' ewige Pein –
Lenk' mein Schifflein, hilf mir streiten,
Hilf', o liebste Mutter mein!

Herodes Ich hab mein Szepter und Kron
Höher geschätzt als Gott,
Drum muß ich sterben schon,
Sterben den gähen Tod.

Schifferin Weil jetzt kommt die Stund zum Sterben
Ich die Welt verlassen muß.
Tu mir deine Gnad' erwerben
Nur dem Satan zum Verdruß.
O Maria, Schild der Seelen,
Muß ich treten vor dein Kind,
Tu dich auf die Seitn stellen,
Wo geschrieben steht mein Sünd'. *(ab)*

38. Szene

Engel *(kommt)* Herodes hätt'st du auf mich geacht'
Du hätt'st noch lang zun leben g'habt.
Du hast mir aber nicht folgen wolln,
Jetzt wird dich gleich der Teufel hol'n. *(ab)*

Herodes Engel, die Reu ist schon zu spat,
Weil mich der höllisch Hund schon plagt;
Weils aber nicht mehr anders kann sein,
So geb ich mich ganz geduldig drein.
Hier leg ich ab mein Szepter, Schwert und Kron,
In der Hölle bekomme ich meinen Lohn.
In der Hölle ist mir ein Sitz bereit,
Der wird dauern in Ewigkeit.
Reicht mir ein Messer in meine Hand,
Daß ich meinem Leben ein End machen kann.

(Herodes sticht sich hinein, dann ruft er sterbend:)

Ach weh, ach weh! Der schnellen Reis',
Ach weh, ach weh! Der kurzen Zeit!
Ach hätt ich mir's gebildet ein!
O die Pein! O die Pein!
Die ich allda muß leiden. *(er stirbt)*

Kalfas *(tritt auf)* Ihr lieben Christen insgemein!
Laßt uns alle recht dankbar sein.
Loben wir Gott den Herren schon,
Der uns gesandt hat sein' lieben Sohn.
Herodes war ein starker Tyrann,
Der das Kind getöt' wollt hab'n.
Aber die Kunst hat ihm gefeilt,
Gott der Herr hat ihn übereilt,
Drum hat er gnommen ein grausams End',
In der Höll' wird er jetzt ewig gebrennt.
Gott möcht' uns alle behüeten davor:
Das wünsch' ich euch und uns alln zu einem neuen Jahr.

Sagen zur Weihnachtszeit

Die Frühmesse

Ein in der katholischen Christenheit allgemein üblicher Gottesdienst ist zur Adventszeit die Frühmesse unter dem Namen Rorate. Ein Fräulein in Salzburg, das nie diese Messe versäumte, erwachte einst, wie sie glaubte, um fünf Uhr. Eiligst zog sie sich an und eilte zum Dom. Obwohl verwundert, daß die Straßen ganz leer waren, ließ sie sich nicht aufhalten, da sie die Töne der Riesenorgel vernahm, die man selbst bei Tage zwei Plätze weit hört. Sie tritt auf den Domplatz und sieht die Fenster hell erleuchtet, an der Kirche angelangt, findet sie aber die Türen verschlossen. Verwundert geht sie hin und her, sie hört deutlich den Schlußgesang des Hochamtes. Plötzlich schlägt es vom Domturme ein Uhr. Das waren die Bewohner vom Untersberg, die namentlich in der Adventszeit ihre Höhlen verlassen und vorzüglich im Dom von Salzburg und in Seekirchen ihren Gottesdienst feiern. Die Sage spricht von einem unterirdischen Gang, der die Verbindung herstellt.

Wasser in Wein

In Niederösterreich (z. B. Amstetten u. a. D.) herrscht der Glaube, daß alle Brunnen in der Heiligen Nacht um die zwölfte Stunde anstatt Wasser den besten Wein enthalten. Ein Knecht, der davon gehört hatte, wollte sich einen guten Tag machen und ging daher um die zwölfte Stunde zum Brunnen und fing an zu schöpfen. Da erhielt er von unsichtbarer Hand eine so derbe Maulschelle, daß ihm Hören und Sehen verging.

Auch in Deutschböhmen glaubt man, daß sich in der Christnacht Wasser in Wein verwandle. Die haben's erfahren, welche absichtslos dazu gekommen sind. Ein Mädchen aber, welches in dieser Absicht um 12 Uhr an das Wasser ging, und nachdem sie gekostet, ausrief: »Jetzt ist das Wasser Wein«, vernahm eine Stimme aus dem Wasser: »Und dein Kopf ist mein.« Nie hat man das Mädchen wieder gesehen.

Auf ähnliche Weise sind auch in Niederösterreich manche für ihren Frevel gestraft.

Die Tiere sprechen zur Weihnacht

Schneeberg. Am Christabend soll den Tieren menschliche Sprache verliehen sein. Ein Bauer, der die Sprache der Tiere am Christabend sehr in Zweifel zog, wollte sich überzeugen und beschloß, sich am Christabend in den Ochsenstall zu schleichen, um das Gespräch der Tiere anzuhören. Er horchte mit ängstlicher Spannung auf die Worte der Ochsen. Nach kurzer Zeit hörte er einen der Ochsen zum anderen sagen: »Diese Woche haben wir aber noch ein schweres Stück Arbeit zu verrichten.«

»Wie ist denn das möglich?« erwiderte der andere. »Der Herbst ist vorbei, es gibt nichts zu pflügen und zu ackern mehr, auch das Holz haben wir schon gefahren. Was ist denn noch zu arbeiten?«

Hierauf sprach wieder der andere: »Denke dir nur, in dieser Woche stirbt unser Herr, und dann müssen wir seine Leiche zum Friedhof fahren.«

Als der Bauer dies hörte, stieß er einen Schrei aus und fiel in Ohnmacht. Auf den Schrei ihres Herrn stürzten die im Hofe beschäftigten Knechte in den Stall und schafften den Bauern zu Bette. Des anderen Tages erzählte der Bauer das Geschehene allen Freunden, die ihn besuchten. Wirklich erkrankte der neugierige Bauer und starb noch in derselben Woche. Es sollen die Worte des Ochsen in Erfüllung gegangen sein, denn sie mußten noch dieselbe Woche die Leiche ihres Herrn zum Friedhof fahren.

Sagen zum Heiligen Abend

Aus Frauenburg. Am Heiligen Abend nimmt man sieben Schalen und legt unter jede Schale einen Gegenstand, und zwar: einen Schlüssel, einen Kreuzer, eine Eierschale, eine Kohle, ein Stück Eisen, einen Stöpsel und eine Gänsefeder. Diese Gegenstände haben verschiedene Bedeutungen. Wer zum Beispiel die Schale mit dem Schlüssel wählt, wird noch im gleichen Jahre Hausherr u. dgl. Am Neujahrstag gehen die jungen Leute zu den alten Weibern und diese geben ihnen Zucker mit Essig in den Mund, was gegen Geldmangel helfen soll. Andere reiben sich unter den Armen mit Fett ein, was als ein sicheres Mittel gegen Zahnschmerzen angesehen wird. Manche machen in einen Zwirnfaden Knöpfe und beten ein Vaterunser dabei. Das ist ein sicheres Mittel gegen Kopfschmerzen.

Mettenheu

Bevor der Bauer zur Christmette geht, macht er ein Bündel Heu (»Mettenheu«) zurecht und legt es auf den Mist, wo es bleibt, bis er von der Kirchenfeier heimgekommen ist. Dann nimmt er das Heu und gibt es dem Vieh im Stall zu fressen, damit es vor Hexerei und Seuche bewahrt bleibe.

Petrus und Ruprecht

Im Erzgebirge (Eisenberg) erscheinen am Weihnachtsabend die Heiligen Petrus und Ruprecht. Letzterer tritt, nachdem er von Petrus gerufen ist, in schwarzer Verkleidung, mit Rute und Sack herein und spricht:

Ich komme geschritten.
Hätt' ich ein Pferdlein,
so käm' ich geritten;
Ich hab' wohl eins im Stalle stehn,
aber es kann nicht über die Schwelle gehn.

Der Heilige Abend

In Mank (Niederösterreich) besteht die Sitte, daß am Heiligen Abend nach dem Aveläuten und nach den üblichen Gebeten die ganze Bauernfamilie, welche den Tag über gefastet hat, sich zu Tisch setzt. Alles bleibt still und ruhig, bis der Hausvater abermals das Tischgebet gesprochen und dem Gesinde das Zeichen zum Spielen gegeben hat. Kaum hat man einige Stunden gespielt, so wird heftig an der Hausglocke gezogen. Wer ist's? – Und bald lautet die Antwort »die Christschau«. Es treten zwei Kirchenbuben mit roten, langen Kleidern herein; ihnen folgt ein mächtiger Kasten, von einem alten Kirchendiener getragen. Schnell ist ein kleines Gerüst aufgerichtet, der Kasten daraufgestellt und alle Vorbereitungen werden getroffen, »den Christ« zu zeigen. Unterdessen haben sich alle Hausbewohner um den Kasten versammelt und betrachten ihn mit neugierigen Blicken. Endlich wird das Brett weggeschoben und es zeigt sich eine liebliche Gegend mit Hirten, Jägern, den drei Königen, und im Hintergrund der Stall.
Die zwei Bauernbuben, welche mit Lichtern vor dem Kasten stehen, fangen nun mit heller Stimme zu singen an:

»Da Christ da is kuma,
hot Sinden uns g'numa,
hot von Daif'l befraid,
dö Kinda und Lait!«

Hat der alte Kirchendiener alles, was das Bild zeigt, erklärt, so beginnen die Kirchenbuben abermals, wie folgt:

»Dö Hird'n af'n Fäld,
dö hona bloßd in d' Wäld
unsarn Christ.
Dö drai Kini hon brocht
Gold, Mirra und Wairauch in Brocht
unsarn Christ.
Get's bringt's erm a was
a Gäld oda so was
unsarn Christ.«

Darauf legt jeder Anwesende ein Geldstück in eine Büchse.

Theodor Vernaleken

Die Feiertage und ihre Rezepte

Glaube und Aberglaube

Auch um die Gerichte der Festtage ranken sich Glaube und Aberglaube. Nicht alles darf zu jeder Zeit gegessen werden. Denn auch hier hat vor allem das ländliche Brauchtum strenge Regeln, die zu durchbrechen eine Zerstörung des ganzen Festtages bedeuten würde. So ist das Schweinerne untrennbar mit den Weihnachtstagen verbunden oder die Martinsgans mit dem Festtag des heiligen Martin, dem 11. November. Die Gans ist für die winterlichen Feste zu besonderen Ehren gekommen, und das nicht nur in jüngster Zeit, wie die oben angeführte Predigt des Pater Junghans von 1740 deutlich zeigt. Strenge Fasttage wie der 23. und 24. Dezember, an denen höchstens getrocknetes Obst oder eine Brotsuppe gegessen werden darf, wechseln mit Schlemmertagen, für die so mancher Bauer das ganze Jahr über gespart hat. Die Schilderung von Peter Rosegger: »Wie ich die Christtagsfreude holen ging«, zeigt auf das eindrucksvollste den Stellenwert von solchen für das ländliche Leben außergewöhnlichen Kostbarkeiten wie Zucker, Zimt, Mandeln und Zitronat.

Schon die Namen der Gerichte deuten in vielen Fällen auf Tag und Gelegenheit hin, bei welchen sie verzehrt werden sollen. Jede Region, jede Stadt und jede Gemeinde hat, wie auch in der Tracht, ihre besonderen Eigenheiten und Spezialitäten in der hohen Kunst der Küche – sind es die Nürnberger Lebkuchen, die Quittenpaste aus Kloster Ettal oder der Rauchwecken aus München. Gebäck und Speise hatten auch schon oft noch aus vorchristlicher Zeit herrührend magische, symbolische und religiöse Bedeutung. Hier sei nur an die lange Geschichte der Gebildbrote erinnert. Für den gesamten Alpenraum sind, auch wenn die Namen unterschiedlich sind, das Kletzenbrot, die Weihnachtsgans, das Schweinerne zum Christtag, Bratäpfel, Marzipan und Lebkuchen untrennbar verbunden. Daß von geweihtem Essen, gebacken oder gekocht, an den dafür bestimmten Tagen auch die Tiere zu essen bekamen und nicht nur sie, auch die Geister, die vier Elemente oder die Winde, zeigt, wieviel mehr man mit Essen verband, als nur wohlschmeckende Nahrung.

H. C. E.

Predigt des ehrwürdigen Pfarrer Junghans aus dem Jahre 1644

Weil es die Gänse in der lieben Weihnachtszeit gar übel haben, wollen wir unsere Weihnachtsgans betrachten: Erstens im Leben, zweitens im Tode.

Wir werden sehen, was wir an ihr christlich lernen können, was Gott uns an derselben zu studieren gegeben hat. Was also das Leben der Gans anlangt, so haben wir zu lernen:

Erstens ihre Tugenden. Unter diesen steht die Geselligkeit an erster Stelle. Gänse halten nicht allein zusammen und lieben also die Gesellschaft, sondern sie halten sich auch gern zu den Menschen. Das soll uns zu Gemüte führen, daß wir uns auch zu unseresgleichen und zu Besseren, denn wir selbst sind, halten sollen. Die Gänse gesellen sich aber nicht zu Adler, Geier, Habicht und dergleichen Raubvögeln; also sollen wir uns zu frommen Herzen gesellen, nicht aber zu gottloser Gesellschaft uns halten. Denn es heißt: Bei den Frommen bist du fromm, bei den Reinen bist du rein, aber bei den Verkehrten bist du verkehrt.

An zweiter Stelle steht unter den Tugenden der Gans: die Reinlichkeit. Eine Gans ist gern an reinen Orten und badet sich oft im Wasser. Darum befleißigt euch der Reinlichkeit und trachtet danach, daß ihr sowohl am Leibe als auch am Gemüt rein seid. Vor allem wisset aber, ihr Frauen und Mädchen, daß euer vornehmster Schmuck und euer zierlichstes Kleid Scham und Zucht ist, aber nicht Gold und Perlen oder köstliches Gewand oder silberne und goldene Zöpfe, die heutigen Tages bei den Modedamen so beliebt sind.

An dritter Stelle steht unter den Tugenden der Gans nun die Wachsamkeit. Weil die Gänse so sehr hitzig sind, so schlafen sie wenig und wachen schnell beim kleinsten Geräusche auf. Solches soll uns eine feine Aufmunterung sein zur Wachsamkeit, einem jeden in seinem Amte, Stande und Beruf. Im geistlichen Stande soll keiner des großen Gottes Worte vergessen: »Du Menschenkind, ich habe dich zum Wächter gesetzt«, da soll keiner ein stummer Hund sein, sondern getrost rufen und seine Kirchenkinder aus dem Sündenschlaf aufrütteln. Im weltlichen Regierungsstand aber soll jeder für seine Untertanen wachen und sie vor aller Gefahr behüten.

An vierter Stelle steht unter den Tugenden der Gans: die Schamhaftigkeit. Manchem, der sich Christ nennt, sollte es die Schamröte ins Gesicht jagen, daß er in dieser Tugend von einem Vogel übertroffen wird; denn was für unverschämte Worte, ja Taten werden oft im

Beisein kleiner Kinder, vor züchtigen Ohren und Augen geredet und vorgenommen? Will doch Scheu und Scham fast verlöschen.
An fünfter Stelle endlich steht unter den Tugenden der Gans: eine natürliche Verschlagenheit, welche sonderlich an den wilden Gänsen wahrzunehmen ist und die sich in vorsichtigem Stillschweigen bei Gefahr offenbart. Wollte Gott, mancher Mensch wäre so klug, daß er sich ein Schloß an seinen Mund legte und ein fest Siegel auf seinen Mund drückte. Die natürliche Verschlagenheit der Gans aber zeigt sich auch in kluger Mäßigung und Enthaltung von Speisen, die der Gänsenatur zuwider sind. Die hitzigen Lorbeerblätter rühren die Gänse zum Beispiel nicht an, und sollten sie Hungers sterben. Sie sind also auch in dieser Hinsicht klüger als manche Menschen, die maßlos viel Essen und Trinken in sich hineinschütten.
Nachdem wir also die Tugenden der Gans kennengelernt haben, wollen wir uns sodann ihre Laster vergegenwärtigen.
Dazu gehört zunächst die Schwatzhaftigkeit; denn des Schnatterns und Datterns ist ziemlich viel bei den Gänsen. Wir sagen daher wohl auch von einem Schwatzmaul: Du schnatternde Gans. Solch Laster aber steht dem Menschen übel; nur Narren haben allen Vorrat im Munde.
Als zweites Laster der Gans sei das viele Trinken genannt. So närrisch sind die Gänse, daß sie, wenn sie andere trinken sehen, sofort mittrinken, wenngleich sie auch gar keinen Durst haben. Dies Laster haben nun in heutiger Zeit viele von den Gänsen gelernt, also, daß sie einander zu Gefallen saufen, auch wenn sie nicht dürstet . . . Die Trunkenheit aber macht einen Narren noch toller, so daß er trotzt und ochst, bis er wohl gebläut, geschlagen und verwundet wird.
Als drittes Gänselaster haben wir uns die Gefräßigkeit zu vergegenwärtigen; denn wegen des vielen Fressens werden die Leiber der Gänse derart beschwert, daß sie sich nicht mehr wie andere Vögel von der Erde erheben können. Also sind auch die Fresser, Völler und Dummen, sie füllen sich derart mit irdischen Dingen an, daß sie ihr Gemüt niemals zum Himmel schwingen können. Seht, so haben wir an einer Gans, solange sie lebt, zu lernen; doch nun lasset uns sie auch noch nach ihrem Tode betrachten.
Wie wir wissen, geben die Gänse von Martini ab einen guten Braten. Verständige Köchinnen wissen ihm einen lieblichen Geschmack zu geben und füllen ihn mit guten Äpfeln und Beifuß.
Ferner liefert uns die tote Gans die Federn für unsere Betten. Was aber gibt es Besseres als ein gutes weiches Federbett, wenn man abends müdegearbeitet und abgeeselt ist? Sanfte Ruh gönnt uns Gott, und darum hat er uns auch die Nacht zum Schlafen gemacht.

Sodann gewinnt man von der toten Gans gar mancherlei Arzneien. Die mitternächtigen Völker mischen, wie Claus Magnus in lib. 39, cap. 6 schreibt, Gänsefett mit Butter und benutzen dies Gemisch zum Blutstillen oder zur Heilung von Geschwüren und Ausschlag. gegen das Schwären der Ohren wenden sie es an. Tun sie noch Honig zu ihrem Gemisch, so sollen sie damit den Biß eines wütigen Hundes heilen. Die Schreibfedern, die so manchen zu hohen Ehren gebracht haben, verdanken wir ebenfalls der toten Gans. Marcus Tullius, Cicero und Terentius Varro waren nur von unbedeutendem Geschlecht, und doch sind sie durch ihre Schreibfedern Bürgermeister von Rom geworden. Martini Lutheri Schreibfeder reichte von Wittenberg bis Rom, und auch sie war von einer Gans genommen. Eine Gänsefeder kann viel zustande bringen; darum heißt es auch im Rätselreim von ihr: »Weil ich leb', so schweige ich; bin ich tot, so kann ich nicht. Wenn man meinen Kopf schneid' ab, zugespitzt den Hals mir hat, da fang ich zu schreien an, daß alle Welt mich hören kann. Ohne mich kann kein König regieren, zu hoher Ehr tu manch' Armen ich führen.«
Weil ihr nunmehr die Gans gründlich im Leben und im Tode habt kennengelernt, so befleißigt euch, daraus den nötigen Nutzen zu ziehen. Dann wird die duftende, braungebratene Weihnachtsgans euch noch einmal so gut munden und bekommen.

Marzapan oder Kraftbrod

»Daß diese Kraftbrod oder Marzapan von den Welschen sampt, der ganzen Apotheke in unser Land bracht sind, zeiget der Nam an, seynd treffliche, wohlschmeckende Küchlin oder Fladen, die Kranken, welchen alle Speiß zuwider ist, damit aufzuhalten, denn sie füren und nähren den Leib trefflich wol, seynd auch anmutig, süß und lieblichen Geschmacks, darumb sie von den Apothekern den reichen Leuten zu den Panketten, Gästungen und Schlafftrünken bereit werden, da sie mer zu unnütz und einem überfluß, dann zu der Arznei, als sie erstmals erdacht sey, gleich wie andere gute Confect, Latwergen und Einmachungen üppiglichen verschwendet werden.

Man pflegt sie also zu machen: Nim' der frischesten süßen Mandeln, schütt sie in ein siedends Wasser, daß die Haut abgeht, stoß die dann ganz klein in einem Mörser, du solt aber je unterweilen ein Tröpflein Rosenwasser daran gießen, damit sie nicht feißt oder ölig werden. Wenn du sie dann fast klein gestoßen hast, so wiege sie ab, und tu als viel gutes weißes Zuckers dazu, oder etwas mehr, der auch rein gestoßen sey, stoß die zwey Stuck im Mörser wol durcheinander, so wird ein schöner weißer Teig daraus, den streich auf Oblaten in ein runds Reiflein, als dick und breit du solche Marzapan, Krafftbrod oder Flädlein haben willst. Dann so leg sie in ein darzu gemachte Kupferin oder irdin Fladenpfann, mit einem Deckel, mach ein fast lind Feuer darunder und darauff, laß es gemächlich bachen und trücknen, hab gut Sorg, daß du es nit verbrennst.

Die Apotheker haben auch vielerley Art, solche Marzapan auf die Panket und Gastungen zu schmucken, mit vergulden, bestecken und bestreuen mit anderem Confect. Etlich, damit diese Fladen oder Marzapan gar schön weiß werden, zerlaßen sie den allerschönsten Zucker, den sie haben mögen, mit gutem Rosenwasser, sieden ihn hart und bestreichen die Flädlein oberhalb damit und lassens austrücknen, ist eine feine, lustige Art, es werden auch die Marzapan fast schön lustig und anmütig darvon. Dergleichen haben sie viel art und weiß nit not all hie zu erzölen. Wöllen also mit diesem guten, wolgeschmackten, wolriechenden Fladen, wie sie gewonnlich zum letzten geben werden auf den Gastungen und Panketten, diß Büchlein geschlossen haben.« (Rezept des 15. Jh.)

In einem »runden reiflein« mit bunten eingemachten Früchten »anmütig besteckt« bietet sich auch heute noch das Marzipan an. Lübeck und Königsberg stritten um den höchsten Rang. Die Herstel-

lung in den wohlhabenden Bürgerhäusern war, wie es Agnes Miegel aus ihrer Kindheit erzählt, eine fast feierliche Handlung.
Im 17. Jahrhundert haben auch die Nonnen eines bayerischen Klosters ihre »Lebzelten« gewaltig gewürzt. In ihrer Handschrift heißt es im behaglich-bayerischen Tonfall:

55 Vierling Canari Zucker	3 Lot Imer [Ingwer]
3 Lot Zimt	3 Lot Muskat Plie [Blüten]
3 Lot Nägeli	3 Lot Coriander
3 Lot Aenes [Anis]	6 Löffel Malvasier oder Rosenwasser
3 Pfd. schönes Vollmöll	3 neugelegte Ayr mit Dotter und Clar

»Das gewirz [1 Lot = 16 Gramm, auf 3 Pfund Mehl kamen also ca. 300 Gramm] muß nit gar zu khlain gestoßen sein, man solt dieweil zu döckhen, daß der guete gruch nicht ausgehe . . . Man kanns formieren wie man will, aber auf Oblaten mus mans aufstreichen, nicht gar zu dickh nur eines gueten Mösser Rügen dickh.«

Wie ein aufmunternder Zuspruch für unerfahrene Novizinnen klingt dies: »Wenn die Leckerli als anfenklich auch gar dinne seien, im Offen lauffen sy schön auf und werden inwendig schön glöchlet. Ehe man ainschoußt um bachen, sollt mans mit pier überstreichen, so werdens glanzet.« (Wagner)

Advent

Adventskranz, gebacken

Zutaten: 4 Eier, 200 g Zucker, 1 Packerl Vanillezucker, je eine Prise Zimt und Nelken, einige Tropfen Mandelöl, 75 g kleingehacktes Orangeat und Zitronat, 1 Kaffeelöffel Backpulver, 50 g Mondamin, 250 g gehackte Mandeln.
Eier, Zucker und Vanillezucker werden schaumig gerührt, dann die Gewürze hinzugegeben und zum Schluß Mandeln, Orangeat und Zitronat. Diese Teigmasse wird kranzförmig auf Oblaten gestrichen. Nachdem der Kranz gar gebacken ist, überzieht man ihn mit geschmolzener Schokolade. Vier Mürbeteigsterne setzt man mit Zuckerguß auf den Kranz. Als Kerzen nimmt man gedrehte Rohmarzipanstäbe und als Flamme Mandeln oder weißen Zucker.

Marzipan

Zutaten: 50 g verlesene Mandeln, 50 g gesiebter Puderzucker, 1/8 l Rosenwasser (in Apotheken erhältlich), 1 Fläschchen Bittermandelöl.
Die Mandeln werden gebrüht, geschält und fein zerrieben. Dann fügt man Puderzucker, Rosenwasser und Mandelöl hinzu. Nachdem der Teig gut durchgeknetet wurde, läßt er sich auf einem mit Puderzucker bestäubten Brett in beliebige Formen gestalten.

Quittenpaste

Zutaten: 2 kg Quitten, 2 kg Zucker, 1 große Flasche Opekta, 1 Päckchen Zitropekt.
Die Quitten werden ungeschält geschnitten und mit Wasser leicht bedeckt weichgekocht. Vorsicht! Nicht umrühren! Man drückt sie anschließend durch ein Sieb und vermengt den entstandenen Brei mit dem Zucker. Anschließend wird die Masse so lange gekocht, bis sie klumpig vom Löffel fällt. Nun Opekta und Zitropekt hinzugeben. Dieses Quittenmark wird rasch fest, und im Aroma bleibt es unverändert. Man gießt es auf Pergamentpapier in 1 1/2 cm Dicke. Nach vier Tagen, in einen möglichst warmen Raum gestellt, stürzt man sie auf einen gezuckerten Boden und entfernt das Pergamentpapier. Damit trocknet auch die zweite Seite, so daß nach ein bis zwei Tagen die Masse geschnitten werden kann. Nach Belieben Puderzucker hinzufügen.

Kolatschen

Zutaten: 200 g Mehl, 300 g feine Semmelbrösel, 80 g Butter, 80 g Butterschmalz, 80 g Zucker, 2 Eidotter, 1/2 Zitrone.
Die Fette werden mit dem Eidotter gerührt, dann der Zucker hinzugegeben, dann eine halbe Zitrone gerieben und zuletzt das Mehl daruntergezogen. Die gut verknetete Masse wird zu Kügelchen geformt, in deren Mitte man eine Vertiefung drückt, die je nach Belieben mit Fruchtgelee oder Marmelade gefüllt wird. Bei mittlerer Hitze hellgelb backen.

St. Andreas – 30. November

Andreaswecken

Zutaten: Hefeteig, Honig, Rum, Anis, Kardamom, geriebene Zitronenschale.
Der Hefeteig wird mit zwei bis drei Eßlöffeln Honig gesüßt und gewürzt mit Rum, Anis, Kardamom und geriebener Zitronenschale. Der Teig wird nun zu Wecken geformt und nachdem man ihn hat gehen lassen, mit Milch bestrichen und mit Zucker und Anis bestreut. Nur hell ausbacken.

Jungfernäpfel

Zutaten: 3–4 Äpfel, 1–2 Löffel Orangenmarmelade, 1 Glas Weißwein, 3 Eßlöffel Zucker, 1 Vanillezucker, 1 Prise Kardamom.
Die Äpfel werden geschält, halbiert, in eine gebutterte feuerfeste Form gegeben und die oben genannten Zutaten darüber verteilt. Bei kleiner Hitze gar werden lassen. Dazu reicht man Vanillesauce.

St. Nikolaus – 6. Dezember

Kletzenbrot

Zutaten: 200 g Dörrzwetschgen, 100 g Feigen, 100 g getrocknete Aprikosen, 100 g Apfelspeidel (getrocknet), 100 g Rosinen, 200 g gehackte Nüsse, 100 g gehacktes Zitronat, 100 g Orangeat, Saft und Schale einer Zitrone, 2 Eßlöffel Rum, 200 g Zucker, 1 Päckchen Lebkuchenwürze, 900 g frischer Brotteig vom Bäcker.
Das gedörrte Obst in Wasser über Nacht einweichen. Die Masse durch einen Wolf drehen. Die Einweichbrühe mit den Nüssen und den übrigen Zutaten vermengen. Hieraus lassen sich drei bis vier kleine Laibe formen. Die Oberfläche wird mit Honigwasser bestrichen. Man läßt die Laibe gehen und je nach Größe 50 bis 70 Minuten backen. Man verziert das Ganze je nach Geschmack mit Mandeln, Rosinen oder Puderzucker.

Lebkuchen

Zutaten: 125 g Honig, 70 g Fett, 100 g Zucker, 250 g Mehl, 3–4 Päckchen Backpulver, 1 Messerspitze Nelke, 2 Messerspitzen Zimt, 1 gehäuften Kaffeelöffel Kakao, einige geriebene Nüsse, etwas feingehacktes Orangeat.
Honig, Fett und Zucker werden erwärmt. Die restlichen Zutaten dann dazu vermischt und zu einem Teig fest verknetet. Nachdem die Form ausgestochen ist, läßt man die Lebkuchen braun backen. Nach dem Erkalten werden sie mit Zuckerguß überzogen. Dann verziert man sie mit Mandeln und etwas erwärmter Schokolade.

Anislaiberl

Zutaten: 250 g Zucker, 250 g Mehl, 4 Eier, 35 g Anis.
Eier und Zucker schaumig schlagen. Dann Anis und Mehl hinzugeben. Vier bis fünf Stunden trocknen lassen und bei geringer Hitze goldgelb backen.

Fastenspeisen

Erbsenbratlinge

Trockenerbsen werden mit gerösteten Semmelwürfeln, ein wenig Mehl, Salz, Pfeffer, Senf, Majoran und zwei Eiern vermengt. Daraus werden Bratlinge, die doppelseitig in der Pfanne gebraten werden, gemacht. Dazu Sauerkraut oder Gemüse.

Linsensalat

Weichgekochte Linsen mit Essig, Öl, Salz, Zucker, Senf, gehackten Zwiebeln, Knoblauch und Petersilie anmachen und gut durchziehen lassen. Dazu Pfifferlinge oder Sellerie.

St. Thomas – 21. Dezember

Thomasringerl

Ein Hefeteig wird mit Safran gelb gefärbt und mit Zitronenschale und -saft sowie feingehacktem Zitronat abgeschmeckt. Man formt kleine Nudeln daraus, durch die man den ausgestreckten Zeigefinger steckt. Man dreht den Zeigefinger rasch herum, um große gleichmäßige Ringe entstehen zu lassen, die man sofort in heißem Schmalz goldgelb bäckt. Zuletzt werden sie mit Zucker überstreut.

Weihnachten – 25. Dezember

Weihnachtsstriezel

Zutaten: 1 Ei, 1 Eiweiß, 3 Eßlöffel Zucker, 100 g Mehl, 30 g aufgelöste Hefe, 80 g Butter, 1 Prise Salz, 1 Packerl Vanillezucker, 1 gute Prise Muskat, etwas Milch, 2 Handvoll Rosinen und Weinbeeren, etwas Zitronat und Orangeat, $1/2$ Tasse kleingeschnittene rote und grüne kandierte Früchte.
Der Hefeteig wird zu einem dreiteiligen Zopf geflochten und nach dem Gehen mit Eidotter bestrichen. Bei mäßiger Hitze goldbraun backen und mit etwas angerührtem Puderzucker grüne und rote Früchte auflegen.

Bayerischer Christstollen

Zutaten: 1500 g Mehl, 300 g Sultaninen, 240 g Zucker, 420 g Butter, 210 g Mandeln, 210 g Zitronat, 90 g Orangeat, 2 ganze Eier, 3 Eidotter, Muskatblüte, Arrak, Milch, 160–170 g Hefe.
Am Vorabend werden Mandeln, Zitronat, Orangeat, Sultaninen und Muskatblüte in einer Schüssel mit Arrak eingeweicht. Am nächsten Morgen stellt man den Hefeteig her. Dann vermischt man den Teig mit den übrigen Zutaten. Die aus dem Teig geformten zwei Laibe legt man für eine Stunde unter ein angewärmtes Tuch. Nach dieser Zeit wird mit dem Nudelholz in der Mitte des Laibes eine Vertiefung gemacht, so daß man die beiden Hälften zusammenklappen kann. Bei großer Hitze 1–1 $1/2$ Stunden backen und dabei mehrmals mit Schmalz bestreichen. Nach dem Auskühlen mit Puderzucker bestreuen.

Zitronenbusserl

Zutaten: 210 g Zucker, 1 Päckchen Vanillezucker, 3 Eiweiß, 210 g feingeriebene Haselnüsse.
Drei Eiweiß steifschlagen. Dann Zucker, Vanillezucker und Nüsse darunterziehen. Mit etwas geriebener Zitronenschale und einigen Tropfen Zitronenöl würzen. Man setzt kleine Häufchen auf Oblaten und bäckt sie bei mittlerer Hitze hell. Man klebt je zwei Busserl mit etwas erwärmter Schokolade zusammen.

Weihnachtsgans

Eine Gans wird mit Salz, Pfeffer und Zitronensaft innen und außen abgerieben. Außerdem mit Majoran, Beifuß, Kümmel und Wacholderbeeren gewürzt. So läßt man sie zwei Stunden ziehen.
Füllung: 750 g Kastanien, 1 Eßlöffel Butter, 1 Eßlöffel Zucker, Salz, 1 Tasse Fleischbrühe.
Kastanien schälen, mit Zucker und Butter hellbraun braten und mit Fleischbrühe ablöschen. Die Kastanien kommen ganz in die Gans. Zunähen. Zuerst die Gans andämpfen, dann mit Gansflomen oder Schweinefett im Backofen ohne Deckel knusprig braten. Zum Schluß mit Kognak bepinseln und noch einmal für einen kurzen Moment in den Bratofen schieben.

Truthahn

Den Truthahn mit Salz und Pfeffer einreiben. Eine halbe Tasse Butter schaumig rühren und mit Mehl vermischen. Damit Brust, Keule und Flügel einreiben. Der Truthahn kommt mit dem Rücken nach unten auf den Rost und wird so in die Fettpfanne gestellt. Begießen Sie alle Viertelstunde den Truthahn mit Butter. $2\frac{1}{2}$ bis 3 Stunden braten. Man reiche dazu Weinäpfel, die geschält und halbiert in Rotwein weich gedämpft und mit Stangenzimt und Zitronenschale gewürzt wurden! Preiselbeeren werden als Verzierung zu den Äpfeln gegeben.

Hirschfilet im Sonntagskleid

Ein gespicktes Hirschfilet wird mit Salz, Paprika und Rosmarin gewürzt sowie mit einer Farce aus halben feingehackten, in Speckwürfeln geschmorten Zwiebeln bestrichen. Das so gewürzte Filet wird in einen ausgewellten Blätterteig eingerollt, garniert mit Blätterteigstreifen und bestrichen mit Eidotter. Das Filet wird zuerst offen, dann mit einer Folie überdeckt und bei mittlerer Hitze 40 Minuten gebacken. Innen muß es saftig und rosa sein. Dazu passen Steinpilze oder Champignons.

Silvester – 31. Dezember

Silvesterkarpfen

Ein frischer, geschuppter Karpfen wird in folgenden Sud gelegt: 2½ l Wasser, ¾ l Weißwein, ⅛ l Kräuteressig, 6 getrocknete Wacholderbeeren, 2 geschälte Zwiebeln, 2 Nelken, 2 Scheiben Zitrone mit Schale, 6 Pfefferkörner, 5 g Senfkörner, 4 Lorbeerblätter, Salz. In diesem Sud soll der Karpfen 15 bis 20 Minuten auf kleiner Flamme ziehen. Frische Butter mit Meerrettich oder eine Meerrettichsahne dazureichen. Zum Garnieren frische Zitronenscheiben oder Petersilie. Als Beilage einfache Salzkartoffeln.

Heißer Eierwein

Zutaten: 6 Eier, 4 Eidotter, 1 l Weißwein, 250 g Zucker, 1 Prise geriebene Muskatnuß, 1 Päckchen Vanillezucker.
Man vermischt Eier, Eidotter und Weißwein. Dann gibt man die anderen Zutaten hinzu und erhitzt den Eierwein, ohne daß er zum Kochen kommt.

Kardinal-Punsch

Zutaten: 2 Orangen, 400 g Zucker, Saft von 4 Orangen, 2 Flaschen Weißwein, Ananassirup, 1 Flasche Sekt.

Von zwei Orangen die Schale abreiben, mit dem Zucker und dem Orangensaft versetzen und das Gefäß mit zwei Flaschen Weißwein auffüllen sowie zwei Eßlöffel Ananassirup dazugeben. Kurz bevor man das Getränk serviert, gießt man noch eine ganze Flasche Sekt dazu.

Schmalznüsse

Zutaten: 65 g Zucker, 3 Eier, 1 Päckchen Vanillezucker, 80 g Butter, 450 g Mehl, Salz und Zimt, 2 gehäufte Kaffeelöffel Backpulver, 3 Eßlöffel Rahm.
Der Teig wird fest geknetet, ausgewalkt und in kleinen länglichen Nüsserln ausgestochen und in heißem Fett goldgelb gebacken.

Heilige Drei Könige – 6. Januar

Dreikönigskuchen

Zutaten: 200 g Butter, 100 g Zucker, 400 g Mehl, 2 Eier, 1 gestrichener Kaffeelöffel Backpulver, 1 Päckchen Vanillezucker, ein wenig geriebene Zitronenschale, 500 g geschälte Äpfel, 100 g geriebene Mandeln, 1 Bohne.
Die weichgedämpften Äpfel werden, nachdem der Teig in einer Gugelhupfform ausgebreitet ist, hineingelegt und mit einem Teigdeckel zugedeckt. Bei mittlerer Hitze garbacken. Der Kuchen wird mit einem rosafarbenen Guß aus 200 g Puderzucker mit Himbeersaft überzogen. Seitlich wird er mit dunklem Zuckerguß bestrichen und mit schokoladeüberzogenen Sternen verziert. Auf die Sterne setzt man noch einige Silberperlchen.

Schuchsen

Ein Dreikönigsgebäck aus dem Voralpengebiet und dem Chiemgau hat seinen Namen von der Größe, und zwar »von eines Manns Schuhlängen«. Jeder Besucher konnte eine Schuchsen erwarten von der Bäuerin, die diese an jeden ausgab.
Rahmiger Topfen wird mit Mehl verknetet, bis ein zarter Teig entsteht. Für süße Schuchsen wird etwas Zitronenschale, Vanillezukker, Kirschwasser, etwas Salz und eine gute Prise Zucker hinzugegeben. Für pikante nur Pfeffer und Muskat hinzugeben. Den länglich

ausgewalkten Teig bäckt man in heißem Schmalz goldgelb, wobei die Schuchsen dick auflaufen. Die süßen Schuchsen, auch mit Zimt und Zucker garniert, werden zu heißem Kaffee, die salzigen, neben Salaten, zu Sauerkraut gereicht.

Mariä Lichtmeß – 2. Februar

Schlenklweil-Nudel

Hefeteig mit drei Eiern, Zucker, geriebener Zitronenschale, Vanillezucker und Salz gut durchkneten. Daraus kleine längliche daumendicke Nudeln formen, die nach dem Gehen im Fett gelbbraun gebacken werden. Heiß servieren.

Bavesen oder *Gfranste Schnittl*

Sie werden auch Ehhalten-Schmaus genannt. Dicke Weißbrotschnitten bzw. halbierte Semmeln in gesüßte Milch tauchen und vorsichtig ausdrücken. Zwischen je zwei Schnitten gibt man dickes Zwetschgenmus und taucht dann beide Hälften in zerklopftes gezuckertes Ei. In heißem Schmalz herausbacken und mit Zimtzucker überstreuen.

Der bayerische Weihnachter

Was im Hause sitzt und steht, krabbelt und zappelt, also jung und alt: Vater, Mutter, kleine Ware, Ähnl und Ahnl, Knecht und Dirn, das versammelt sich in der Christabendwoche um den »Weihnachter«. Diesen Hochnamen führt in Bayern die wohlgemästete Mettensau.

Und halb und halb kein Wunder, wenn der Weihnachter der Brennpunkt der ganzen Familie ist! Ist er ja doch der goldene Born, aus welchem die weihnachtlichen Tafelfreuden alle quellen: die Mettenblunze, der Speck, die Brühsuppe, die Leber- und Röselwürste, der duftende Schweinsbraten. Der Weihnachter zeigt ebenfalls untrüglich die Begüterung an. Hält er zwei Zentner, so signalisiert er den Großhof, mit anderthalb Zentnern den Mittelbauer, aber selbst das bayerische Tagwerkerhäusl hat seinen Weihnachter mit einem Dreiviertelzentner.

Vielfach sticht der bayerische Bauer mit höchsteigener Hand die Mettensau oder der Baumann oder der Oberknecht. Vielfach auch macht der Metzger die Runde im Dorf und auf den Einöden; und so hört man die halbe Christabendwoche die verschiedenen großen und kleinen Weihnachter ihren Schwanengesang halten.

Schon der Metzeltag selbst, falls er nicht etwa ein rotes Abstinenzkreuzlein trägt, führt einen wichtigen Leibschmaus mit sich: die sogenannte »Britsuppe«. Sie kommt vom Abbrühen der Würste und gilt als Leckerbissen dann, wenn vom Wurstelstock noch ein erklecklicher Fleischrest in den Kessel abfällt und ganz besonders, wenn etliche Leberwürste bersten und ausrinnen. Fehlte die Britsuppe, der ganze Bauernhof käme in Aufstand. Eine Extrafreude macht den bayerischen Buben die »Saublattern«, wie sie auf gut ländlich die Schweinsblase nennen. Schon stehen sie mit dem Federkiel bereit, üben an dem Ding ihre Lungen und blasen um die Wette auf. Mittlerweile tritt der Oberknecht in ihren Kreis ein und bläst auch mit, und möglicherweise bläst der Bauer in höchsteigener Person, umschnürt zuletzt den Hals der Blase und hängt sie an die Ofenstange.

Von nun an bedarf es ein väterliches Gnadenwort, wenn die Buben mit ihr noch den Fangball spielen wollen. Die Schweinsblase ist nämlich ein Wertstück im bayerischen Bauernhause; in ihr liegen noch immer die silbernen Barschätze, sie vertritt dem Hausherrn die Stelle der Schatulle. Vom regelrecht zerstückten Weihnachter werden nun die Viertel an die Eisenhaken aufgehängt, der Speck und die

Würste in Schüsseln küchenfertig gestellt und das Speisgewölbe diebssicher verschlossen.
Die Mettensau hat nämlich verschlagene Feinde. Dem bayerischen Bauer seinen Weihnachter lebendig oder tot aus dem Stall oder Keller wegfingern, das gilt weit eher nur für ein lustiges Schelmenstücklein als für eine Sünde. Zum Schaden kommt noch das Gespött. Die Diebe lachen sich ins Fäustlein und lassen sich ihren wohlfeilen Weihnachtsbraten schmecken, während die Bauern den Ausgestohlenen auch noch bis aufs Blut hänseln. Das um so mehr, wenn er nicht lammgelassen seine Mettensau verschmerzt oder wenn ihm gar die langfingernden Spottvögel noch einen rechten Tort aufspielten. Wenn sie z. B., ehe sie mit dem Leibschmause abzogen, noch alle Milchweitlinge vor seiner Schlafstube auftürmten, so daß, als die Morgenstunde kam, die zehntausend Geschirre krachend und polternd auf die heraustretende, hocherschrockene Hausfrau hereinpurzelten.
Darum ist der bayerische Bauer in jenen kritischen Nächten, die dem Heiligen Abend vorangehen, auf seiner Hut. Gegen den Diebeshumor führt er den Bauernhumor ins Treffen.
Ein Bayer am Isargemünd, dem seine Mettensau lieber war als ein paar Nächte in seinem Himmelbett, legte sich 1868 frischweg entschlossen zu seinem Weihnachter ins Stroh. Solange er lauerte, stiegen die Diebe nicht ein; aber kaum schlief er ein, kamen die Spitzbuben und faßten den ersten am Kragen. Das war der Bauer selbst, der natürlich aufwachte und einen mordialischen Mannsschrei ausstieß. Das war das Fluchtsignal für die Langfinger, die zum Stalle mehr hinausfielen als sprangen aus lauter Schrecken.
Im nämlichen Jahre, in welchem die bayerische Mettensau besonders viele Liebhaber hatte, ersann sich ein Gäubauer ein anderes Hausmittel. Da er seinem Kanonenschlaf mißtraute, so band er sich in der heiligen Christnacht seinen wohlausgeviertelten Weihnachter mit nagelneuen Groschenstricklein an seine beiden großen Zehen. »Wer d' Sau furttragen will, muaß mi a mittragn!« sprach er grimmig entschlossen, schlief getrost ein und stand mit geretteter Mettensau wieder auf.

Joseph Schlicht

Als ich die Christtagsfreude holen ging

In meinem zwölften Lebensjahre wird es gewesen sein, als am Frühmorgen des heiligen Christabends mein Vater mich an der Schulter rüttelte: ich solle aufwachen und zur Besinnung kommen, er habe mir etwas zu sagen. Die Augen waren bald offen, aber die Besinnung! Als ich unter Mithilfe der Mutter angezogen war und bei der Frühsuppe saß, verlor sich die Schlaftrunkenheit allmählich, und nun sprach mein Vater: »Peter, jetzt höre, was ich dir sage. Da nimm meinen Stecken, denn es ist viel Schnee, und da nimm eine Laterne, denn der Pfad ist schlecht, und die Stege sind vereist. Du mußt hinabgehen nach Langenwang. Den Holzhändler Spreitzegger zu Langenwang, den kennst du, der ist mir noch immer das Geld schuldig, zwei Gulden und sechsunddreißig Kreuzer für den Lärchbaum. Ich laß ihn bitten drum; schön höflich anklopfen und den Hut abnehmen, wenn du in sein Zimmer trittst. Mit dem Geld gehst nachher zum Kaufmann Doppelreiter und kaufest zwei Maßel Semmelmehl und zwei Pfund Rindschmalz und um zwei Groschen Salz, und das tragst heim.«

Jetzt war aber auch meine Mutter zugegen, ebenfalls schon angekleidet, während meine sechs jüngeren Geschwister noch ringsum an der Wand in ihren Bettchen schliefen. Die Mutter, die redete drein wie folgt: »Mit Mehl und Schmalz und Salz allein kann ich kein Christtagsessen richten. Ich brauch' dazu noch Germ [Bierhefe] um einen Groschen, Weinbeerln um fünf Kreuzer, Zucker um fünf Groschen, Safran um zwei Groschen und Neugewürz um zwei Kreuzer. Etliche Semmeln werden auch müssen sein.«

»So kaufest es«, setzte der Vater ruhig bei. »Und wenn dir das Geld zu wenig wird, so bittest den Herrn Doppelreiter, er möcht' die Sachen derweil borgen, und zu Ostern, wenn die Kohlenraitung [Verrechnung] ist, wollt' ich schon fleißig zahlen. Eine Semmel kannst unterwegs selber essen, weil du vor Abend nicht heimkommst. Und jetzt kannst gehen, es wird schon fünf Uhr, und daß du noch die Achte-Messe erlangst zu Langenwang.«

Das war alles gut und recht. Den Sack band mein Vater mir um die Mitte, den Stecken nahm ich in die rechte Hand, die Laterne mit der frischen Unschlittkerze in die linke, und so ging ich davon, wie ich zu jener Zeit in Wintertagen oft davongegangen war. Der durch wenige Fußgeher ausgetretene Pfad war holperig im tiefen Schnee, und es ist nicht immer leicht, nach den Fußstapfen unserer Vorderen zu wandeln, wenn diese zu lange Beine gehabt haben. Noch nicht dreihun-

dert Schritte war ich gegangen, so lag ich im Schnee, und die Laterne, hingeschleudert, war ausgelöscht. Ich suchte mich langsam zusammen, und dann schaute ich die wunderschöne Nacht an. Anfangs war sie ganz grausam finster, allmählich hub der Schnee an, weiß zu werden und die Bäume schwarz, und in der Höhe war helles Sternengefunkel. In den Schnee fallen kann man auch ohne Laterne, so stellte ich sie seithin unter einen Strauch, und ohne Licht ging's nun besser als vorhin.

In die Talschlucht kam ich hinab, das Wasser des Fresenbaches war eingedeckt mit glattem Eise, auf welchem, als ich über den Steg ging, die Sterne des Himmels gleichsam Schlittschuh liefen. Später war ein Berg zu übersteigen; auf dem Passe, genannt der »Höllkogel«, stieß ich zur wegsamen Bezirksstraße, die durch Wald und Wald hinabführt in das Mürztal. In diesem lag ein weites Meer von Nebel, in welches ich sachte hineinkam, und die feuchte Luft fing an, einen Geruch zu haben, sie roch nach Steinkohlen; und die Luft fing an, fernen Lärm an mein Ohr zu tragen, denn im Tale hämmerten die Eisenwerke, rollte manchmal ein Eisenbahnzug über dröhnende Brücken.

Nach langer Wanderung ins Tal gekommen zur Landstraße, klingelte Schlittengeschelle, der Nebel ward grau und lichter, so daß ich die Fuhrwerke und Wandersleute, die für die Feiertage nach ihren Heimstätten reisten, schon auf kleine Strecken weit sehen konnte. Nachdem ich eine Stunde lang im Tale fortgegangen war, tauchte links an der Straße im Nebel ein dunkler Fleck auf, rechts auch einer, links mehrere, recht eine ganze Reihe – das Dorf Langenwang.
Alles, was Zeit hatte, ging der Kirche zu, denn der Heilige Abend ist voller Vorahnung und Gottesweihe. Bevor noch die Messe anfing, schritt der hagere gebückte Schulmeister durch die Kirche, musterte die Andächtigen, als ob er jemanden suche. Endlich trat er an mich und fragte leise, ob ich ihm nicht die Orgel melken wolle, es sei der Mesnerbub krank. Voll Stolz und Freude, also zum Dienste des Herrn gewürdigt zu sein, ging ich mit ihm auf den Chor, um bei der heiligen Messe den Blasebalg der Orgel zu ziehen. Während ich die zwei langen Lederriemen abwechselnd aus dem Kasten zog, in welchen jeder derselben allemal wieder langsam hineinkroch, orgelte der Schulmeister, und seine Tochter sang also:

»Tauet, Himmel, den Gerechten
Wolken, regnet ihn herab!
also rief in bangen Nächten
einst die Welt, ein weites Grab.
In von Gott verhaßten Gründen
herrschten Satan, Tod und Sünden,
fest verschlossen war das Tor
zu dem Himmelreich empor.«

Ferner erinnere ich mich, an jenem Morgen nach dem Gottesdienste in der dämmerigen Kirche vor ein Heiligenbild hingekniet zu sein und gebetet zu haben um Glück und Segen zur Erfüllung meiner bevorstehenden Aufgabe. Das Bild stellte die vierzehn Nothelfer dar – einer wird doch dabei sein, der zur Eintreibung von Schulden behilflich ist. Es schien mir aber, als schiebe während meines Gebetes auf dem Bilde einer sich sachte hinter den andern zurück.
Trotzdem ging ich guten Mutes hinaus in den nebeligen Tag, wo alles emsig war in der Vorbereitung zum Feste, und ging dem Hause des Holzhändlers Spreitzegger zu. Als ich daran war, zur vorderen Tür hineinzugehen, wollte der alte Spreitzegger, soviel ich mir später reimte, durch die hintere Tür entwischen. Es wäre ihm gelungen, wenn mir nicht im Augenblicke geschwant hätte: Peter, geh nicht zur vorderen Tür ins Haus wie ein Herr, sei demütig, geh zur hinte-

ren Tür hinein, wie es dem Waldbauernbuben geziemt. Und knapp an der hinteren Tür trafen wir uns.
»Ah, Bübel, du willst dich wärmen gehen«, sagte er mit geschmeidiger Stimme und deutete ins Haus, »na, geh dich nur wärmen. Ist kalt heute!« Und wollte davon.
»Mir ist nicht kalt«, antwortete ich, »aber mein Vater läßt den Spreitzegger schön grüßen und bitten ums Geld.«
»Ums Geld? Wieso?« fragte er. »Ja, richtig, du bist der Waldbauernbub. Bist früh aufgestanden heut, wenn du schon den weiten Weg kommst. Rast nur ab. Und ich laß deinen Vater auch schön grüßen und glückliche Feiertage wünschen; ich komm' ohnehin ehzeit einmal zu euch hinauf, nachher wollen wir schon gleich werden.«
Fast verschlug's mir die Rede, stand doch unser ganzes Weihnachtsmahl in Gefahr vor solchem Bescheid.
»Bitt' wohl von Herzen schön ums Geld, muß Mehl kaufen und Schmalz und Salz, und ich darf nicht heimkommen mit leerem Sack.«
Er schaute mich starr an. »Du kannst es!« brummte er, zerrte mit zäher Gebärde seine große, rote Brieftasche hervor, zupfte in den Papieren, die wahrscheinlich nicht pure Banknoten waren, zog einen Gulden heraus und sagte: »Na, so nimm derweil das, in vierzehn Tagen wird dein Vater den Rest schon kriegen. Heut hab' ich nicht mehr.«
Den Gulden schob er mir in die Hand, ging davon und ließ mich stehen.
Ich blieb aber nicht stehen, sondern ging zum Kaufmann Doppelreiter. Dort begehrte ich ruhig und gemessen, als ob nichts wäre, zwei Maßel Semmelmehl, zwei Pfund Rindschmalz, um zwei Groschen Salz, um einen Groschen Germ, um fünf Kreuzer Weinbeerln, um fünf Groschen Zucker, um zwei Groschen Safran und um zwei Kreuzer Neugewürz. Der Herr Doppelreiter bediente mich selbst und machte mir alles hübsch zurecht in Päckchen und Tütchen, die er dann mit Spagat zusammen in ein einziges Paket band und an den Mehlsack so hing, daß ich das Ding über der Achsel tragen konnte, vorn ein Bündel und hinten ein Bündel.
Als das geschehen war, fragte ich mit einer nicht minder tückischen Ruhe als vorhin, was das alles zusammen ausmache.
»Das macht drei Gulden fünfzehn Kreuzer«, antwortete er mit Kreide und Mund.
»Ja, ist schon recht«, hierauf ich, »da ist derweil ein Gulden, und das andere wird mein Vater, der Waldbauer in Alpel, zu Ostern zahlen.«

Schaute mich der bedauernswerte Mann an und fragte höchst ungleich: »Zu Ostern? In welchem Jahr?«
»Na, nächst Ostern, wenn die Kohlenraitung ist.«
Nun mischte sich die Frau Doppelreiterin, die andere Kunden bediente, drein und sagte: »Laß ihm's nur, Mann, der Waldbauer hat schon öfter auf Borg genommen und nachher allemal ordentlich bezahlt. Laß ihm's nur.«
»Ich laß ihm's ja, werd' ihm's nicht wieder wegnehmen«, antwortete der Doppelreiter. Das war doch ein bequemer Kaufmann! Jetzt fielen mir auch die Semmeln ein, welche meine Mutter noch bestellt hatte.
»Kann man da nicht auch fünf Semmeln haben?« fragte ich.
»Semmeln kriegt man beim Bäcker«, sagte der Kaufmann.
Das wußte ich nun gleichwohl, nur hatte ich mein Lebtag nichts davon gehört, daß man ein paar Semmeln auf Borg nimmt, daher vertraute ich der Kaufmännin, die sofort als Gönnerin zu betrachten war, meine vollständige Zahlungsunfähigkeit an. Sie gab mir zwei bare Groschen für Semmeln, und als sie nun noch beobachtete, wie meine Augen mit den reiffeuchten Wimpern fast unablösbar an den gedörrten Zwetschgen hingen, die sie einer alten Frau in den Korb tat, reichte sie mir auch noch eine Handvoll dieser köstlichen Sache zu: »Unterwegs zum Naschen.«
Nicht lange hernach, und ich trabte, mit meinen Gütern reich und schwer bepackt, durch die breite Dorfgasse dahin. Überall in den Häusern wurde gemetzgert, gebacken, gebraten, gekellert; ich beneidete die Leute nicht; ich bedauerte sie vielmehr, daß sie nicht ich waren, der, mit so großem Segen beladen, gen Alpel zog. Das wird morgen ein Christtag werden! Denn die Mutter kann's, wenn sie die Sachen hat. Ein Schwein ist ja auch geschlachtet worden daheim, das gibt Fleischbrühe mit Semmelbrocken, Speckfleck, Würste, Nieren-Lümperln, Knödelfeisch mit Kren, dann erst die Krapfen, die Zuckernudeln, das Schmalzkoch mit Weinbeerln und Safran! – Die Herrenleut' da in Langenwang haben so was alle Tag', das ist nichts, aber wir haben es im Jahr einmal und kommen mit unverdorbenem Magen dazu, das ist was! – Und doch dachte ich auf diesem belasteten Freudenmarsch weniger noch ans Essen, als an das liebe Christkind und sein hochheiliges Fest. Am Abende, wenn ich nach Hause komme, werde ich aus der Bibel davon vorlesen, die Mutter und die Magd Mirzel werden Weihnachtslieder singen; dann, wenn es zehn Uhr wird, werden wir uns aufmachen nach Sankt Kathrein und in der Kirche die feierliche Christmette begehen bei Glock, Musik und unzähligen Lichtern. Und am Seitenaltar ist das Krippel aufgerichtet

mit Ochs und Esel und den Hirten, und auf dem Berg die Stadt Bethlehem und darüber die Engel, singend: Ehre sei Gott in der Höhe! – Diese Gedanken trugen mich anfangs wie Flügel. Doch als ich eine Weile die schlittenglatte Landstraße dahingegangen war, unter den Füßen knirschenden Schnee, mußte ich mein Doppelbündel schon einmal wechseln von einer Achsel auf die andere.
In der Nähe des Wirtshauses »Zum Sprengzaun« kam mir etwas Vierspänniges entgegen. Ein leichtes Schlittlein, mit vier feurigen, hochaufgefederten Rappen bespannt, auf dem Bock ein Kutscher mit glänzenden Knöpfen und einem Buttenhut. Der Kaiser? Nein, der Herr Wachtler vom Schlosse Hohenwang saß im Schlitten, über und über in Pelze gehüllt und eine Zigarre schmauchend. Ich blieb

stehen, schaute dem blitzschnell vorüberrutschenden Zeug eine Weile nach und dachte: Etwas krumm ist es doch eingerichtet auf dieser Welt: da sitzt ein starker Mann drin und läßt sich hinziehen mit so viel überschüssiger Kraft, und ich vermag mein Bündel kaum zu schleppen.

Mittlerweile war es Mittagszeit geworden. Durch den Nebel war die milchweiße Scheibe der Sonne zu sehen; sie war nicht hoch am Himmel hinaufgestiegen, denn um vier Uhr wollte sie ja wieder unten sein, zur langen Christnacht. Ich fühlte in den Beinen manchmal so ein heißes Prickeln, das bis in die Brust hinaufstieg, es zitterten mir die Glieder. Nicht weit von der Stelle, wo der Weg nach Alpel abzweigt, stand ein Kreuz mit dem lebensgroßen Bilde des Heilands. Es stand, wie es heute noch steht, an seinem Fuß Johannes und Magdalena, das Ganze mit einem Bretterverschlag verwahrt, so daß es wie eine Kapelle war. Vor dem Kreuze auf die Bank, die für kniende Beter bestimmt ist, setzte ich mich nieder, um Mittag zu halten. Eine Semmel, die gehörte mir, meine Neigung zu ihr war so groß, daß ich sie am liebsten in wenigen Bissen verschluckt hätte. Allein das schnelle Schlucken ist nicht gesund, das wußte ich von anderen Leuten, und das langsame Essen macht einen längeren Genuß, das wußte ich schon von mir selber. Also beschloß ich, die Semmel recht gemächlich und bedächtig zu genießen und dazwischen manchmal eine gedörrte Zwetschge zu naschen.

Es war eine sehr köstliche Mahlzeit; wenn ich heute etwas recht Gutes haben will, das kostet außerordentliche Anstrengungen aller Art; ach, wenn man nie und nie einen Mangel zu leiden hat, wie wird man da arm!

Und wie war ich so reich damals, als ich arm war!

Als ich nach der Mahlzeit mein Doppelbündel wieder auflud, war's ein Spaß mit ihm, flink ging es voran. Als ich später in die Bergwälder hinaufkam und der graue Nebel dicht in den schneebeschwerten Bäumen hing, dachte ich an den Grabler Hansel. Das war ein Kohlenführer, der täglich von Alpel seine Fuhre ins Mürztal lieferte. Wenn er auch heute gefahren wäre! Und wenn er jetzt heimwärts mit dem leeren Schlitten des Weges käme und mir das Bündel auflüde! Und am Ende gar mich selber! Daß es so heiß sein kann im Winter! Mitten in Schnee und Eisschollen schwitzen! Doch morgen wird alle Mühsal vergessen sein. – Derlei Gedanken und Vorstellungen verkürzten mir unterwegs die Zeit.

Auf einmal roch ich starken Tabakrauch. Knapp hinter mir ging – ganz leise auftretend – der grüne Kilian. Der Kilian war früher einige Zeit lang Forstgehilfe in den gewerkschaftlichen Waldungen gewesen, jetzt war er's nicht mehr, wohnte mit seiner Familie in einer Hütte drüben in der Fischbacher Gegend, man wußte nicht recht, was er trieb. Nun ging er nach Hause. Er hatte einen Korb auf dem Rücken, an dem er nicht schwer zu tragen schien, sein Gewand war noch ein jägermäßiges, aber hübsch abgetragen, und sein schwarzer Vollbart ließ nicht viel sehen von seinem etwas fahlen Gesichte. Als ich ihn bemerkt hatte, nahm er die Pfeife aus dem Munde, lachte laut und sagte: »Wo schiebst denn hin, Bub?«

»Heim zu«, meine Antwort.

»Was schleppest denn?«

»Sachen für den Christtag.«

»Gute Sachen? Der Tausend sapperment! Wem gehörst denn zu?«

»Dem Waldbauer.«

»Zum Waldbauer willst gar hinauf! Da mußt gut antauchen.«

»Tu's schon«, sagte ich und tauchte an.

»Nach einem solchen Marsch wirst gut schlafen bei der Nacht«, versetzte der Kilian, mit mir gleichen Schritt haltend.

»Heut wird nicht geschlafen bei der Nacht, heut ist Christnacht.«

»Was willst denn sonst tun, als schlafen bei der Nacht?«

»Nach Kathrein in die Mette gehen.«

»Nach Kathrein?« fragte er, »den weiten Weg?«

»Um zehn Uhr abends gehen wir von Haus fort, und um drei Uhr früh sind wir wieder daheim.«

Der Kilian biß in sein Pfeifenrohr und sagte: »Na, hörst du, da gehört viel Christentum dazu. Beim Tag ins Mürztal und bei der Nacht in die Mette nach Kathrein! So viel Christentum hab' ich nicht, aber das sage ich dir doch: Wenn du dein Bündel in meinen Buckelkorb tun willst, daß ich es dir eine Zeitlang trag und du dich ausrasten kannst, so hast ganz recht, warum soll der alte Esel nicht auch einmal tragen!«

Damit war ich einverstanden, und während mein Bündel in seinen Korb sank, dachte ich: Der grüne Kilian ist halt doch ein besserer Mensch, als man sagt. Dann rückten wir wieder an, ich huschte frei und leicht neben ihm her.

»Ja, ja, die Weihnachten!« sagte der Kilian fauchend, »da geht's halt drunter und drüber. Da reden sich die Leut' in eine Aufregung und Frömmigkeit hinein, die gar nicht wahr ist. Im Grund ist der Christtag wie jeder andere Tag, nicht einen Knopf anders. Der Reiche, ja, der hat jeden Tag Christtag, unsereiner hat jeden Tag Karfreitag.«

»Der Karfreitag ist auch schön«, war meine Meinung.

»Ja, wer genug Fische und Butter und Eier und Kuchen und Krapfen hat zum Fasten!« lachte der Kilian.

Mir kam sein Reden etwas heidentümlich vor. Doch was er noch weiteres sagte, das verstand ich nicht mehr, denn er hatte angefangen, sehr heftig zu gehen, und ich konnte nicht recht nachkommen. Ich rutschte auf dem glitschigen Schnee mit jedem Schritt ein Stückchen zurück, der Kilian hatte Fußeisen angeschnallt, hatte lange Beine, war nicht abgemattet – da ging's freilich voran.
»Herr Kilian!« rief ich.
Er hörte es nicht. Der Abstand zwischen uns wurde immer größer, bei Wegbiegungen entschwand er mir manchmal ganz aus den Augen, um nachher wieder in größerer Entfernung, halb schon von Nebeldämmerung verhüllt, aufzutauchen. Jetzt wurde mir bang um mein Bündel. Kamen wir ja doch schon dem Höllkogel nahe. Das ist jene Stelle, wo der Weg nach Alpel und der Weg nach Fischbach sich gabeln. Ich hub an zu laufen; im Angesichte der Gefahr war alle Müdigkeit dahin, ich lief wie ein Hündlein und kam ihm näher. Was wollte ich aber anfangen, wenn ich ihn eingeholt hätte, wenn ihm der Wille fehlte, die Sachen herzugeben, und mir die Kraft, sie zu nehmen? Das kann ein schönes Ende werden mit diesem Tage, denn die Sachen lasse ich nicht im Stich, und sollte ich ihm nachlaufen müssen bis hinter den Fischbacher Wald zu seiner Hütte!
Als wir denn beide so merkwürdig schnell vorwärts kamen, holten wir ein Schlittengespann ein, das vor uns mit zwei grauen Ochsen und einem schwarzen Kohlenführer langsam des Weges schliff. Der Grabler Hansel. Mein grüner Kilian wollte schon an dem Gespann vorüberhuschen, da schrie ich von hinten her aus Leibeskräften: »Hansel! Hansel! Sei so gut, leg mir meine Christtagsachen auf den Schlitten, der Kilian hat sie im Korb, und er soll sie dir geben!«
Mein Geschrei muß wohl sehr angstvoll gewesen sein, denn der Hansel sprang sofort von seinem Schlitten und nahm eine tatbereite Haltung ein. Und wie der Kilian merkte, ich hätte hier einen Bundesgenossen, riß er sich den Korb vom Rücken und schleuderte das Bündel auf den Schlitten. Noch knirschte er etwas von »dummen Bären« und »Undankbarkeit«, dann war er aber auch schon davon. Der Hansel rückte das Bündel zurecht und fragte, ob man sich draufsetzen dürfe. Das, bat ich, nicht zu tun.
So tat er's auch nicht, wir setzten uns hübsch nebeneinander auf den Schlitten, und ich hielt auf dem Schoß sorgfältig mit beiden Händen die Sachen für den Christtag. So kamen wir endlich nach Alpel. Als wir zur ersten Fresenbrücke gekommen waren, sagte der Hansel zu den Ochsen: »Oha!« und zu mir: »So!«
Die Ochsen verstanden und blieben stehen, ich verstand nicht und blieb sitzen. Aber nicht mehr lange, es war ja zum Aussteigen, denn

der Hansel mußte links in den Graben hinein und ich rechts den Berg hinauf.
»Dank dir's Gott, Hansel!«
»Ist schon gut, Peterl.«
Zur Zeit, da ich mit meiner Last den steilen Berg hinanstieg gegen mein Vaterhaus, begann es zu dämmern und zu schneien. Und zuletzt war ich doch daheim.
»Hast alles?« fragte die Mutter am Kochherd mir entgegen.
»Alles!«
»Brav bist. Und hungrig wirst sein.«
Beides ließ ich gelten. Sogleich zog die Mutter mir die klingendhart gefrorenen Schuhe von den Füßen, denn ich wollte, daß sie frisch eingefettet würden für den nächtlichen Mettengang. Dann setzte ich mich in der warmen Stube zum Essen.
Aber siehe, während des Essens geht es zu Ende mit meiner Erinnerung. – Als ich wieder zu mir kam, lag ich wohlausgeschlafen in meinem warmen Bette, und zum kleinen Fenster herein schien die Morgensonne des Christtages.

Peter Rosegger

Die Rauhnächte

Die zwölf Rauhnächte

»Habt ihr gestern und vorgestern recht aufs Wetter gemerkt, Kinder?« sagte der Vater scherzend am Kalt-Johanniabend. »Wir haben heute schon die dritte Rauhnacht, und nach uraltem deutschem Volksglauben wird die Witterung der zwölf Monate des künftigen Jahres geradeso wie sie die zwölf Rauhnächte ankünden. Denn die zwölf Rauhnächte sind Witterungslostage.«

»Ja, Vater, was sind denn eigentlich die Rauhnächte?« fragte Walter.

»Was, das wißt ihr nicht?« sprach lachend der Vater und sah sich die Kinder der Reihe nach an. »O ihr weisen Stadtfräcke; wieviel bleibt euch unbekannt vom Volksleben auf dem Lande! Als ich noch so ein Junge war – in dem Alter wie unsere Ella, ich entsinne mich daran noch so lebhaft und freudig, als ob es gestern gewesen wäre, da durfte ich auf vieles Bitten die Schaufel oder den Weitling mit glühenden Kohlen und den glimmenden Kräuterresten tragen, die von dem (am Maria Himmelfahrtstag – 15. August) geweihten Wurzbüschel aufbewahrt worden waren. Mit dem ›Glütl‹ oder ›Rauche‹, zu dem die Mutter noch Weihrauchkörner, Schlehdornzweige oder etliche Wacholderbeeren warf, wanderten wir, zwölf Vaterunser und den Glauben betend, durch Haus und Stall, damit von Pferd und Rind und allen Inwohnern des Hauses möglichst alles Unglück ferngehalten bleibe. Die Mutter machte den Mesner, schritt mit dem Weihbrunnkessel hinter mir her und sprengte Weihwasser in jeden Winkel hinein, bespritzte Milchkasten und Hühnerstall usw.«

»Was sollte der Rauch bedeuten?«

»Der Kräuterbrand sollte aller Wahrscheinlichkeit nach ein uraltes Futter- und Segensopfer darstellen und sollte die bösen Geister, welche die ›schelmischen Krankheiten‹ (die Seuchen bei Mensch und Vieh) erzeugen, vertreiben. Im Isartal heißt heute noch der Rauchbrand ›der gelbe Schelm‹. Als Viehschelm galt eben der böse Geist, welcher die Krankheit verursachte. Geweihten Rauch scheuen die bösen Geister. Unsere Altvorderen glaubten, mit der Wende des feurigen Sonnenrades vollzöge sich auch eine Umwälzung in der ganzen Natur, weiters in dieser Zeit hielten die Seelengeister ihre Umzüge, daher seien ›die Zwölften‹, diese hochheiligen Nächte, auch die beste Zeit, um alle schädlichen Einflüsse, die sie sich als Unholde und Schelme dachten, zu bekämpfen.«

»Geschah die Ausräucherung an jedem der zwölf Abende?« sagte Gertrud.

»Früher mag's so gewesen sein. Ich entsinne mich jedoch, daß es bei uns nur mehr an den Hauptrauhnächten geschah: vor Thomas, am Silvesterabend und vor Heiligdreikönig. In Niederbayern und Südtirol geschieht es vielfach am Heiligen Abend statt am Thomasabend. Anderswo veranstaltete man die Umgänge mit der Räucherpfanne nur an den einschlägigen Donnerstagabenden innerhalb der Rauhnächte oder gar nur am letzten Abend vor Heiligdreikönig, der sogenannten großen Neujahrsnacht. An der letztgenannten der drei Hauptrauhnächte hättet ihr wohl alle gern teilgenommen. Da wurden bei uns in riesiger Anzahl Kücheln gebacken, so daß dieser Abend nicht mit Unrecht die ›feiste (fette) Rauhnacht‹ hieß. Gegessen wurde, daß man den Türkegel nicht mehr sah. Nach dem Rauchumgang hatte man es nicht gern, wenn noch jemand das Haus verließ oder nochmals den Stall aufsuchte. Denn die bösen Geister konnten Lust verspüren, verstohlens einzudringen.«

»Papa, könnten wir nicht einmal in den Weihnachtsferien in deine Heimat reisen und uns die Sache ansehen? Den Onkel würde es gewiß recht freuen, wenn wir ihn besuchen würden«, mischte sich Klein-Ella darein.

»Aha, du Schlaue! Da dürftest du aber nicht mehr ganz auf deine Rechnung kommen. Kücheln und Rauchumgänge haben sich aufgehört.«

»Schade!«

»Ja; aber nur teilweise. Mit den Rauhnächten verband sich zu viel heute oft ganz mißverstandener Aberglaube. So hieß es z. B.: In diesen Nächten sei die Kraft der Hexen und Unholde, der bösen Geister, am ärgsten, so daß zu ihrer Abwehr auch die stärksten Mittel nötig seien. Man suchte sie mit heftigem Peitschenknallen, und Schießen aus den Gärten und Gefilden bei den Höfen zu verscheuchen. Denkt nur an den Heidenlärm in der Neujahrsnacht! Unsere Vorfahren waren nämlich nach altgermanischer Vorstellung des Glaubens, durch ungewöhnlichen Lärm könnte man sich der Dämonen erfolgreich erwehren, ›wie ja das gewöhnliche Volk vielfach heute noch meint, daß starker Schall, starkes Läuten oder Schießen auf das Gewölke und somit auch auf die Witterung Einfluß übe‹. Man schüttelte oder weckte die Bäume im Garten und ›fitzelte‹ mit der Geißel nach den Zweigen derselben, um sie recht fruchtbar zu machen; man schlug Händleinpfennig in die Obstbäume, um durch diese Opferspende im kommenden Jahre eine günstige Obsternte zu erzielen; man klopfte an die Stämme, umarmte und küßte sie, um die Gartenpflieglinge sich geneigt zu machen. Man umwickelte die Bäume mit Strohbändern, um sie vor bösen Geistern, vor Frost und

Raupenfraß zu schützen und fruchtbar zu machen. Das Umgürten sollte ein dicker Knecht oder eine unbescholtene Magd tun. Das Strohumbinden erwähnt bereits um das Jahr 1400 der Böhme Alßo. Es ist vielerorts in der Christnacht heute noch üblich. In manchen Gegenden, z. B. im Allgäu, wurden Brosamen in den Garten gestreut, damit das Kraut recht gedeihe, im Egerland Tischreste unter die Bäume gelegt; so fütterte man die Geister. Ein Büschel Grummet oder Nachheu, vor die Türe gelegt, sollte bewirken, daß im nächsten

Sommer das Futter üppig wachse und dem Vieh besonders anschlage. An Stephani, dem Feste des ältesten Pferdepatrons, läßt man im Altbayerischen vielerorts heute noch Haber weihen, jedes Bauernanwesen gewöhnlich eine Schüssel voll. Ein Teil des Geweihten wird gleich unter das Futter gemengt, der andere kommt im Frühjahre unter den Saathaber.«

»Ich verstehe, warum.«

»Ja, das ist leicht zu erraten. Fast alle Bräuche zielten darauf ab, betreffs des kommenden Jahres Glück und Segen für Haus, Stall und Fluren zu erflehen, Unglück aber abzuwenden. – Die Zwölften waren unseren Altvorderen eine so hochheilige Zeit, daß in diesen Nächten alle Arbeit ruhen mußte. Am Thomasabend oder am Donnerstag vor Weihnachten wurde das Spinnrad eingesperrt oder mit einem Tuche verhüllt. In den winterlichen Spinnstuben in der Rhön gilt heute noch der Grundsatz, daß zwischen Weihnachten und Neujahr, wie man dort sagt, ›zwischen den Jahren‹, nicht gesponnen werden darf. Diese heilige Zeit gehört nur der Ruhe, dem Frieden, der Erholung. Wer in dieser Zeit spinnt oder flickt, dem dreht Frau Holle den Hals um oder es straft ihn (wie man im Braunschweigischen sagt) ›de ole Haksche‹. In Villanders in Südtirol geht, wie der Volksmund weiß, nach dem Gebetläuten am Heiligen Abend Frau Berchta um, um herumstreunende Mädchen zu packen und zu ›vertragen‹. Ledige Weiberleute, welche für die Festzeit ihre Küche noch nicht blitzblank und in Ordnung haben, beutelt sie jämmerlich bei den Haaren.«

»Au weh!« rief Gertrud scherzhaft.

»Ja, mitunter wäre es ganz gut, wenn eine Frau Berchta bei saumseligen Mädchen Nachschau halten würde«, sagte der Vater. »Wie schon anfangs erwähnt, hatten die zwölf Rauhnächte auch eine Hauptbedeutung als Witterungslostage. Der gewissenhafte Bauer notierte sich daher das Wetter dieser Tage genau auf, und zwar tat er dies durch Zeichnung von zwölf kleinen Kreisen oder Nullen, die er mit Kreide an den Türrahmen oben schrieb. War das Wetter den ganzen Tag schön, ließ er den Ring unausgefüllt; war ein Teil des Tages oder der ganze Tag schlecht, wurde der Ring zu einem Viertel beziehungsweise halb oder ganz ausgefüllt. Seht euch einmal diese Zeichnungen an!

Nr. 1 ○ Nr. 2 ◓ Nr. 3 ● Nr. 4 ◔

Wer ist so klug, sie zu erklären?«

Walter: »Nr. 1 bedeutet: Der ganze Tag schön, Nr. 2 der Vormittag schlecht, Nr. 3 der ganze Tag schlecht.«

Gertrud: »Nr. 4 bedeutet: am Morgen schlecht.«
»Brav, ihr angehenden Wetterpropheten! Es würde euch nach dieser Probe selbstverständlich nicht schwerfallen, die Anwendung auf die entsprechenden Monate zu machen. Doch ich wollte euch ja noch von einem anderen Verfahren alter Witterungserkundung erzählen. In der Rhön nämlich, und nicht selten auch im Allgäu, war es der Brauch, daß Bäuerinnen in der Christnacht vor der Mette eine Zwiebel mitten entzweischnitten, aus jeder der Hälften von innen heraus sechs Schälchen ablösten und diese auf einem Brette aufreihten. In jedes der zwölf Schälchen kamen etliche Körnchen geweihten alten Dreikönigssalzes. Nach der Christmette wurde dann nachgeschaut, wieviel vom Salze zergangen war und wie sich demnach die Witterung der kommenden Monate betreffs Nässe oder Trockenheit anlassen würde. Wißt ihr auch, warum sich gerade die Zwiebel zu solcher Prophezeiung besonders eignete?«
»Selbstverständlich, weil ihre Schalen reich mit Wasser und Saft gesättigt sind«, bemerkte Walter.
»Das ist nett. Das probieren wir einmal!« rief Gertrud.
»Meinetwegen, wenn die Mutter nichts dagegen einzuwenden hat, weil es ihr um die gute Zwiebel ist. Machts wie die Pfälzer Winzer! Diese verwenden statt der Zwiebel zwölf Nußschalen. Nun vernehmt aber noch von etwas weniger Harmlosem! Zwei der Rauhnächte, Thomas und Silvester, galten einmal als bedeutende Losungstage für die Zukunft.«
»Ei, da weiß ich etwas!« tat Gertrud geheimnisvoll. »Aber ich sage es nicht.«
»Oh, du wirst uns doch nichts von deiner Wissenschaft vorenthalten! Sprich!« befahl der Vater.
»Ja, ich fürchte, du lachst oder zankst mich aus.«
»So? Ist es von der Art?«
»Weißt, bei Schultzes in der Nachbarschaft haben sie im vorigen Jahre aus Scherz Blei gegossen, um die Zukunft zu erforschen, und heuer wollen sie es nun wieder probieren, weil alles so schön eingetroffen ist.«
»Was eingetroffen?«
»Oh, die Luise, die älteste Tochter, ist jetzt doch verlobt! Sie hat beim Löseln einen Säbel gegossen und merkwürdig, sie heiratet nun einen vom Militär.«
»Der Säbel hätte ja aber auch einen Krieg bedeuten können«, warf Walter lachend darein.
»Walter hat mit seinem Einwurf ganz recht. Denn nur die Einbildungskraft heiratslustiger Mädchen und angsterfüllter alter Weib-

chen vermag aus den klumpigen Formen, die das in einem Löffel erhitzte Blei beim Eintropfen in ein Gefäß mit kaltem Wasser bildet, Andeutungen für die Zukunft zu erblicken.«

»Ja, was wollen denn aber die alten Weiber wissen?« fragte Gertrud verwundert.

»Ob Krieg oder Krankheit, Hungersnot und Teuerung ins Land kommen, daraus erseht ihr aber gleich die Bedenklichkeit, ja Gefährlichkeit solch abergläubischer Versuche. Leider kennt das Volk noch viel mehr derartigen Unsinns in den Losnächten. In manchen Gegenden z. B. nimmt man statt des Bleis geweihtes Wachs und läßt es ins Wasser tropfen. Ein Kreuz bedeutet Tod, ein Turm eine Heirat, Zacken einen Hausbrand usf. Oder junge Mädchen versuchen es mit dem ›Schuh-hinter-sich-Werfen‹. Zeigt der Schuh auswärts, kommt auch der Bräutigam von auswärts; fällt der Schuh aber einwärts, ist der künftige Gemahl aus dem Orte. Um zu erfahren, wohin eine heiratet, wirft manche am Thomasabend nach dem Gebetläuten oder um Mitternacht einen Prügel auf einen Baum beim Haus oder schlägt damit an den Hofzaun und spricht:

›Hunderl bell, bell – bell über neun Me(i)l
bell übers Land – wo mein Bräutigam wohnt!‹

Wo ein Hund zu bellen anfängt, aus der Gegend kommt der Bräutigam her. Mancherorts streuen die Mädchen Leinsamen um das Bett und erhoffen, daß ihnen dann im Traume der zukünftige Ehegemahl erscheinen werde. Natürlich! Lein- oder Flachssamen war ja eine Frucht, welche der glänzenden, gütigen Frau Berchta oder Holle, der Beschützerin des Flachsbaus und des Spinnens am heimischen Herde, der Begünstigerin der Ehe, geweiht war; er mußte demnach wunderbare Zauberkraft besitzen! Träume, die man in den Zwölften hatte, galten als solche, die leicht in den zwölf Monaten des Jahres in Erfüllung gehen. In den Marschen an der Weser und Elbe, so erzählt H. Ullmers in seinem Marschenbuche, achtete man früher strenge darauf, daß in den zwölf Nächten nach Weihnachten keine Wäsche an der Leine trocknete, ›sonst stürbe im kommenden Jahre jemand im Hause‹. Ein ähnlicher Aberglaube war auch in den Haßbergen im Fränkischen allgemein verbreitet. Dort getraute sich keine Hausfrau ›ihre große Wäsche‹ in die Zwölften zu verlegen. Die aufgehängten Wäschestücke, die beim Winterfroste erstarrten und dann Kuhhäuten nicht unähnlich sahen, konnten leicht ein Viehsterben heraufbeschwören.«

»Sag' mal, Vater, womit hängt denn all dieser Aberglaube in den zwölf Nächten zusammen?« fragte Gertrud.

»Ei, das hättest du auch selbst herausbringen können!« meinte der Vater. »Da müssen wir bedenken: Nach altem Volksglauben waren die Nächte nach der Wintersonnenwende, in denen gewöhnlich die Stürme am heftigsten brausen, die Zeit, in der das wilde Gejaid oder Wodan und die wilde Jagd, das wütende Heer der Geister und Frau Holle oder Berchta im schneeweißen glänzenden Gewande mit den Seelenscharen der neugeborenen, ungetauft gestorbenen und ungeborenen Kinder ihre Umzüge durch die Luft hielten. In den Zwölfnächten, wähnte man, trieben alle Geister – gute und böse – besonders lebhaft ihr Wesen. Sie hätten da freies Erscheinen und Walten, wie ja nach altem Glauben die Totengeister oder Seelen sich besonders leicht in der Nacht einfinden. Diese Zeit galt darum als die bedeutendste für Zauber und Weissagung, aber auch als die geeignetste zur Bekämpfung böser und zur Anfreundung guter Geister. Man glaubte da am leichtesten den Schleier der Zukunft lüften zu können. Selbstverständlich gedachte man in diesen heiligen, geheimnisvollen Tagen auch der Seelen der Abgeschiedenen, denen man die Kraft zuschrieb, daß sie einem förderlich oder hinderlich sein konnten. Man trank zu deren Ehre und Gedächtnis Johannisminne oder Stephelsmet. Zur Labung Berchtas und der Geister ließ man in manchen Alpenorten im Berchtesgadener Ländchen und in Südtirol, bis in die jüngste Zeit den Rest der Abendmahlzeit in der Nacht vor Dreikönig auf dem Tische stehen. Auch für die Armen ließ man da vom Überflusse gern etwas abfallen. In der letzten Rauhnacht vor Heiligendreikönig geht man heute noch im bayerischen Walde in der Nachbarschaft herum, klopft an Türe oder Laden an und singt:

›Heunt ist die Rauhnacht.
Wer hat's denn aufbracht?
A stoaoiter Mo,
der hat eahms to,
ist über d'Stieg'n 'naufkrochen,
hat sich Boil ab'brochen.‹

Nach Ableierung dieses Spruches wird der Sänger mit Gebackenem oder Geselchtem beschenkt. Im Grenzgebiet Oberbayerns gegen Niederbayern vermummen sich die männlichen Dienstboten in weibliche Tracht, schwärzen ihr Gesicht, laufen von Haus zu Haus und rufen, indem sie an die Türen stoßen:

›Klopf o, klopf o.
Der Bauer is a braver Mo.
Die Bäu'rin geit mir Kletz'n
weil i eahm sein Bauern g'lobt ho.‹

Im untern Inngebiet sang man einst am Thomasabend:

›Heut is Klöpflesnacht.
Wer hot's denn aufbracht?
Unsers Herrn Thoma.
Lauft über's Stiegerl a,
bricht eahm a Füaßl a.
Wer muaß büaß'n?
D' Frau mit'n Kuchelspiaß'n.«

Am Bodensee klang der Spruch kurz folgendermaßen:

»Holla! Holla, klopf i an!
Was mer gischt, dös nimm i an.«

Mit den Rauhnächten hing auch ›Allerlei Rauh‹, d. h. Geheimnisvolles aus der Tierwelt des Waldes, zusammen.
Davon aber, vom pelzbekleideten Wild und von der wilden Jagd, ein andermal!«

F. J. Bronner

Das Losen

oder

Über das Glücksuchen und Zukunftforschen des Volkes

Die Zukunft ist dem Menschen verborgen, und es ist eine rein menschliche Neigung das, was die Gottheit über ihn verhängt hat, erforschen zu wollen, obgleich Weise und Dichter aller Zeiten den Menschen gewarnt haben, er möge nicht »begehren zu schauen, was die Götter bedecken mit Nacht und Grauen«. Gleichwohl finden wir den Vorwitz bei fast allen Völkern des Altertums und der Gegenwart. Der Mensch blickt – wie Goethe sagt – so gern in die Zukunft, weil er das ungefähre, was sich in ihr hin und her bewegt, durch stille Wünsche so gern zu seinen Gunsten heranleiten möchte.

Es ist dies eine Tatsache, und weil diese Neigung so tief im Volke wurzelt und so weite Verbreitung hat, dürfte es wohl der Mühe wert sein, einige Betrachtungen darüber anzustellen.

Auch das deutsche Altertum hatte seine »Traumscheider« im Sinne von Wahrsager. Traumbücher haben sich bis auf die neueste Zeit erhalten. Ein 1500 in Straßburg gedrucktes Büchlein knüpft an biblisches an und beginnt: »Hye vahet an das büchlin Danielis des ußlegers d' treum. Ich bin Daniel ein prophet etc. Die ding alle sind mir geoffnet von got.« Darin heißt es z. B. »Essich trincken bedeut betrübniß, Esel sehen bedeut auflauff, in kertzen sehen bedeut begrepnuß, ein brinends wachs sehen bedeut freüd, wider sehen bedeut erdbidem.«

Daß und zu welchen Zwecken man im 15. Jahrhundert das Los warf, erfahren wir aus einem gleichzeitigen Werk von 1472 »Summa Johannis von Bruder Berchtold« (Augsburg): »Loß werffen um heymlich ding zu erfahren ist sünde, aber wenn man das tut durch frids willen als ob man gut solt teylen oder ander zeytlich ding ze frid setzen, das wär nit sünd, und in geystlichen sachen da man den heyligen geyst an rüfft als in erwelung der prelaten, da wär loß werffen auch nit sünde. Auch in nöten wenn man loß muß werffen, daz sol man tun mit gepet als die apostel täten und mathiam, daz wär auch nit sünde. Aber on not, das wär got versuchen.«

Die Thomasnacht haben sich alle erkoren, die zu sehen und zu hören glauben und doch nichts sehen noch hören.

Im westlichen und nördlichen Deutschland geschieht das Losen mehr in der Andreasnacht.

Der Teil des Aberglaubens, den wir losen nennen, hat jetzt natürlich einen andern Charakter als im Mittelalter. An der Scheide desselben war der Glaube an Zauberer, Teufel und Hexen weit verbreitet. Das Zukunftschauen, überhaupt das Losen, namentlich wenn es auf Kreuzwegen geschieht, steht der Zauberei ziemlich nahe; beides bietet auch sonst manche Berührungspunkte; aus dem Zeitalter des Zauberns und der geheimen Künste (15. und 16. Jh.) scheint noch mancher Rest sich auf die Neuzeit fortgeerbt zu haben, der dann aber meist ein geselliges Gepräge angenommen hat. Nach den alten Urkunden hatten jene Gebräuche einen weniger unschuldigen Charakter, darum haben Kirche und Staat dieselben streng verpönt. In einem Werke aus dem Jahre 1472 (Summa Johannis, von Bruder Berchtold, Augsburg) heißt es u. a. in dem Kapitel von »Zawberey und von heimlichen und zukünfftigen Dingen ze wissen.« »Es arbeyt der mensch mit dem bösen geyst, den er pitt, ladet und bannet daz er im offenbarlich erscheine oder heimlich und zukünfftige ding sage, und das tut der bös geist etwen und erscheinet dem menschen in den figuren der creaturen, als etwen in einer forme der tier, und etwen in einer forme eins menschen, auch etwen in figuren des wassers, der stein und der bäum. Auch etwen bitt der mensch den bösen geist, daz er im etwas in dem schlaff offenbare, als in dem traum ze wissen das heimlich und zukünfftig ist.«

Dies alles wird als Sünde bezeichnet und dem bösen Geist zugeschrieben, was meines Wissens bei dem jetzigen Aberglauben nicht mehr der Fall ist. Über die Gebräuche des 15. Jahrhunderts berichtet das Buch ferner: »Auch arbeitet der mensch etwen, zukünfftige ding ze wissen, mit künsten an den gestiren, in den Flammen des fewrs, in dem wasser oder in den figuren der hende, oder mit punctieren in die erden oder mit ander weyse wie das geschicht, daz ein mensch will wissen die ding die über natürliche bekanntnuß seind, der tut sünde. Auch ein mensch der da sicht die bewegung etlicher creaturen, als den lauff und den gang der fisch und der thier, und den flug der vogel und iren gesang und nach dem gemerck zukünfftige ding sagent, die über die natur seiend, wer das tut, der tut todsünde.« Dann wird ermahnt, über Sieche und Kranke das pater noster und den Glauben zu sprechen und »nit über einen groben steyn, noch über ein holz, noch über gürtel, und desselben gleichen, das nit krafft hat zu gesuntheit«.

Ein anderes Werk, das um ein Jahrhundert später, im Jahre 1592, in München gedruckt ist, »Tractat von Bekanntnuß der Zauberer« (deutsch durch Bernhart Vogel, Assessor des Stadtgerichts), nennt vier Arten des Aberglaubens (jedoch nach St. Augustin): »Abgötterey, Wahrsagung, ungewohnlicher Gottesdienst, eitele Auffmerckung auff ein Ding.« Das 2. und 4. ist das was wir hier losen nennen. Loser wären demnach solche, die aus Gesichten (Träumen), aus Figuren, Bewegungen, Zusammenstellungen und Tönen dasjenige wahrsagen, was für jemanden in Zukunft von Gott bestimmt ist. Es gehören also zu den Losern auch die in obigem Traktat genannten »Landstertzer, von der Gallis Ägyptii, von den welchen Zingari, von den teutschen Heiden genannt«. Ebenso gehören zum losen die sogenannten Lostage, gereimte Wetterregeln, z. B.:

Pauli klarer Sonnenschein
bringt uns gutes Jahr herein.

Ferner gehören hierher die Glücks- und Unglückstage und unzählige andere Dinge, die aus vielen Landesteilen bereits gesammelt den Volksüberlieferungen beigefügt sind.

Die Gebräuche, die wir nun folgen lassen, gehören in den Bereich des von J. Grimm sogenannten »tätigen Aberglaubens«. Er wird natürlich mehr von weiblichen als von männlichen Personen ausgeübt. Der Vorwitz bezieht sich ja hauptsächlich auf den künftigen Freier. Ein bezeichnender Zug dabei ist das Rückwärtsgehen, das Verkehrtlegen oder -stellen, selbst das Rückwärtsbeten. Offenbar soll dadurch dem »Zufalle« ein größerer Spielraum gegeben werden.

Die Art des Losens ist verschieden. Entweder beruht es auf dem Augenschein oder auf Begegnungen oder auf dem bloßen Spiel des Zufalls. Zum letztern gehört z. B. das Ziehen des Loses, das Würfelspiel, das Entblättern einer Blumenkrone, das Abzählen an Knöpfen (soll ich, soll ich nicht; er liebt mich, er liebt mich nicht) usw.

Man kann nicht über jede Art des Losens den Stab brechen. Hat es im gesellschaftlichen Leben seine Quelle, so dient es zur Erheiterung und gibt dem sonst so poesielosen Leben der ärmeren Klasse eine gewisse Mannigfaltigkeit.

Aberglaube ist ein Überglaube (super-stitio), und das Volk wie manche große Männer werden seiner nie ganz ledig gehn; die einen erfüllt er mit Furcht, die andern mit Trost. Darum wollen wir ihm aber nicht das Wort reden.

Theodor Vernaleken

Heidenlärm

Bei dieser oder jener Gelegenheit kann man die mißbilligende Redensart hören: »Na, ist das aber ein Heidenlärm oder Höllenspektakel! So was ist rein nicht zum Aushalten!« – Habt ihr über Ursprung und Bedeutung des Ausdruckes schon einmal nachgedacht? Da sei kurz folgendes erwähnt: Unsere Vorfahren waren des Glaubens, daß sie bei gewissen Anlässen durch Verursachung recht großen Lärms die Zauberkraft der bösen Geister brechen, ja diese selbst vertreiben könnten. Der heilige Maximus rügte in einer Predigt: »Ein solch Geschrei hat sich vor mehreren Tagen gegen Abend erhoben, daß dessen Gottlosigkeit bis zum Himmel empordrang. Als ich fragte, was dieses Geschrei zu bedeuten habe, sagten sie mir, daß euer Gebrüll dem geplagten (sich verfinsternden) Monde zu Hilfe käme und daß ihr seine Ohnmacht mit euren Zurufen unterstütztet.« Auch Beda eifert gegen solchen Heidenlärm. Reste und Ausklänge dieses Brauches haben sich bis in unsere Zeit erhalten. In den unteren Waldgegenden der Oberpfalz wähnte man noch vor einem Lebensalter bei einer Sonnenfinsternis die Sonne vom Monde bedrängt. »Damit nun der Mond nicht Herr werde und die Welt nicht untergehe, schlug man mit Messern auf alte Pfannen oder Sensen, wie man es auch tat, wenn man umgehende Geister vertreiben wollte.« Unser heute noch im Fränkischen und Oberpfälzischen übliches Hexenauspeitschen in der Walpurgisnacht und zu Pfingsten ist nichts anderes als Heidenlärm. Als Heidenlärm, um die bösen Geister zu verjagen, ist auch das Silvester-Peitschenknallen der Schulknaben im Braunschweigischen, das Faschingsschnalzen der jungen Burschen zu Freilassing bei Salzburg und das Fastnachtschnellen im Badischen aufzufassen. Im Lungau knallen die Burschen, wenns »aper« wird, der Schnee wegschmilzt und das erste Grün kommt, mit kurzstieligen, furchtbar langen Peitschen, »um den Winter aus dem Land zu jagen und dem Vieh den baldigen Almauftrieb anzuzeigen«. Man nennt dies dort das Apaschnalzen. Ebenso dürfte das im Salzburgischen übliche Perchtenlaufen, dann das Huttlerlaufen oder Grasausläuten im Unterinntal am Georgitage, ferner das Schellenrührergehen im Werdenfelser Landl in der Fastnachtzeit nicht bloß als Ausdruck toller, überlauter Freude, sondern auch als dämonenvertreibender Lärm zu verstehen sein. In vielen Dörfern des Flachlandes laufen die Burschen mit dem Schellenkranz der Pferde maskiert umher. Vergleiche hiezu auch das Pflockeinschlagen, das Sperrketterasseln und Schießen über die Äcker am Fastnachtdiens-

tag, beziehungsweise am Karfreitag und Karsamstag, das Wolfaustreiben im Bayerischen Walde an Martini, das Herbsteinschnalzen zu Beginn des Herbstes in Obersteiermark, das Schlangen- und Ungezieferbannen (Verjagen) an Fastnacht, Lichtmeß oder an Petri (des Wetterherrn) Stuhlfeier (22. Februar) im Badischen! Am Vorabend des Festes laufen Buben mit einer Schelle und einer Kette lärmend im Hause oder dreimal um das Haus herum und rufen einen Bannspruch, z. B.:

»Krote(n) und Schlange(n) zum Tor raus!
Kücheln und Geld (oder Äpfel und Birn) zum Lade(n) raus!« usw.

Oder: »Raus, raus alle Maus,
alles Unglück aus dem Haus!«

Bedenken wir, daß nach der Ansicht unserer Vorfahren das Ungeziefer von Hexen hergezaubert werden konnte, daß sich Hexen, überhaupt böse, schädliche Geister, gern in Kröten, Motten usw. verwandelten! Überlegen wir weiters, daß es sich bei dem Brauch um möglichst großen mißtönigen Lärm handelt, den man mitunter dadurch zu verstärken versucht, daß man ein Wagenrad dreht und ein altes Häckselmesser daran schleift, so wird die Bedeutung klar. Unterließ man das sogenannte Scharausen (Schaurausen oder Scherausen), so nahmen Mäuse, Kröten, Raupen usw. schrecklich überhand. Endlich sei an das noch vor einem Menschenalter übliche Blasen auf Wetterhörnern oder großen Wettermuscheln in der Oberpfalz, in Böhmen und Baden erinnert! Glaubte man nicht felsenfest, man könnte durch heftiges Tuten bewirken, daß sich die verdammten Hexenwetter schadlos verteilen oder daß sie von der heimischen Gemarkung ganz wegziehen?
In Sagen von Wichteln und vom wilden Heer kehrt oft der Gedanke wieder, daß starkes Geläute die Geister verscheuche. Lautlose Stille der Nacht dagegen schien ihnen zu ihrem geheimnisvollen Wirken sehr günstig zu sein. Heidenlärm im übertragenen Sinn ist jedenfalls auch das allgemein verbreitete Neujahranschießen und das Schnalzen und Pulvern bei Hochzeitszügen, obwohl den Heiden freilich zur Zeit ihrer Bekehrung das Pulver noch nicht bekannt war. Die volksmundliche Deutung des Brauches weist aber auf diesen Sinn hin. Seitdem das Hochzeitanschießen in manchen Gegenden von der Polizei strenge geahndet wird, suchen die Burschen den Zweck dadurch zu erreichen, daß sie mit großen Steinen an das Scheunentor werfen. Denn Lärm muß sein!

F. J. Bronner

All wider den Aberglauben

Eine »aufklärerische« Schrift von Obermeier aus dem Jahre 1784, genannt »Bildergalerie Katholischer Mißbräuche«

Der schwache menschliche Geist ist schon von Natur für das Wunderbare geneigt. Wenn sich nun außerordentliche Fälle ereignen, von denen er die geheime Triebfeder nicht gleich ergründen kann, so können und müssen sie in seinen Augen nichts anderes als Wirkungen einer übernatürlichen Macht sein, daher so viele Mirakel, daher die Teufel, Hexen, Kobolde usw. Die Kuh gibt verdorbene Milch – gleich muß sie verhext sein. – Der Hagel zerschlägt die Felder – das hat der böse Feind getan. – Die Mönche, die wohl wissen, zu was der Teufel ihnen gut sein mag, haben nicht ermangelt, diesen Hang zum Wunderbaren durch ihre Hexengeschichten und falsche Wunderwerke noch mehr zu nähren. Wenn in irgendeinem Schloß der Schreiber, in ein weißes Leintuch gehüllt, der schönen Verwalterstochter des Nachts einen Besuch machte oder sich im Kuhstall der Knecht bei der Magd als Gespenst sehen ließ, wurde alsogleich ein ehrwürdiger Kapuziner geholt – der bespritzte dann die Wände mit Weihwasser, räucherte den stinkenden Stall mit einem ebenfalls stinkenden Rauch aus und las seinen lateinischen Exorzismus (denn der ärgste Teufel soll das Mönchslatein nicht eine Minute aushalten können.) Erschien das Gespenst nach der Hand wieder, so war's kein Teufel mehr, sondern eine arme Seele, für die zuwenig Messen gelesen wurden – gemeiniglich aber blieb das Gespenst auf die erste

Zitation weg. Der verliebte Schreiber entdeckte dem guten Pater seine Liebe zur Verwalterstochter. – Der Pater, dem daran lag, daß sein Kloster nicht das Renommee des Teufelbannens verlor, mußte den Unterhändler machen, und das Gespenst wurde lebenslänglich in die Arme der schönen Verwalterstochter gebannt.

Wir mußten diese kleine Einleitung vorausschicken, weil das Räuchern, von dem wir in diesem Kapitel reden wollen, seinen Ursprung aus dieser Hexen- und Teufelsperiode herschreibt.

Freilich weiß man nun nichts mehr von dergleichen Erscheinungen, und nachdem man angefangen, die Teufel mit Stockschlägen auszutreiben, müßte der wohl ein närrischer Teufel sein, der sich bei uns sehen ließ. – Es scheint also das Räuchern schon bloß in dieser Rücksicht überflüssig. – Allein wenn es schon keine Teufel und Gespenster mehr unter uns gibt, so gibt es doch noch hübsche Taler, die den Herren in die Augen stechen. – Es dürfte also dieser Mißbrauch so bald kein Ende nehmen.

Die Tage, wo dieser öffentliche Akt vor sich geht, sind die Vorabende des Christtags, des neuen Jahrs und der Heiligen Drei Könige. – An diesen Tagen laufen die Geistlichen in einem weißen Chorhemd über die Gassen von Haus zu Haus. – Hinter ihnen wackeln zwei Kirchendiener her, denen vermutlich der Weihrauch (die Wiener sagen Weinrauch) in den Kopf muß gestiegen sein. Der eine trägt das Rauchfaß und der andere einen Bund Heiligedreikönigzettel und die geweihte Kreide. Was man diesen Räuchern zum Ruhme nachsagen muß, ist, daß sie sich mit ihrem Rauchfaß niemandem aufdringen, sondern nur in diejenigen Häuser eintreten, wo sie auf gute Einnahmen rechnen dürfen. Freilich ließe sich dagegen einwenden, daß, wenn es, wie die Mönche noch immer behaupten, Gespenster und Teufel gebe, es unbillig und wider alle christliche Liebe sei, diese ungebetenen Inwohner nur aus den reichen Häusern zu vertreiben, in den armen aber ungestört logieren zu lassen; allein eben dadurch wollen sie uns zu verstehen geben, um was es ihnen eigentlich zu tun sei – und daß sie sich mit keinem armen Teufel mehr abgeben wollen.

Wir müssen also diese ganze Zeremonie als einen bloßen Handlungszweig des geistlichen Kommerzes ansehen, der mit so vielen wesentlichen Vorteilen für die lieben Herren verbunden ist, daß dieser Mißbrauch, wenn nicht ein höherer Machtspruch ihm Einhalt tut, wohl noch lange fortdauern dürfte.

Möchten wir doch irren! Möchte doch noch in diesem Jahrhundert die Religion von diesem unschuldig scheinenden, aber gewiß schädlichen Gaukelspiel gereinigt werden!!!

Der Johanniswein

Sankt Johannes, obschon bereits ein Werkeltag, füllt nochmals die bayerische Dorfkirche mit Andächtigen. Sonderbar: und am Johannestage getrauen sich selbst die Kirchenscheuen, die sonst jahrein und -aus wie angenagelt im Portale stehen, bis zum Speisegitter heran. An diesem Tage kredenzt nämlich der bayerische Pfarrherr allen seinen Pfarrkindern, Böcklein wie Schäflein, mit eigener Hand den Johanniswein.

Dazu kommt selbst das räudigste Schaf, das sonst dem Hirten auf eine Meile weit aus dem Wege geht. Gezogen von der Weinblume faßt er sich einen Mut und spricht: »Wart, jetzt geh' i extra a mit hi, ob mi da Pfarrer nöt übergeht?«

Und siehe, der Pfarrer kredenzt ihm einen schönen Schluck. Triumphierenden Blicks schreitet er nun die Kirche zurück und lobt und preist hernach: »Schau, er hat mi halt do nöt überganga! A brava Mo is unsa Pfarra, dös sag' i!«

Wenn aber der knausernde Kirchenpfleger den sauersten Kruckenberger zur Weihe liefert, dann verzieht der Bayer ohne weiters auch vor dem kredenzenden Pfarrherrn den Mund, schüttelt mißmutig den Kopf und läßt spöttisch den schlechten Johannessegen links und rechts übers Maul zu Boden rinnen. Schmeckt ihm dagegen der Johanniswein, so schnappt er dem weggehenden Pfarrer wie ein Fisch nach; ja im Straubinger Gäu lebte einer, der fuhr seinem Pfarrer keck unter den Ellenbogen und verschaffte sich dadurch regelmäßig den Löwenschluck vom Johanniswein. Am Wirtstisch wird hernach der »Kirchenflegel«, so nennt der Bayer scherzweise den Kirchenpfleger, mit seinem Essigwein in die Enge genommen: »No du, i glaub', du hast uns dösmal vogebn wölln mit dein Johannissegn!«

Übrigens läßt jede bayerische Familie am Johannestage noch ihren eigenen Hauswein zur Weihe tragen. Nach der Messe versammelt sich dann die sämtliche Hausbewohnerschaft um den Familientisch. Der Bauer ergreift jetzt das volle Kredenzglas, hebt es gegen die Bäuerin und spricht sie also an: »I bring' dir 'n Sankt-Johannes-Segen!«

Die Bäuerin ihrerseits ruft ihm zu: »I gsegn dir 'n Sankt-Johannes-Segen!«

Nun trinkt der Hausherr, und zwar in drei streng gegliederten Schlucken; nach dem ersten spricht er gebetweise »Gott Vater!«, nach dem zweiten »Gott Sohn!«, nach dem dritten »Gott Heiliger Geist!« Hierauf reicht er das Kredenzglas der Hausfrau.

Sie ruft nun dem ältesten Sohne zu: »I bring' dir 'n Sankt-Johannes-Segen!«
Er hingegen spricht die Mutter an: »I gsegn dir 'n Sankt-Johannes-Segen!«
So geht es die ganze ranggeordnete Familie durch, bis der Stallbub es dem Gänsmädchen zugetrunken und diese es ihm gesegnet hat.
Ja selbst der Bayer in der Wiege wird in die schöne Zeremonie und Volkssitte einbegriffen. Man spricht ihn mit dem vollen Segenspruch an und träufelt ihm seinen Johanniswein in den Dutzl.

Joseph Schlicht

Stefaniwasser und Johanneswein

Sankt Stefanus und Johannes sind enge Nachbarn, es liegt nur eine Nacht zwischen ihnen. Aber sie sind nicht gut Freund, sagt man. Johannes und Christus sind von jeher Busenfreunde gewesen, und so hat sich auch der Johannestag fest an den Christtag angemacht. Da kam aber der Stefanus und drängte sich zwischen die beiden, und den Braten und die Krapfen, welche der Christtag übrigläßt, bekommt jetzt der Stefanus. Darum ist der Johannes sehr böse auf diesen. Aber der Evangelist sucht seinen Gram im Weinglase zu ersäufen und schlürft hinter dem Rücken des Eindringlings, welcher beim Wasserkruge sitzen muß, seinen Humpen köstlichen Weines.

Und jetzt will ich es näher erklären, wie das ist.

Der Stefanus sitzt beim Wasserkrug. Wenn die Leute am Stefanitag in die Kirche gehen, so stecken sie ein Fläschchen mit frischem Wasser zu sich. Der Hausvater aber, oder der Großknecht, hat ein weit größeres Gefäß aus Ton oder Zinn und noch obendrein ein Stück Salz bei sich. Und wenn nun die Predigt mit der Steinigungsgeschichte des Erzmärtyrers vorüber ist, nimmt der Priester ein großes Buch und den »Sprengel« zur Hand und erteilt im Namen St. Stefani allem in der Kirche vorrätigen Wasser die Weihe. Dieses Stefaniwasser ist ein ausgezeichnetes Mittel gegen den Teufel. Es wird auch am Karsamstag Wasser geweiht, aber das ist bei weitem nicht so wirksam wie das Stefaniwasser; um die Karsamstagweihe scheren sich die wenigsten der Bösen, aber vor den Stefanitropfen muß jede Hexe fliehen, und der Teufel hat bekanntlich gegen nichts eine solche Abneigung als gegen den »Weihbrunn«!

Deshalb werdet ihr in jedem christlichen Haus am Pfosten der Stubentüre das Weihwassergefäß hängen sehen. Taucht demütiglich die Finger ein und benetzt wohl die Stirne, sonst ... Unbedingt notwendig ist das Weihwassergefäß auch am Bette der Jungfrauen! Vergißt die ehrsame Maid nur ein einzigmal, sich vor dem Schlafengehen zu besprengen – sogleich klopfen die Gespenster an das Fenster, steigen gar noch herein in die Kammer ...

Die Vorräte in den Speichern und Scheunen sollen stets – besonders in den Weihnächten – fleißig besprengt werden, daß der Segen Gottes dabei bleibe; und vor allem im Frühjahr, wenn das Vieh zum erstenmal in das Freie getrieben wird, ist nicht zu vergessen, demselben ein in Stefaniwasser geweihtes Stück Brot und Weihsalz zu verabreichen, sonst wird es im Sommer hindurch krank und rutscht wohl gar wo ab!

Geradehin unerläßlich ist das Besprengen der Kühe am Pfingstsonntag, denn da kommen ja die Hexen und melken die ungesprengten Kühe auf der Weide, und diese geben dann bis in den Herbst hinein rote Milch. Gegen gezauberte Wetter gibt es auch nichts Vorzüglicheres als den Weihbrunn! Und so wird das Stefaniwasser zu Nutz und Frommen für Haus und Hof.

Peter Rosegger

»Von dem heilligen Apostel Johannes«

27. Dezember

Johannes, der du Jesu Christ
Vor andern lieb gewesen bist,
Bitt Gott für uns, damit auch wir
In allem Gueten folgen dir.

Aus den Zwölfboten einer bist,
Die unser Heiland Jesus Christ
Aus seinen Jüngern hat erwählt
Und als Apostel hat bestellt.

Besonders aber nahme dich
Der Herr und Meister auch mit sich,
Als er sich auf dem Berg verklärt
Und hoch Geheimnis hat gelehrt.

Auch als er nahme in dem Saal
Mit euch das letzte Abendmahl,
Die Gnad dir widerfahren ist,
Auf seiner Brust gelegen bist.

Hernach, als er am Ölberg ging
Und sich die Leidenszeit anfing,
Mit ihm er nahme drei allein,
Aus welchen du sollst einer sein.

Sogar als er in höchster Not
Am Kreuz schon nahe war dem Tod,
Sein Muetter er befahle dir
Ihr Sohn du sollest sein hinfür.

Du hast ihr alle Ehr erzeigt,
Auch war sie dir mit Lieb geneigt,
Bei ihr beständig blieben bist,
Bis sie in Himmel g'fahren ist.

Die Gheimnis hast die Leut gelehrt,
Die du von Christo hast gehört.
Aus vieren ein Evangelist,
Hoch wie ein Adler g'flogen bist.

Jetzt stehst du vor des Höchsten Thron
Und schauest an die göttlich Sonn',
Dort wirst du in der größten Freud
Verbleiben in alle Ewigkeit.

O schaue auch auf uns herab
Und durch dein Bitten wende ab,
Was uns nicht an dem Leib allein,
Auch an der Seel kann schädlich sein.

Damit wir ohne Sünd und Schad'
Verbleiben stets in Gottes Gnad'
Und nach vollendter Lebenszeit
Gelangen zu der Seligkeit.

Salzkammergut

Silvester

Silvesterabend im Bayerischen Wald

Obschon ein Bärenwinter unter den Stiefeln knirschte und glitzerte, so lag doch in einem volkreichen Marktflecken am Regenfluß die sämtliche Ortsbewohnerschaft an den offenen Fenstern; man horchte und spähte nach dem nächtlichen Neujahrssänger.
Und er kam auch, und zwar in jede Gasse: der biedere »Spatzerer«, so lautete sein Spitzname. Er war ein Siebziger, trug auf seinem Rükken einen stattlichen angestammten Buckel, in der rechten Hand aber die mörderische Sicherheits-Hellebarde, denn er war der bürgerliche Nachtwächter. Zur Seite ging ihm sein schönstes Töchterlein, die »Spatzenliese«. Die brauchte er notwendig, damit er ohne Familienverstöße und mit der gehörigen Amtshöflichkeit vor jedem Markthause seinen Neujahrswunsch in Gesang oder Spruch tadellos anbrachte.
Das war nichts Leichtes. Er mußte nämlich jedes Familienmitglied dienstlich wohlgesetzt angratulieren, den Säugling in der Wiege so gut wie den Herrn des Hauses. Und das tat der Spatzerer denn auch mit solcher Gewissenhaftigkeit, daß er selbst die kleinen Hosentrompeter als »Herrn« ansprach. Kam er vor Häuser mit vielnamigen Familien, so fragte er seine Liese zuvor um die verschiedenen Namen. Dabei gab es nette Zwiegespräche, die man stets belauschen konnte.
Spatzerer: »Wöi hoißn denn 'n Herrn Assessor seine Diandla?«
Spatzenliese: »Nesterl und Nellerl!«
Spatzerer: »Jessas, dö habn ja Nam as wöi d' Hund!«
Nach diesem hochklassischen Kompliment sang der biedere Spatzerer den beiden blühenden Mädchen seinen zierlichsten Neujahrswunsch. Die Mädchen hießen nämlich Ernestine und Petronelle; der Herr Assessor sah selbst zum Fenster heraus und lachte herzlichst zur Exklamation des Spatzerers.
Um den Spatzerer drehte sich in der Silvesternacht der ganze Marktflecken. Männlich wie Weiblich war auf den eigenen Hauswunsch begierig, und war er überstanden, dann klatschte und baste man: »Jetzt will ich doch sehen, was der Spatzerer sagt bei dem Haus und bei der Familie und bei der Strohjungfer!«
Und richtig, sei es aus harmloser Unwissenheit, sei es in einem Zungenverstoß, sei es aus arger Tölpelei oder gar in einem Anfluge plötzlichen Witzes: der biedere Spatzerer titulierte bald in dieser, bald in jener Gasse eine entblumte Marktschönheit als »Jungfrau«, obschon sie drei und vier Rangen um sich hatte.

Allgemeines Gekicher und Gelächter waren natürlich jedesmal die Folge. Umsonst schimpfte die geprangerte entblätterte Rose: es war geschehen. Aber schon vielleicht beim nächsten Haus erreichte den Spatzerer die Rache. Darin hauste möglicherweise eine kernfeste Handwerkersfrau mit vielen Kindern und wenig Geld, die dann wie eine Löwin zum Fenster herauswetterte: »I brauch dei Gschroi nöt!« Und der Spatzerer geriet nach und nach in Furcht und Zittern und wagte sich an mehrere Häuser gar nicht mehr. Aber damit stach er erst ins Wespennest. Anderntags ging das Geföppel los:
»Ihr seid mir die rechten, euch hat nöt einmal mehr der Spatzerer das Neujahr angratuliert!«
Der Spatzerer mußte natürlich dann den bösen Brei auslöffeln. Noch nicht genug. Die Baserei dauerte die ganze Neujahrswoche im Marktflecken fort: »Von dir hat er dös gsagt, von dir dös usw.« Und nun kamen allerlei Verstöße zum Vorschein, Dummheiten, Tölpelstücke, ja selbst Ehrenkränkungen schwieriger Art.
Doch der biedere Spatzerer saß bereits daheim am warmen Ofen, ließ die böse Welt klatschen und grollen und tröstete sich mit seinem vollgespickten Geldbeutel. Nachdem er gut und schlecht die Silvesternacht mit ihrem heilen Spruch und Gesang überstanden, trat er am Neujahrstage selbst in aller Form Rechtens in die einzelnen Marktsfamilien dem Rang und der Reihe nach und erhielt nun von ihnen den Taler, Gulden, Halbgulden, Zwanziger und Zwölfer für seine schönen Neujahrsgratulationen.

Joseph Schlicht

O LIebe HeILIge
Caspar + MeLChIor +
BaLthasar +.
BeWahrt Vns aLLe heVrIgs Iahr
Vor HVnger SeeL / aVCh LeIbs-Gefahr.
IESVS NazarenVs eIn König Der IUDen /
DIser gLorreIChe TItVL beWahre Vns.

Der Kalender

Auf dem Fensterbrett oder auf dem Altarleistchen liegt der Kalender. Dieses seltsame steirische Büchlein ist eines näheren Studiums wert; es ist in der ganzen Kalenderliteratur das merkwürdigste Ding. »Neuer Bauernkalender auf das Jahr –– Mit k. k. Privilegium, bei Strafe 10 Mark löthigen Goldes keinen in Steiermark einzuführen. – Zu haben bei Leykam in Graz.« So steht's auf dem Titelblatte. Dieser Kalender ist einen Bogen stark, hat 1180 Illustrationen, wovon 216 reich coloriert sind, und kostet broschiert und versendet samt Stempel à 6 kr. Alles in allem 10 – seit neuestem 12 – Kreuzer österreichischer Währung. Dieser Kalender ist alljährlich in 260 000 Exemplaren verbreitet und für Leute eingerichtet, die – nicht lesen können. In jedem Bauernhof und in jeder Hütte der Steiermark ist er zu finden, und der Holzhauer trägt ihn in seinem Tagwerkbüchel und der Bettelmann in seinem Schnapssack, und gar manche Stallmagd trägt ihn sorglich verwahrt an ihrem Busen wie ein Amulett und tut zuweilen einen andächtigen Blick in die bunte Hieroglyphenschrift.

Das Wort »Neuer« Bauernkalender ist just nicht ganz buchstäblich zu nehmen, der älteste Jahrgang, den ich davon sah, datierte aus dem Jahre 1808, indes geht seine Spur zurück bis in die achtziger Jahre des vorigen Jahrhunderts. Das Äußere und das Innere dieses wahrhaftigen Volkskalenders aber ist sich gleich geblieben seit seinem Entstehen bis auf den heutigen Tag; er erschien einst mit den gleichen und denselben 1180 Figuren und mit seinen Farben, mit seinen schwarzen und roten Hütchen (Werk- und Feiertagen), mit seinen Sonnen- und Mondesfinsternissen und Himmelszeichen und Monatbildern und Lostagen und Wetterregeln, wie heute. Er entbehrt aller Reklame und wird in ungeheuren Massen abgesetzt. Der Bauer muß ihn einmal haben, das ist sein Hausbuch, sein Evangelium. Dieser Kalender ist ihm der Begriff der Zeit; zwanzig solche Kalender, da ist noch das erste Viertel, und er kann heiraten, sechzig solche Kalender – dann ist Matthäi am Letzten. Es wollen sich viele andere Jahrbücher einschmuggeln, aber der Bauer mag sonst keines; in keinem sonst sind so viele Fasttagkreuze angesetzt, die ihm Sterz und Krapfen verheißen, in keinem sonst sind die Bauernfeiertage so rot gemalt als in seinem »neuen« Bauernkalender.

Er kann ihn im Spätherbst schier völlig nicht erwarten, und wenn er ihn endlich heimbringt vom Krämer, so fällt gleich alles darüber her. Die Bäuerin zählt die Fasttage, die Knechte machen sich über die

feuerroten Feiertage her, und die Mägde wollen vor allem wissen – wie lang der Fasching ist. – »Wo ist denn derselb mit der großen Nasen und den langen Hörnern?« heißt es, denn diese Figur bezeichnet die Fastnacht, und es ist ein Jubel, wenn sie gegen Ende des Hornung oder gar erst im März steht – da gibt es viele Tänze und Hochzeiten, und da kommt zuweilen doch eine oder die andere dran.
Ein gar verdächtiges Zeichen ist es, wenn sich eine Magd zu eigens den Kalender kauft und oft verstohlen in demselben blättert. Nicht der Heiligen Gottes wegen tut sie es, die sich durch all die zwölf Monate hin in buntester Reihe postiert haben, auch nicht der Fasttage und Feiertage und des Faschings wegen, es sind ihr ferner die Sonnen- und Mondesfinsternisse und die Witterungen gleichgültig, sie will was anderes wissen, sie zählt Wochen ab bis zu der zwanzigsten, dreißigsten, vierzigsten, und dort macht sie mit der Stecknadel ein Loch – und das ist das Zeichen.
Nun ein wenig zu der Einrichtung des Kalenders. Die Zeichenbedeutungen sind vorne zum Teil wohl erklärt, aber auf die 216 »Heiligen« ist nicht genügend Rücksicht genommen. Zu den »Heiligen« werden nämlich auch die Zeichen der Finsternisse und Tageslängen gerechnet, da sie in dem Kalender mit jenen in gleicher Reihe stehen und rot oder gelb bemalt sind. Vorne auf dem Titelblatt sind Sonne, Mond und Sterne mit kohlschwarzen Strahlen. Unter diesen stehen drei Landleute in der Tracht des achtzehnten Jahrhunderts, welche für »Sterngucker« gehalten werden. Die Sterngucker, das sind die Kalendermacher, sind aber übernatürliche Wesen, denn ein Mensch kann sich nicht gleich hinsetzen und einen Kalender machen, er weiß ja nicht die Feiertage und die Witterung und wie lang der Fasching und ob in demselben Jahr nicht etwa der Jüngste Tag ist!
»Solche Dinge wissen die Menschen wohl zu berechnen«, sagte ich einmal zu einem alten Bauern, »sonst könnten sie ja auch die Sonnen und Mondesfinsternisse nicht voraussagen.«
»Sonnen- und Mondesfinsternis voraussagen«, meinte der Bauer, »dasselb wird wohl kein Zauberstückl sein, schaut eins halt in den Kalender, drin steht's.«
Die Tageslängen werden in diesem Kalender durch eine Sanduhr angezeigt, auf welcher eine römische Ziffer die Sonnenstunden des betreffenden Tages bedeutet. Diese Figur wird die Uhr genannt. Quatember wird durch einen Stockfisch versinnlicht, welcher zwischen den »Heiligen« aufrecht steht und auch die Farbe und Größe derselben hat, so daß zuweilen unliebsame Verwechslungen vorkommen. Mittfasten ist eine große, gezackte Rose. Die Hundstage werden dargestellt durch zwei riesige blutrote Hunde, ebenfalls zwischen

den Heiligen. Kirchweih ist ein mächtiges Kreuz – das Sterbe- und Grabkreuz für manch jungen Burschen, der auf dem lauten, tollen Kirchweihfeste erschlagen wird. Zu Allerseelen steht das Bild des leibhaftigen Fegfeuers. Als erster Adventsonntag prangt ein ziegelrotes Kind im Mutterleibe mit zwei durchkreuzten Hörnern; als Christtag ein Kindlein, auf einem Polster liegend. Dieser Polster wird von zynischen Bauernknechten für den Christkrapfen gehalten. Den Freitag der Schmerzen Mariens bedeutet ein von sieben Schwertern durchbohrtes Herz; den Karfreitag ein schwarzes, hohes Kreuz; den Ostersonntag eine rote Fahne; Kreuz-Erfindung das aufgerichtete Kreuz Christi mit den Marterwerkzeugen; Christi Himmelfahrt zwei Fußstapfen auf blutrotem Grasboden; Pfingstsonntag eine rote fliegende Taube; Fronleichnam eine gelbe Monstranz mit einer blutenden Hostie.

Nun zu den Heiligen selbst, welche die Hauptsache sind. Die heiligen Bischöfe werden durch ungeheure Bischofsmützen versinnbildlicht, die Päpste durch dreifache Kreuze und Kronen. Drei verschiedenfarbige Kronen übereinander bedeuten die Heiligen Drei Könige; ein roter Mann mit zwei Glöcklein am Stabe bedeutet den heiligen Einsiedler Antonius; ein anderer roter Mann auf dem Pferde, dem in Gestalt eines orangefarbenen Fächers das Himmelslicht entgegenstrahlt, den heiligen Paulus, der sich eben bekehrt; ein anderer, zinnoberroter Mann mit einem riesigen Schlüssel, den heiligen Petrus. Ein zusammengedrängtes Häufchen weiterer roter Leute stellt die vierzig Märtyrer vor, eine Garnspule, an welcher zwei Ratten klettern, die heilige Gertrud; ein fliegender Löwe mit einem Buche den heiligen Markus; ein Knäuel Gedärme um einen Bischofsstab gewunden den heiligen Erasmus; ein Lamm mit einer roten Fahne den heiligen Täufer Johannes (das »Sonnwendlamperl«); ein nackter Mann unter einer Treppe kauernd den heiligen Alexius; ein feuerrotes Weib vor Kreuz und Totenkopf kniend die heilige Magdalena; zwei übereinandergelegte Hände unter einem Kreuze das Fest Portiunkula; ein hochroter Prediger auf der Kanzel den heiligen Dominikus; ein nacktes Mädchen in den Flammen die heilige Afra; ein Menschenkopf auf dem Teller den heiligen Johannes (Enthauptung); und zwei Jungfrauen, die ihre eigenen Köpfe auf dem Schoße tragen, stellen die Heiligen Felicitas und Regina vor. Ferner bedeutet ein Kruzifix zwischen zwei Hirschgeweihen den heiligen Eustachius; ein roter Topf mit Bischofsstab den heiligen Rupertus; ein gelber Löwenkopf den heiligen Hieronymus, ein Mann unter dem Galgengerüst den heiligen Koloman; ein Wolf, der einen Holzklotz trägt, den heiligen Gallus. Von diesem Wolfe wird gesagt, daß er das Winterholz einträgt, weil Gallus in den Oktober fällt. Eine rote Menschenhaut, welche auch für eine – gerupfte Gans ausgegeben wird, versinnbildlicht den heiligen Martinus; ein gebrochenes Rad die heilige Katharina; ein Kelch mit der Hostie die heilige Barbara; drei Äpfel auf einem Tisch den heiligen Nikolaus; drei verschiedenfarbige Steine den heiligen Stephanus; ein Kelch mit der Schlange am Rande den heiligen Evangelisten Johannes usw. usw. – Diesen vorwiegend

roten Kostümen nach zu schließen, gehört die Mehrzahl der Heiligen Gottes zur sozial-kommunistischen Partei.
Von all diesen Figuren weisen dünne Striche auf die schwarzen oder roten Hütchen, die unterhalb in einer Reihe stehen, die Tage vorstellen und mit den Himmels- und Witterungszeichen und den Datumsziffern versehen sind. Von den Witterungszeichen bedeutet ein Kreis mit einem Punkte in der Mitte: Sonnenschein; ein Kreis in vier Teile geteilt: hell, temperiert; ein Pfeil: Blitz und Donner; ein Handschuh: kalt; ein Kamm: Regen; ein Kamm mit Rundbogen: Nebel; ein Stern: anhaltend usw.
Sonnen- und Mondesfinsternisse werden durch gelbe Kugeln mit roter Halb- oder Ganzdeckung dargestellt; sie befinden sich ebenfalls in der Reihe der Heiligen.
Die zwölf Himmelszeichen dürfen weder als Monatsschild, wo sie sehr reich verziert und coloriert sind, noch bei den einzelnen Tagen fehlen, denn bei Landbau und Viehzucht ist sehr darauf Rücksicht zu nehmen; und gar, wenn ein Mensch geboren wird, was sich denn doch wohl auch zuträgt, ist es unbedingt notwendig, zu wissen, ob es im Löwen oder im Krebs oder im Steinbock oder im Stier oder gar in den Zwillingen geschieht, weil das auf den Charakter des Neugeborenen von großem Einfluß ist. (Unsere Landleute lassen es nicht gelten, daß sie alle miteinander im Krebsen geboren; sie meinen in Zwillingen, weil sie sich gerne paaren, und im Fisch, weil sie gerne trinken. Auch gibt es ehrsame Basen, die in dem Zeichen der Jungfrau das Licht der Welt erblickt.)
Diese Figuren und Zeichen nun muß der Bauer, der nicht lesen kann, auswendig wissen. Er weiß sie auch; da kennt kein Mönch sein Brevier so gut als der Bauer seinen Kalender. Zudem knüpft sich für ihn an jede Figur eine Erinnerung, ein Wahlspruch, eine Regel, eine Sitte.
Und dieser Kalender ist ihm sein Tagebuch. Hier an den Tagshütchen merkt er sich's an, wann ein Sturmwind, ein Hagel war (was nicht allzeit ganz genau mit den Witterungszeichen übereinstimmt), und er merkt sich's an, wann sich seine Kuh begattet und wann sie gekalbt hatte. Und hier im Kalender bezeichnet er die Geburt seiner Kinder und wann sie zur ersten Kommunion und zur Firmung gingen und wann sie heirateten oder zu den Soldaten mußten. Und in diesen Kalender trägt er jegliches Ereignis, Glück und Unglück ein, so über sein Haus gekommen, und die Krankheiten und Todestage seiner Angehörigen.
Und ist das Jahr um, so wird ein neuer Kalender gekauft und der alte zu all den älteren geheftet. Und so bildet sich ein Familienbuch, eine

Chronik des Hauses in Hieroglyphen, allen Nachkommen verständlich und heilig.

So lebt und webt dieses kleine, bunte Büchlein, ungekannt und geahnt von der großen Welt, im Verborgenen, in den Geheimnissen des friedlichen Hofes, in dem Allerheiligsten der stillen Hütte und in dem Gemüte.

Evangelium und Religion, Sitte und Talisman und Tagebuch und Hauschronik und Kalender dazu, das alles ist dem steirischen Landmann dieses kleine, bunte Büchlein. Beim alten bleibt er, solange es sein »neuer« Kalender bleibt; wenn es aber in diesem einmal steht, er soll sein Pferd in den Wagen setzen und sich selbst an die Deichsel spannen, so setzt er sein Pferd in den Wagen und spannt sich selbst an die Deichsel. Und wenn zu jedem Neujahr hundert und hundert Kalender erscheinen, wenn dereinst aber dieser einmal ausbleibt, dann rührt der Bauer keine Axt und keinen Pflug mehr an, dann legt er sich auf die Pritschen, denn dann ist's aus mit aller Zeit, und der Jüngste Tag ist nahe.

Peter Rosegger

»Glückseligs neu's Jahr!«

Der Neujahrsmorgen ist innerhalb des Bayernhauses laut belebt durch das sogenannte »Neujahr abgewinnen«; eine Volkssitte, welche die Häuser mit verworrenem Geschrei und Lachen erfüllt. Nämlich jedes Familienglied beeilt sich, vor allen andern zu rufen: »Glückseligs neu's Jahr!« Die Kinder haben dann noch eine Extrafreude: dem Vater das neue Jahr abzugewinnen. Knaben und Mädchen lauern also, bis der aufgestandene Vater sich niederläßt in seinen Lehnstuhl, sei es, um die Bändlein seiner Lederhose zu knüpfen, sei es, um in seine Stiefel zu fahren.

Flugs sind nun die Kinder hinter ihm und »drosseln« auf gut bayerisch den lieben Vater, d. h. der Reihe nach umfaßt jedes mit beiden Händen den väterlichen Hals, schüttelt ihn aus Leibeskräften und ruft: »Glückseligs neu's Jahr!« Für diesen kräftigen Segenswunsch, den nur eine bayerische Vaterkehle tapfer aushält, beschenkt der Bauer seine Buben und Mädchen mit funkelnden Neujahrskreuzerln.

Außerhalb des Hauses in Dorf und Land ist der Neujahrstag belebt durch das sogenannte »Neujahr anschreien«; ein Erwerbszweig der armen Gemeindehauskinder. Sie sind hiezu ausgerüstet mit Spruchvers und Melodie, mit Sack und Stecken; sie gehen bei den Honoratioren herum.

Glückseligs neu's Jahr,
's Christkindl im 'krausten Haar,
A langs Lebn, a guats Lebn,
'n Himmel daneben!

I wünsch' dem Bauern an goldenen Rock,
Daß er ihm steht wie a Nagerlstock!
Und i wünsch' der Bäuerin a goldene Haubn,
Daß s' ihr steht wie a Turteltaubn!

Ein Büberl singt's draußen vor meiner Tür, und jeder Reim fällt in der schmucklosen kleinen Terz. Ich trete hinaus: »Aber schau, ich bin ja kein Bauer, und bin auch keine Bäuerin, wünsch und sing einmal mir auch etwas!«

Der kleine Neujahrssänger guckt mich verblüfft an, offenbar ist er mit seinem Vorrat zu Ende. Er sang, was und wie ihn Großmutter gelehrt; darüber hinweg ist ihm die dichterische Ader ausgeronnen.

Der altväterliche Neujahrswunsch, so kindlich er klingt, hat übrigens doch seinen Kern und seine hochpoetischen Reize.
Welcher Griesgram schlüge ein glückseliges Jahr aus? Und keimt nicht aus dem Goldwörtlein »glückselig« alles, was das wünschende Herz begehrt, die Hülle und Fülle hervor? Schon beim bloßen Klange dieser neun Buchstaben wird uns selig ums Herz. Das kernige Volk der Bayern ist nun einmal in die Krausköpfchen verliebt, und darum muß das morgenländische Christkindlein, will es oder will es nicht, auch eins tragen. Mag sein, daß diese weihnachtlichen Krausköpfchen gerade nicht immer von Meistern des Schnitzens und Formens herrühren, aber mit ihren freundlichen Gesichtlein und roten Backen sehen sie so küssenswert und allerliebst aus, daß sie sich Augen und Herzen des Landvolks im Sturm erobern.
Und wer wünscht nicht ein langes Leben? Und welcher Grillenfänger wäre einem guten Leben feind? Und welcher freidenkerische Unhold möchte nicht doch nach einem langen, guten Leben den Himmel daneben? Das Nelkerl (sprich: Nagerl) ist die eigentliche allgeliebte bayerische Bauernblume. Und wirklich, eine wohlgefüllte Nelke ist ein gar appetitliches Ding: ihr Duft, ihre Farbe, ihr Kelch, das alles ladet mit unwiderstehlichen Reizen ein. Wenn also der kleine Neujahranschreier dem Bauern einen goldenen Rock wünscht, der ihm steht wie ein Nagerlstock, so hat er um Stoff und Form in auserlesene Firmen gegriffen. Und im Grunde hat der kleine

Sänger doch nur das schöne Bibelwort »Selbst Salomon in all seiner Pracht ist nicht so herrlich gekleidet wie eine Feldblume« auf den bayerischen Bauer übertragen.
Noch mehr als der Bauer sieht natürlich die Bäuerin auf propere Tracht. Ihr wünscht darum das Neujahrsbüblein mit seinem Takt eine Goldhaube, die ihr steht wie eine Turteltaube. Das Turteltäubchen ist das Lieblingstierlein des bayerischen Landvolks und recht namentlich der Bäuerinnen. Wahrlich nicht umsonst. Hat doch das Turteltäubchen einen so graziösen Gang und macht die reizendsten Komplimentchen, und gurren kann es allerliebst, und wie einschmeichelnd in Gestalt und Wesen ist es doch! Und noch dazu zieht es von der ganzen Familie den Rotlauf an sich; so glaubt die bayerische Hausfrau unerschütterlich, und darum hegt und füttert und liebt sie das Turteltäubchen. Und fühlt sich mit ihm aufs allerfeinste angratuliert!
Doch siehe, ein artiges Mädchen stach den verblüfften Neujahrssänger aus. Das kam und sang:

I wünsch dem Herrn einen silbernen Tisch,
An jedem Eck einen gebackenen Fisch,
Und in der Mitt' ein Gläschen Wein,
Da kann der Herr recht fröhlich sein!

»Topp, du kleine Sängerin!« nickte ich lächelnd; ließ den silbernen Tisch ein für allemal den Millionären dieser Welt und nahm nur den Fisch und Wein für mich. Nachmittags pfiff ich meinem Kalmuck und Prinz-Schnudi und ging spazieren; es war so gesund und winterschön, die Bäume flimmerten von Millionen Eisblümchen befiedert. Eben rückte ein Büblein aus und ruderte mit zwei Stecken ins Land hinein. Meine Hündchen, gar nicht bös, aber wegen ihrer Höllenschwärze und feuerroten Halsbänder wie Teuferl aussehend, umsprangen halb freundlich wedelnd, halb feindlich bellend das Büblein. Es hob streitbar seinen Stecken und frug mich: »Wöi moinst? Beißn's mi nöt?«
Ich beruhigte es und frug nun auch: »Wo gehst denn hin, Bübl?« Es nahm seine wichtigste Miene vor und sprach zu mir: »No schau, auf d' Bruckmühl geh' i abi ins Schrei'!« Bündiger konnte es seinen Erwerbszweig nicht benennen.
Übrigens auch seine Menschenkenntnis spielt im Neujahrswunsch ihre Rolle. Geht ein Größeres ins Anschreien und kommt in ein Haus, in welchem der harte Taler beliebter ist als das Himmelreich, so wird wohlberechnet umgesteckt und gesungen:

A langs Lebn, a guats Lebn
Und an Beutl voll Geld danebn!

Die Wiege des kindlichen altväterlichen Neujahrwunsches steht eigentlich in einer Zeit, in welcher das schöne Bayerland noch viel mehr goldene Bauern und goldene Bäuerinnen besaß. Noch jetzt besitzt es, Gott sei Dank, deren eine wohltuende Fülle; möge nichts an ihnen rütteln!

Im Bayerischen Wald, wo, umschirmt von Hochbergen und Forsten, das Volksleben am stärksten treibt, hat man einen besonders kräftig gestalteten Neujahrswunsch in der Bauernfamilie. Er lautet:

Was wünsch ma dem Herrn
Zum neuen Jahr?
Und was mar ihm wünschn,
Dös werd ihm fei wahr!
Wir woll mar ihm wünschn
An golden Tisch
Und auf jedn Eck
An bratna Fisch;
Und drin in da Mitt'
A Kandl voll Wein,
Die Heilign Drei Kini
Die schenka scho ein.

Was wünsch ma der Frau
Zum neuen Jahr?
Und was mar ihr wünschn,
Dös werd ihr fei wahr!
Wir woll mar ihr wünschn
A Wiagerl fürs Bett,
Damit da die Frau glei
Ihr Kinderl neilegt.

Was wünsch ma dem Kinderl
Zum neuen Jahr?
Und was ma ihm wünschn,
Dös werd ihm fei wahr!
Wir wolln mar ihm wünschn
An goldenen Wagn,
Damit daß dös Kinderl
In Himmi ko fahrn.

Der kräftigste Neujahrssänger ist also der bayerische Wäldler: der stempelt rund heraus seinen Glücksspruch zu einem sicher wirkenden Zwangswunsche.

Joseph Schlicht

Silvesterkönig

Am Silvesterabend ist in Niederösterreich das Bleigießen, Losen, Holz- und Schuhwerfen im Gebrauch, und zwar wird es eifriger getrieben, als in den übrigen heiligen Nächten. An diesem Abend wird in Mank und anderwärts der Silvesterkönig gekrönt. Dem Tölpelhaftesten aus dem Hausgesinde wird ein Strohkranz aufgelegt und ein Strohbüschel in die Hand gegeben. Die übrigen jagen dann den Silvesterkönig mit einer aus Stroh geflochtenen Peitsche durch Tür und Tor. Er muß so lange vor der Tür stehen, bis sich die jüngste Dirne seiner annimmt und ihn hereinführt. Diese Dirne ist nun das Haupt des Gesindes für das kommende Jahr, und den ganzen Abend hindurch werden ihr Glückwünsche dargebracht.

Theodor Vernaleken

Der Prophet Balaam

So viel hundert Jahr
Auf den Stern haben g'wart't
Auf dem Berg Victori
So lang bei der Nacht.
Jetzt ist einmal kommen
Die gnadenvolle Zeit,
Die Himmel und Erden
Und Alles erfreut.

Sobald Gottes Sohn
Geborn in dem Stall,
Geschehen große Wunder,
Zu sehen überall:
Der Weinberg so schön blühet,
Der längst abgedorrt;
Drei Sonnen man siehet
in Spanien alldort.

Ein Engel singt den Hirten
Das Gloria auf dem Feld:
»Ehr sei Gott in der Höhe
Und Frieden auf der Welt!
Der Heiland ist geborn
Als Gott und Mensch zugleich;
Aus Bethlehem verstoßen
Dort liegt er auf dem Heu.«

Gehn wir mit den Hirten,
Das Kind zu beten an,
Und fallen zu Füßen
dem wahren Gottessohn,
Weil er wegn unser leidet
Die große Kält und Not!
Ach thu uns verzeihen,
O gütigster Gott!

»Neues Jahr Lied«

Auserwähltes Jesulein,
Laß mit dir eins sprechen!
Ich will als der Diener dein
Den Respekt nicht brechen.
  Sieh', das neue Jahr ist hier –
  Also will gebühren mir,
  Dir zu opfern mein Geschank
  Für all Guttat dir zu Dank.

Alles, alles, was ich hab,
Leg ich dir zu Füßen
Als dein eigen Gnadengab,
Die du mich laßt'st g'nießen.
  Nur allein, das bitt' ich dich:
  Laß die Engel schützen mich
  Vor all Sünd und Sündeng'fahr
  Durch dies frische neue Jahr.

All mein zeitlich Hab und Gut
Auch mein Leib und Leben
Sei bei einem Tröpflein Blut
Deinem Lob ergeben.
  Nur o Kind, das bitt ich schön:
  Laß mir Engel Schildwacht stehn
  Wider Sünd und Sündeng'fahr
  Durch dies ganze neue Jahr.

Endlich auch mein höchste Not
Leg ich dir zu Füßen.
Stärk mein Schwachheit, in dem Tod
Meine Sünd zu büßen.
  Liebstes Kind, ich bitt dich schön:
  Laß mir Engel Schildwacht stehn
  Wider Sünd und Sündengfahr
  Auf ein ewigs neues Jahr.

Salzkammergut

Dreikönigsfest

Heiligendreikönig

Ist ebenfalls gottesdienstlich und volkssittlich hochbelebt.
Schon am Vorabend, um drei Uhr, gibt's in der Pfarrkirche die große Wasserweihe, die eine Stunde dauert, und da trachtet jede katholische Bayernfamilie, eine tüchtige Krugel voll »Heilindreikiniweih« ins Haus zu bekommen. Werden nun gesetzte Familienmitglieder, wie z. B. der Ähnl, die Ahnl, das übertragene Hausmensch, zur Weihe abgeordnet, so geht das Schöpfen aus dem Dreikönigszuber ohne Krieg, Unfug und Geraufe ab; anders wenn zumeist das streitbare Bubenvolk mit Fäßlein und Krügeln zur Heilindreikiniweih kommt. Dann muß gar oft der handfeste Vizemesner in die Mittel gehen und den ruhigen Christen gegen die gewalttätigen Seeräuber schützen.
Und das tut er auch. Er wettert und prügelt wie alle Donner und Blitze auf die hin- und herflutenden Bubenschädel ein. Dabei geht nicht selten das eine und andere Krügel in Scherben, und zu Neukirchen bei Heiligenblut ist in einem solchen Getümmel einem Bübl aus Vorderbuchberg seine allerschönste nagelneue, hochgeliebte Zipfelhaube in den bodenlos tiefen Dreikönigszuber geschleudert, stracks in irgendein riesiges Bauernkrügel eingeschöpft worden und so auf immer spurlos verschollen. Das Bübl selbst aber, das lang und untröstlich um seine Zipfelhaube geweint hat, ist jetzt im Aitrachland einer von Bayerns größten und tüchtigsten Pfarrern und hat schon viele Dreikönigsweihen gehalten.
Der volksbeliebteste Dreikönigsvorabend ist an Ilm und Abens und auf den Holzhügeln und in den Taltriften dazwischen: wenn's Gebet läutet und weidlich dunkelt, um halb sechs Uhr, geht's an und dauert bis in die elfte Nachtstunde.
Truppweise ziehen da die Sänger und Sängerinnen herum, aus dem Dorf in die Einöden hinaus, von den Einöden ins Dorf herein, von Haus zu Haus wandernd und das volksmäßige alte Dreikönigslied absingend. Und es sind das keineswegs lauter Arme, die des Bettels wegen ins sogenannte Heiligendreiköniginansingen gehen, um sich mittels Liedes ein Geldstück und einen Festbraten einzusammeln. O nein: am liebsten und zahlreichsten ziehen jene aus, die sich im Besitze eines guten Singgehörs und einer schönen Liederstimme wissen. Darunter sind Söhne und Töchter aus begüterten Höfen, ja selbst sangfröhliche junge Bauern. Um nicht erkannt zu werden, gehen sie in Bettelmann und Bettelweib vermummt und verkleidet. Gerade darin liegt ja der Hauptreiz: selbst aus vollem Hals zu sin-

gen, die Mitmenschen durch den nächtlichen und frommchristlichen Wettgesang zu ergötzen, aber das Hausvolk, vor dessen Türe man singt, zu täuschen und mit Stand und Namen verborgen zu bleiben. Darum läßt sich keins, weder Sänger noch Sängerin, unter die Nase leuchten; und sowie vom Haus jemand herauskommt und dem Unbekannten die Latern ins Gesicht hält, flugs huscht das Singende zurück ins Dunkel, und man geht, verzichtend auf alle Spende. Ganz natürlich findet sich unter dem Mantel der Nacht und Maske das liebende Paar zusammen, und dann singt kein anderer Trupp so schön und hell das Dreikönigslied wie die zwei.
Das Lied ist an Ilm und Abens so ziemlich wie anderswo: es lautet vom Morgenland, vom hellen Stern, von Kaspar, Melchior und Balthasar, vom Christkindl, von Maria und Joseph, gar schön und rührend. Aber geschlossen wird das Dreikönigslied mit dem großartigen Volkssegen:

So weit dieser Hall klingt,
Daß's nöt schauert und nöt brinnt!

Die ilmländische Bäuerin setzt wirklich diesen frommen Glauben ins »Heilingdreikinigsang«. Sie wünscht es daher positiv, daß die Sängertruppe auch bei ihrer Tür sich einfindet und die Heiligen Drei Könige absingt. So klingt ja der Hall ganz gewiß hin über Wohnhaus, Stall, Scheune und Feldbreiten, und weder Feuersbrunst noch Schauer wird kommen. Darum gibt sie auch überaus gern die Dreikönigsspende; sie hat dieselbe schon bereitgelegt und wartet nur, bis die Unbekannten das eigentliche Lied gesungen haben und jetzt um die Gabe vorsprechen mit folgenden Knittelversen:

Wir san ma halt kömma
Mit größtem Fleiß
Und tat ma enk bittn
Um an Stückl Fleisch.
Wir kömma scho rum
In da halbatn Welt
Und wo ma hinkömma,
Da kriagn ma a Geld.

Dieser bayerische Volksscherz im Ilmland und Abenstal gipfelt dann, wenn das schönste Dorfmädel, maskiert in ein garstiges Backlmensch, an der Seite des alten glatzköpfigen Knechts von Türen zu Türen herumsingt. Niemand kennt die verstellten Stimmen.

W. WERTHMANN. SC.
Die heiligen drei Könige mit ihrem Stern,
sie essen, sie trinken und zahlen nicht gern.

Ja selbst der schlaue Görgenbauer, zu dem sie nachts um elf Uhr als die allerletzten kommen, erkennt sie auch nicht und schreit aus seinem Himmelbett heraus: »Dös san zwoa Voheirate, dö habn si vospat; gebt's ihn' fei dennet was recht is!« Und wirklich, jedes erhält seinen Groschen, und das Mädel, das natürlich gar nichts braucht, kriegt vier Schuchsen (eine Gattung Küchel). Sie hat nun ihre Kirm voll, möchte sich die Zunge abbeißen vor Lachen und darf keinen Laut geben, bis sie endlich heimkommt. Aber jetzt schlägt sie zehn unbändige Freudenschnipplein: »Alle hab' i g'foppt! Koa Mensch hat mi nöt kennt!« Sie behält für sich nur den Scherz; ihre sämtlichen Dreikönigsspenden gibt sie den Armen.

Die sogenannten Viehpatrone Leonhard und Wendelin sind im Bayernlandl die größten Volkslieblinge; aber dann kommen gleich König Kaspar, Melchior und Balthasar. Auf ihren Hochfesttag freut sich besonders das arme Bübl. Es pflanzt sich auf im Dorf und schnoppert mit der Nase rundherum; zu jenem Küchenfenster, aus welchem ihm der Bratenduft in die Nase steigt, rudert es ungesäumt und singt mit seinem dreisten Jochgeierstimmlein die Heiligen Drei Könige an:

Die heilin drei Kini san hochgeborn,
Sie reitn daher mit Stiefel und Sporn.
Sie reitn dem Herodes für sei Haus,
Da Herodes schaut zum Fenster heraus:
»Kehrt's ein, meine Herrn, kehrt's ein bei mir,
Ich will euch geben Wein und Bier,
Ich will euch geben Stroh und Heu,
Ich will euch haltn zehrungsfrei!«

Mit dem Zeremoniell bei Hof haben diese Dreikönigsverse nichts zu schaffen; das treuherzige bayerische Landvolk hat dieselben gedichtet. Die unglaubliche Gutmütigkeit! Sogar dem finsteren Henker von Bethlehem, dem Herodes, weiß sie noch eine gemütliche Seite abzugewinnen. Schaut er doch beim Anritte der morgenländischen Könige so menschenfreundlich zum Fenster heraus, etwa gar in Hemdärmeln und seine Pfeife schmauchend. Und einladen tut er die Ankömmlinge fast so herzig wie ein bayerischer Tafernwirt. Und wen sollte das nicht inniglich freuen, daß der Herodes sich sozusagen schon anschickt, um seinen braven Gästen aus dem Morgenland einige frische Kellermaßerln aus seinem Hofbräuhaus zu Jerusalem vorzusetzen. Und zehrungsfrei sind die Heiligen Drei Könige auch noch, damit sie ja all ihr Gold dem Christkindl opfern können! Für

so christlich wie in Bayern wird der Herodes ganz gewiß nirgend anderswo in der Welt mehr gehalten.
Aber unsere bayerischen Wirte schauen das Dreikönigslied geschäftsmäßig an. Sie schütteln über König Kaspar, Melchior und Balthasar den Kopf und hängen ihnen den schalkhaften Spottvers an:

Die Heilin Drei Kini mit ihrem Stern,
Die eßn und trinka und zahln nöt gern.

»Aufg'schaut, die Heilindreikinibuam!« So schreit, hüpft und rennt in einer Hofmark des bayerischen Vorwaldes die lärmende Kinderwelt. Und richtig, da kommen sie auch von Haus zu Haus: drei der Werktagsschule entwachsene Rangen sind's. Hosen und Stiefel sind kernbayerisch, die Obergewänder zeigen sich schon ein wenig morgenländisch. Mit roten Schärpen gegürtet, das Mohrenhemd zumal schillert schwarz-weiß gestreift, sämtliche drei Königsgesichter sind mit bayerischem Ofenruß und Zimmermannsrötel so morgenländisch wie möglich zurechtgepinselt, auf den Köpfen wackeln rote Papierkronen mit Halbmond, Kreuz und Zacken. Anstatt der Heilindreikinirosse haben sie drei drohende, hagenbuchene Knüppel. Ins Hausflötz getreten, singen sie schandenhalber doch ein klein wenig was vom Heiligendreikönigslied, aber dann plärren sie alsbald den letzten und Hauptvers:

Die Schlüssel hören wir schon klingen,
Drei Batzen werden wir doch erringen!
Wird aber ein Sechser oder Groschen daraus,
So schlagen wir ihn auch nicht aus.

Diese Heiligen Drei Könige stehen gerade in den Flegeljahren. Das einzige an ihnen ist wahr: daß ihrer drei sind. Sonst paßt nichts mehr. Anstatt zu beschenken, wollen sie beschenkt sein. Sie sind weder Könige noch Heilige; letzteres gewiß am allerwenigsten. Ja vom Melchior heißt es geradewegs, daß er der größte Spitzbube des ganzen Dorfes ist. Und wirklich in diesem Augenblick schneidet der gekrönte Morgenländer mitten in den nachstürmenden Kindertroß hinein eine mustergültige Fratze, was weder besonders königlich noch heilig ist. Doch, um auch bösen Buben gerecht zu sein: wenn sie den Dreibätzner nicht bekommen, geben sie sich auch mit dem Groschen zufrieden.
Ein Rest alten geistlichen Bühnenspiels! Doch was im Knabenscherze zur Posse entartet, das bleibt in Mädchenrollen noch immer

anmutig. In meist ganz lieblichen Terzgängen sangen an Heiligendreikönig im Jahre 1870 zwei Mädchen aus dem Aitrachland:

Auf, auf, Jack, auf vo deina Ruah!
So schlaf do nöt so lang!
Die heunti Nacht geht's narrisch zua:
Wir hör ma a gwaltrisch G'sang.
Da Bua mit'n Flügln singt varo,
Die andern singa ihm drein;
Er moant, er is im Himmi scho,
Nix Schöners bild't er ihm ein.
O liaba Bua, du moanst as guat:
Mach uns a bisserl a Boh,
Und führ uns hi, wo's Kinderl ruaht,
Wir bet ma's ja heili o!

Die zwei kleinen ländlichen Heiligen Drei Königinnen, die am Dreikönigstage das Weihnachtsereignis vorsangen, waren aus Limbach und Krottenthal. Gefragt: »Wer hat euch denn den schönen Gesang gelehrt?« versetzte die Sängerin der Oberstimme alsogleich: »Mei große Schwesta.«

Nicht so anmutig konnte es der alte struppige Hüatveichtl von Sandsbach. Der trottete am Dreikönigstag herum von Haus zu Haus und sang mit seiner patriarchalischen Kalbstimme hinein:

Die Heilin Drei Kini san hier a hoia (heuer).
Behüat uns Gott vor Wassa und Foia
Und vor allerhand Toia!
So weit da Heilin Drei Kini kimmt,
Daß koa Haus und koa Stadl wegbrinnt!

Der Hüatveichtl sang seinen Dreikönigsvers, und man warf ihm zum Fenster heraus in seinen zerwetterten Hut den Groschen oder den Krapfen.

Heiligendreikönig stattet die Türen der katholischen bayerischen Häuser mit einer eigenen frommgläubigen Inschrift, Schutzwehr und Weihe aus: es werden nämlich König Kaspar, Melchior und Balthasar, als unsere ältesten christlichen Ahnherrn heilig und nachahmenswert, mittels geweihter Kreide den sämtlichen Türen einverleibt, am prächtigsten der Stubentüre. Zierliche Kreuzlein füllen die Zwischenräume aus, und das gnadenreiche Neujahr des göttlichen Christkindes umfängt die schönen Dreikönigsnamen:

18 + C + M + B + 74. Der beste Schönschreiber des Hauses oder gar des Orts wird berufen, um mit ihren ersten Namensbuchstaben die drei lieben gekrönten Heiligen in erfinderischer Pracht auf die bayerischen Türen zu malen.
Der Hausherr aber geht mittlerweile Haus und Stall, Tenne und Speicher durch, die Herdglut im feuersichern Hafen und drauf von Zeit zu Zeit etwas Dreikönigsweihrauch. Der ganze Hof duftet.

Die jährliche Weihnachtsfeier, die in der Christmetten hereinflimmert und sich im Dreikönigsgesange ausklingt, spendet in reichster Fülle der Seele, was der Seele, und dem Körper, was des Körpers ist: religiöse Freuden, Wintermuße, heitere Volksbräuche, festtäglichen Tisch. Alles freut sich.
Nur der Tod geht achtlos auf Fest und Freuden auch in dieser Zeit seine Wege und mäht aus dem bayerischen Hause, was reif ist für ihn.

Joseph Schlicht

Von den Heiligen Drei Königen

Weil der Prophet Balaam auf folgende Weise geweissagt hatte: »Es wird ein Stern aus Jakob ausgehen, und es wird eine Rute aus Israel entsprießen; und er wird schlagen die Fürsten der Moabiter, und die Kinder Seths und ganz Idumäa. Und Israel wird alsdann mächtig werden; und derjenige, welcher aus dem Geschlechte Jakobs entstehen wird, der sie und ihr ganzes Land bezwingen und unter seine Gewalt bringen wird. Darum waren sie so sorgsam und wachten alle Tage auf dem Berg Victorial, damit sie diesen Stern aufgehen sehen möchten.

Sobald dieser Stern zum erstenmal erschien, machten sich die drei Könige reisefertig, damit sie diesen neuen König suchen und finden könnten. Der erste von ihnen hieß Caspar, der zweite Melchior, der dritte Balthasar. Sie waren alle drei hochverständige Männer; Caspar war König in Indien, Melchior in Nubia und Balthasar in Äthiopien. Sie reisten miteinander in Gottes Namen fort, und der Glanz dieses neuen Sternes tröstete sie am allermeisten. Sie empfingen in dessen Anschauung so große Stärke, daß sie es mit Worten nicht aussprechen konnten. Sie säumten sich nirgends auf dem Wege, sondern eilten Tag und Nacht fort mit großer Begierde, den neugeborenen König zu sehen und anzubeten.

Der Stern, der mit ihnen kam, leuchtete heller als die Sonne, und glänzte Tag und Nacht. Sie gingen hin, denselben anzubeten, und ihm, als dem höchsten Monarchen, Gaben zu verehren. Dieses verursachte wunderbare Gedanken bei den Heiden; denn sie konnten das Geheimnis nicht begreifen, viel weniger die Hoheit dieses neugebornen Kindleins mit ihrem Verstande erreichen. Viele große heidnische Herren gesellten sich zu den drei Königen, und reisten mit ihnen, diesen großen neugebornen König anzubeten.

Wer will aber aussprechen, wie höchlich sich die Juden verwunderten, als diese drei Könige mit dem vorangehenden Stern und mit einer so großen Menge Volkes in ihr Land eintraten. Ein jeder von ihnen wollte wissen, was dieser hellglänzende Stern bedeute, und wo sie hinaus wollten. Sie aber sagten, daß sie kämen, ihren neugebornen König zu verehren und anzubeten. Sie fragten deshalb, wo denn derselbe wäre, und wie sie ihn finden könnten. Die Juden wußten nicht ein Wörtlein von ihrem König zu sagen, obschon die drei Könige sich einbildeten, ein jeder würde wissen, wo er sich aufhalte. Weil sie denn den neugebornen König nirgends erfragen konnten, gedachten sie nach Jerusalem zum König Herodes zu reisen, und von

ihm die Gewißheit zu erfragen. Indem sie sich nach Jerusalem wendeten, siehe, da verschwand der Stern vor ihren Augen, als wenn er niemals gewesen wäre. Da wurden diese drei frommen Könige so bestürzt, daß sie nicht wußten, was sie denken oder sagen sollten. Sie setzten deswegen all ihr Vertrauen auf Gott, bittend, er wolle sie vor allem Übel gnädiglich behüten. Als die drei Könige nach Hof kamen, empfing sie Herodes allem Ansehen nach gar freundlich, und fragte alsbald, was doch ihr Begehren wäre, und aus was für Ursachen sie eine so mühselige Reise auf sich genommen hätten. Die Könige sagten ohne weiteres Nachdenken zum Herodes: »Wo ist der neugeborne König der Juden?« Als Herodes wider all sein Verhoffen eine solche Frage hörte, erschrak er von ganzem Herzen; denn er wußte wohl, daß ihm die Juden nicht gewogen wären, weil er ein geborner Heide war und durch List dem rechtmäßigen jüdischen Erben das Reich entrissen hätte. Da nun der Schrecken ein wenig vorbei war, erholte er sich, und sprach zu den drei Königen: »Woher wißt ihr, daß der Judenkönig geboren ist?« Sie gaben ihm zur Antwort: »Wir haben im Orient einen Stern aufgehen gesehen, welcher eilends zu uns gelaufen ist, als wenn er uns rufen wollte, diesen neuen König zu ehren, und ihm Geschenke zu opfern. Nebstdem hat dieser Stern uns wunderbarerweise den Weg bis hieher gewiesen, und ist erst im jüdischen Lande verschwunden.«
Herodes erschrak noch mehr und wußte vor Furcht seinen Sachen keinen Rat zu schaffen. Denn er gedachte, daß, wenn dem so wäre, er und seine Kinder unfehlbar des Reiches entsetzt werden würden. Darum erforschte er von ihnen, wie lange es sei, daß sie den Stern gesehen hätten. Als er nun alles aufs genaueste erforscht hatte, ließ er die Schriftgelehrten versammeln, um zu erfahren, an welchem Ort der Messias geboren werden sollte. Und sie fanden endlich beim Propheten Michäas im 5. Kapitel also geschrieben: »Und du, Bethlehem, im Lande Juda, bist keineswegs die Geringste unter den Fürsten Judas; denn aus dir wird der Herzog hervorgehen, der mein Volk regieren soll.« Als sie diesen klaren Text gefunden, sagten sie: »Der Prophet Michäas sagt ausdrücklich, daß er zu Bethlehem im jüdischen Lande geboren werden müsse.«
Daß der Messias allbereits sollte geboren sein, und daß diese drei Könige gekommen wären ihn anzubeten, wurde in der ganzen Stadt Jerusalem kundbar. Die Hohenpriester und Schriftgelehrten samt der ganzen Stadt betrübten sich über diese Nachricht, und der König Herodes war am allermeisten verwirrt. Denn er befürchtete, der neue König möchte ihn aus seinem Reiche verstoßen und überdies in ein großes Elend bringen.

Als nun Herodes von den Schriftgelehrten erfahren, daß der Messias zu Bethlehem geboren werden sollte, nahm er die drei Könige im Geheimen zu sich und sprach: »Den König, den ihr suchet, werdet ihr zu Bethlehem finden. Wenn es euch beliebt, so könnt ihr dahin reisen; und wenn ihr ihn findet, so lasset mir's wissen, und ich will auch kommen, um ihn anzubeten.« Hiemit nahmen die drei Könige von Herodes Abschied, und gedachten nicht, daß er dieses aus Falschheit gesagt habe.

Als sie fast zwei Stunden hinter Jerusalem waren, ging der hellglänzende Stern wieder vor ihren Augen auf und zeigte ihnen die richtige Straße auf Bethlehem zu. Sie reisten mit frohlockendem Herzen der Stadt Bethlehem zu, und gedachten bei sich, mit was für einer Demut und Ehrerbietung sie ihren König anbeten sollten. Mit diesen guten Gedanken kamen sie in die Stadt, und hatten ohne Unterlaß ihre Augen auf den Stern gewendet. Als er an das Ende der Stadt kam, stellte er sich gerade über die Höhle, worin das Christkindlein war, und warf so viele Strahlen auf dieselbe, als wollte er mit Fingern darauf weisen.

Da erkannten die drei Könige, durch Eingebung des Heiligen Geistes erleuchtet, daß das arme Kindlein nicht allein ein König der Juden, sondern auch der wahre Messias, ja Gottes Sohn selbst sei. Diese Erkenntnis verursachte in ihren Herzen eine solche Ehrfurcht gegen das Kindlein, daß sie nicht wußten, wie sie sich würdig genug bereiten sollten, in diese Höhle zu gehen. Sie stiegen alsbald von ihren Pferden herunter und zierten sich aufs beste, wie sie immer konnten. Ein jeder von ihnen hatte in einem schönen Kästlein Gold, in einem andern Gefäße Weihrauch, im dritten Myrrhen, dem lieben Christkindlein zu opfern. Unterdessen säuberte der heilige Joseph den Stall aus, und die seligste Mutter nahm ihr süßes Jesulein mit Freuden auf ihren Schoß. Das liebe Kindlein zeigte eine besondere Fröhlichkeit, und wartete auf die drei Könige, welche mit demütigen Gebärden zu ihm in den Stall hineinkamen.

Sobald sie vor das Kindlein kamen, fielen sie auf die Erde nieder und beteten es an. Und weil ein göttlicher Glanz aus seinem himmlischen Angesichte ging, wurden sie innerlich erleuchtet, daß sie des Kindleins Gottheit und Menschheit zugleich erkannten und verehrten. Sie empfanden einen solchen innerlichen Trost und Süßigkeit in ihren Herzen, daß sie vor Andacht hätten zerfließen und vor Liebe zerschmelzen mögen.

Als sie nun eine gute Weile in dieser Andacht gleichsam verzückt waren, nahmen sie ihre Geschirre mit den zubereiteten Schätzen, hielten eines nach dem andern in beiden Händen, und mit gebogenen

Knien und Häuptern boten sie dieselben dem armen Kindlein an, mit andächtigen Gebärden diese oder dergleichen Worte sprechend: »Nimm auf, o du Heiland der Welt, diese geringen Gaben, die wir dir aus herzlicher Wohlmeinung demütig opfern. Denn mit denselben bezeugen wir, daß du wahrer Gott und wahrer Mensch bist, ja ein wahrer König Himmels und der Erde. Den Weihrauch opfern wir dir, als dem wahren, allmächtigen, ewigen Gott. Das Gold opfern wir dir, als einem wahren König über alle Königreiche der ganzen Welt. Die Myrrhen opfern wir dir, als einem schwachen und gebrechlichen Menschen, um hiemit zu bezeugen, daß du gleich wie andere Menschen leiblich und sterblich seiest. Und zugleich mit diesen Gaben opfern wir dir auch unser Land und unsere Leute, ja uns selbst zu deinem göttlichen Dienste.
Nach diesem redeten sie eine gute Weile mit der seligsten Jungfrau und dem heiligen Joseph und befragten sie wegen ihres lieben Söhnleins. Als sie völlig unterwiesen waren, nahmen sie von Maria und Joseph Abschied und verfügten sich zur Ruhe in ein Wirtshaus. Es erschien ihnen des Nachts ein Engel, welcher ihnen sagte, sie sollten nicht wieder zu Herodes reisen, weil er das Kindlein nicht anzubeten, sondern zu töten suchte. Deswegen machten sie sich des Morgens frühe auf den Weg, und nahmen ihre Reise gerade nach Ägypten zu.
Nach Christi Himmelfahrt kam der Apostel Thomas nach Indien, und erzählte den Heiligen Drei Königen den ganzen Verlauf des Lebens, Todes, Auferstehung und Himmelfahrt Christi. Er tauft sie alle drei, und weihte sie zu Bischöfen. Zuletzt sind sie alle drei selig gestorben und in einem Grab beieinander begraben worden. Nach ihrem Tode geschahen bei ihrem Begräbnis viele Wunderzeichen, daher ihre Leiber in hohen Ehren gehalten worden. Der Kaiser Konstantius der Große ließ ihre Leiber aus Persien nach Konstantinopel bringen und allda mit großen Freuden beisetzen. Diese drei heiligen Körper sind hernach dem heiligen Eustorgius, Bischof von Mailand, geschenkt, und von ihm über das Meer geführt worden. Unterwegs hat Gott dieser drei heiligen Könige hohe Verdienste geoffenbaret, indem er durch seine Allmacht bei ihren heiligen Reliquien sehr große Wunderzeichen gewirkt. Als hernach der Kaiser Friedrich der Rotbart die Stadt Mailand zerstört hatte, wurden diese heiligen Leiber nach Köln gebracht, wo die Heiligen Drei Könige noch bis auf den heutigen Tag in großen Ehren gehalten werden.

Pater Martin von Cochem

Gömmachten und Perchtentag

(Dreikönig)

Den Ausdruck »Dreikönigstag« kennt in den Alpen strenggenommen nur der Städter; das Landvolk nennt ihn gemeiniglich »Perchtentag«, welcher Name von altersher der gebräuchlichste ist und in den Urkunden vom 13. Jahrhundert an vorkommt. Mit ihm beginnt für den Bauern das neue Jahr, mit ihm schließen aber auch die »Zwölften«, das sind jene heiligen zwölf Tage der Weihnacht bis Dreikönig, welche, der altheidnischen Julzeit entsprechend, die winterliche Jahreswende abgrenzen. Deshalb wird dieser Tag in manchen Gegenden, z. B. in Passeier, geradezu der »Zwölfer« genannt oder der »oberste«; im Lechtal heißt er das »große Neujahr«.
»Gömmachten« als Vorabend des Dreikönigsfestes ist zugleich die letzte sogenannte »große Rauhnacht« und wird deshalb mit besonderer Feierlichkeit begangen. Gleich wie am Weihnachtsabend muß Stube und Haustür reingefegt und gescheuert, Spule und Spindel sauber abgesponnen sein, sonst nistet die Perchtl darinnen. Gegessen wird an diesem Abend viel, sehr viel und wenn man auch nicht überall wie in Steiermark in dieser »Dreimahlnacht« dreimal ißt, so kommen doch drei Speisen auf den Tisch. Hierbei herrscht nun die überkommene Gepflogenheit, daß man von jeder Speise für die Perchtl etwas übrigläßt und aufs Hausdach stellt. Gewöhnlich sind es schmalzige Nocken, die man ihr vorsetzt, oft auch Milch, Speck, Schinken, Fleisch und Eier. Nachts kommt sie dann und ißt davon. In den Gegenden von Lienz wirft man Käse für sie in den Bach, ein Brauch, dessen bereits in Urkunden des 13. und 14. Jahrhunderts Erwähnung geschieht. Auch ins Feuer wird an diesem Abend von jeder Speise ein Löffel voll geworfen. Die obersteirischen Dirnen aber lassen der Perchtl von der sogenannten »Perchtenmilch« etwas übrig.
Diese Perchtl nun, die je nach der Landschaft auch Stampa oder, wie in Kärnten, Perchtrababa heißt, ist ein gespenstisches Wesen, das man sich als grausliches altes Weib mit zotteligem Haar und zerlumpten Kleidern vorstellt. An einigen Orten denkt man sie sich kopflos, an anderen trägt sie ein riesiges Haupt mit Augen wie Butzenscheiben. Eigentümlich sind ihr noch lange Zähne und eine lange eiserne Nase, weshalb sie schon in alten Urkunden den Namen Perchtl mit der »eisenen nasen« führt. Von hinten hängt ihr eine mächtige messingene Kuhschelle herunter. Man sieht, die Person ist nicht gerade vertrauenerweckend, und ich nähme es keinem übel, wenn er,

sobald er ihrer ansichtig wird, sich »hinter geheiligte Türen« flüchtet. In den Zwölften, vorzüglich aber in der Nacht vor dem Perchtentag, dem sie den Namen gab, fährt sie sausend durch die Lüfte, und wehe dem arglosen Wanderer, der ihr begegnet, oder der Spinnstube, der sie ihren nächtlichen Musterungsbesuch abstattet. Ihr Geleite bildet meist eine Schar kleiner Kinder, die in langem Zug ihr nachfolgen. Hie und da soll sie auch mit einem Roßkopf und mit einer Wiege gesehen worden sein. Da sie auch gern kleine Kinder raubt, so legt man letztere am Dreikönigstage nicht in die Wiege,

sondern darunter, damit ihnen die gespenstische Räuberin nichts anhaben kann.
Gegen den Unfug dieses geisterhaften Weibes gibt es nur ein Mittel, nämlich das »Räuchern«, das denn auch an diesem Abend nach dem Essen mit besonderer Sorgfalt ausgeführt wird. Über die Türen zu den Schlafkammern der Mägde wird, damit ja nichts Böses hineinkomme, von dem, der am besten schreiben kann, mit geweihter Kreide ein kräftiges C + M + B +, d. i. Caspar, Melchior und Balthasar angeschrieben. Auch die Tür zur »Stube« erhält diese drei Kreidezeichen. Sie bleiben bis zum nächsten Jahre stehen. Nach dem Räuchern werden Fenster, Haus- und Stalltüren fest verschlossen aus Furcht vor der »wilden Perchtl«, die manchmal trotz der Räucherung in das Haus eindringt. So soll sie einmal in Virgen eine eiserne Hand auf dem Herde zurückgelassen haben. Es könnte einem wirklich gruselig werden.
Aus demselben Grunde geht, wer nicht muß, nach dem Räuchern nicht mehr vors Haus und mancher, der es unklugerweise tat, hat seinen Übermut bitter büßen müssen. Hier gleich ein Beispiel. Jenseits des Brenners saßen einmal um Gömmacht drei lustige Kumpane noch spät abends im Wirtshause. Da wollte einer hinaus, um zu sehen, ob es wohl heiter Wetter wäre, was man in dieser Nacht wünscht. »Geh nicht«, mahnten die anderen, »die Stampa wird dich packen.« Der aber antwortete keck: »Was, Stampa hin, Stampa her«, und ging hinaus. Kaum stand er vor dem Haustor, so fühlte er sich plötzlich auf einen Wagen gehoben, und nun fuhr es mit ihm pfeilschnell durch die Lüfte. Als es endlich Tag wurde, befand er sich wieder vor dem Wirtshaus, wo seine leichtfertigen Kameraden noch saßen und ihn mit angstvoller Miene erwarteten. »Ja«, sagte er, »wenn ich gesagt hätte: ›Stampa her, Stampa hin, statt Stampa hin, Stampa her‹, wäre ich nicht mehr gekommen.« Manchem anderen auf diese Weise Entführten ist es schlimmer ergangen und man fand tags darauf den entseelten Körper mit fremdartigen Blumen zwischen den Fingern vor der Haustür.
Gleich »Gömmachten« weist auch der darauf folgende Dreikönigs- oder »Perchtentag« Züge uralter heidnischer Überlieferung auf, die aus der gegenwärtigen christlichen Feier des Festes noch durchschimmern. Die Kirche weiht je nach der Gegend auch an diesem Tage Wasser und Salz. Ersteres, das sogenannte »Küningwasser« oder »Künigweih«, wie es im Sarntal heißt, wird in ähnlicher Weise wie am Stephanstage geweiht, meist in einer großen Kufe neben dem Taufbecken oder im Vorhaus der Kirche. Dahin bringt man auch die Kreide sowie das aus Ameisenhaufen gewonnene Harz, um beides

vom Priester weihen zu lassen, falls dies nicht schon am »Heiligen Abend« nach dem letzten Rorate oder nachmittags geschehen ist. Das Mittagsmahl ist an diesem Tage reichhaltiger als sonst. Die Sitte will es, daß hierbei gewisse Speisen nicht fehlen dürfen; so darf z. B. in Nordtirol ein Weizenmus (Brei) nicht vermißt werden. Im Zillertal kommen die beliebten »Magschaden« (Mohnblatteln) auf den Tisch, welche Speise wahrscheinlich den kärntnerischen »Stockblatteln« oder dem »Blattelstock« entspricht. Wo der große Familienzelten nicht schon am Stephanstage angeschnitten wurde, geschieht es am Dreikönig beim Mittagsmahl, und zwar mit einer gewissen Feierlichkeit durch den Familienvater. Befinden sich Windmühlen beim Hause, so werden dieselben während dieses Zeltenanschneidens getrieben.
Der Nachmittag ist verschiedenen ernsten und heiteren Belustigungen geweiht. Da ziehen die »Heiligen Drei Könige« mit ihrem Stern von Haus zu Haus und singen ihre treuherzigen, naiven Lieder. Im Salzburgischen zieht an manchen Orten die Perchtl um. Im blauen Kleide und mit einem Schellenkranz kommt sie zu den Häusern und bittet um Gaben. Doch selten erscheint sie in so lieblicher Gestalt. Gewöhnlich zeigt sie sich als ihr Zerrbild, die »wilde Perchtl«, ein zerlumptes Weib mit einer messingenen Kuhschelle am Rücken. In wilden Sätzen springt sie Gassen auf, Gassen ab und dringt gabensammelnd in die Häuser mit dem Rufe:

Kinder oder Speck,
Derweil geh i net wek.

Noch toller geht es dort zu, wo sie mit ihrem Gefolge, den »Perchten«, erscheint, wie dies vorzüglich in den östlichen Alpengegenden der Fall ist. Waizer und Franzisci in ihren verdienstvollen Schilderungen kärntnerischen Volkslebens geben von diesem aufregenden Schauspiel ein sehr lebendiges Bild. In den seltsamsten Vermummungen, mit Tierlarven vor den Gesichtern und Schellen am Rükken, stürmen sie unter ohrenbetäubendem Peitschenknallen, Geschelle und wildem Jauchzen durch die Dorfgassen. So ist es besonders im Mölltal und in der Lienzer Gegend; aber auch im Zillertal und im Großachental war noch vor wenigen Jahrzehnten das »Perchtenlaufen« oder »Perchtenspringen« üblich. Im Pinzgau zogen früher oft Rotten von zwei- bis dreihundert vermummten Burschen mit Kuhglocken und unter Peitschengeknall herum. In jüngster Zeit ist dieser Brauch um Dreikönig sehr in Abnahme gekommen, oder hat sich, wie im westlichen Pustertal in harmloserer Gestalt mit den Faschingsumzügen vermengt.

Diesem gleichmachenden Zuge der Zeit ist leider auch, wenigstens in verkehrsreicheren Bezirken, ein anderer altehrwürdiger Brauch zum Opfer gefallen, der noch in meiner Jugend in Tirol, besonders in den westlichen Tälern allgemein geübt wurde und sicher in die ältesten Zeiten zurückreicht. Wie schon im vorhergehenden Abschnitt erzählt wurde, hat der Geliebte eines Mädchens, der diesem am Stephanstage den »Zelten nachtragen« darf, das Recht, am Dreikönigstage denselben »anzuschneiden« oder, wie es ganz richtig heißt, »anzustechen«. Der Bursch kommt mit einbrechender Dämmerung ans Fenster seiner Geliebten, die ihm das »Kletzenbrod« mit Butter vorsetzt. Er bringt als Gegengabe gewöhnlich ein Fläschchen Gebranntes mit oder ein anderes kleines Geschenk, so im Oberinntal einen »Schnürriemen«, wie ihn die Mädchen dortiger Gegend zum Zusammenhalten des Mieders verwenden. In diesem Falle steckt der Bursch das Messer von oben herab in den Zelten, wickelt das Band herum und spricht:

Fünf Ellen a Schand',
Sieben Ellen a Band,
Neun Ellen um d' Hand.

Natürlich sagt diesen Spruch nur einer, der eine Schnur von entsprechender Länge mitbringt. Dann schneidet der Bursch von der Mitte bis zum Rand des Zeltens, die andere Hälfte durchschneidet das Mädchen. Darauf wird unter Scherz und Plaudern das frugale Mahl verzehrt. Ist es eine dienende Dirne, so muß ihr der Bursch dafür zu Lichtmeß, falls sie aus dem Dienste tritt, das »Schlengelzeug«, d. h. ihre Habseligkeiten nachtragen. Oft ereignet es sich, daß ein Bursch auf die Einladung des Mädchens zum Zeltenanschneiden nicht erscheint und ihr auf diese Art die Liebe aufkündigt. In diesem Falle muß die Betreffende zusehen, daß sie bald einen neuen Liebhaber bekommt, denn es heißt:

Sebastian
Schneidet den letzten Zelten an.

L. v. Hörmann

Von den schiachen und den schönen Perchten

Die für das weihnachtszeitliche Brauchtum so charakterischen Gegensätze zwischen spukartigem, abergläubischem Zauber und inniger christlicher Andacht, treffen am Tage der Heiligen Drei Könige besonders kraß aufeinander.

Der Perchttag war der letzte Tag der zwölf Rauhnächte, in denen schon so viele beängstigende Geister aufgetaucht waren. Um so wichtiger, am Tage der Heiligen Drei Könige ordentlich zu räuchern, damit die Behausung rein ist für den Einzug der Sternsinger. Denn gerade in der Nacht vor Drei König treiben die schiachen Perchten mit ihren furchterregenden Fratzen, dem zerlumpten Kostüm, besonders heftig ihr Unwesen.

Die Frage der Herkunft der Perchten ist noch ungeklärt. Es sei eine heidnische Göttin, sagen die einen, die anderen meinen es sei eine sprachliche Abstraktion von »de dern perathun naht«.

Aber was Frau Percht besonders interessant macht: sie erscheint in zweifacher Gestalt. Einmal als dunkles, verheerendes, unholdes Wesen, dann aber auch als lichte, segenbringend schöne Gestalt. Da an anderer Stelle so viel über die schiache Percht gesprochen wurde – mit ihrer langen Nase, wie sie an Türen kratzt, das Vieh vergiftet, Schrecken und Angst verbreitet, und man ihr nur mit geheiligten Sprüchen, Räuchern, aber auch mit einem deftigen Messer, wenn da nur der Name des Herrn draufsteht, begegnen kann, so wollen wir uns hier ein wenig mehr mit den schönen Perchten beschäftigen. Marie Andree-Eysen berichtet im folgenden noch als Augenzeuge von den schönen Perchten, dem teuren Kopfputz, den sie tragen, und den langen Vorbereitungen, deren es für die Umzüge der schönen Perchten bedarf.

Das hervorragendste Stück der Kleidung ist die Perchtenkappe. Diese ist von einem 1 bis 3 m hohen Rahmenwerk überragt, das mit grellrotem Stoff überzogen ist. Meist sind zwei Quadrate mit der Spitze übereinander gestellt, von denen das unterste oft 1 qm groß ist und stets in der Mitte einen Spiegel zeigt, der symmetrisch mit zahlreichen glänzenden bäuerlichen Schmuckstücken umgeben ist, z. B. vielreihige silberne Halsketten, Uhren, Schaumünzen, Anhänger, Rosetten aus Gold- und Silberfiligran u. dgl. Die Rückseite ist entweder mit Leinwand überspannt und nach Art der Votivtafeln von einem bäuerlichen Künstler mit einem Almauftrieb oder ähnlichem bemalt oder ist mit bunten seidenen Tüchern, Bändern und künstlichen Blumen verziert. Die höchste Spitze bildet aber ein Bü-

schel mächtiger Hahnen- oder Pfauenfedern, oder es erglänzt eine aus Messing geschnittene Sonne, ein Stern oder eine Krone darauf. Einen vollständigen Begriff von der grotesken und absonderlichen Art der Kopfbedeckung bekommt man, wenn man sich vergegenwärtigt, daß eine solche Kappe die Größe des Trägers fast um das Doppelte überragt, daß sie ein Gewicht von 40 bis 50 Pfund besitzt und daß ihr Träger sie nur mit Hilfe eines eisernen Gerüstes, das auf seinen Schultern aufliegt, oder mittels einer Eisenschiene, die über den Rücken hinabläuft und im Gürtel steckt, senkrecht erhalten kann. Der Wert einer solchen Kappe erreicht die ansehnliche Summe von 500 bis 1000 österr. Kronen; da selbst der wohlhabendste Bauer nicht so viele Schmuckgegenstände zum Ausputz einer solchen Kopfbedeckung sein eigen nennt, so wird der Silberschmuck für den jeweiligen Umzug von anderen Bauern entliehen.
In St. Johann trägt der »schöne Percht« noch einen blanken Degen in der Hand, aber hier wie in Gastein geht beim Umzug an seiner rechten Seite ein junger Bursche in Weiberkleidern, »die G'sellin«, in der kleidsamen Tracht der Salzburger Gebirgsbewohnerinnen. Zu diesen Begleiterinnen werden durchweg junge bartlose Burschen gewählt, denen das schwarze Samtmieder, der runde Hut mit Goldschnur und die silberne Halskette vortrefflich steht. Da sie sich sehr zurückhaltend und mädchenhaft benehmen, vermutet man in ihnen kaum einen der derb übermütigen Burschen, die keinem Raufhandel aus dem Wege gehen.
Weder die »schönen Perchten« noch ihre »G'sellinnen« verbergen ihr Gesicht durch Larven, nur hatten die Gasteiner Kappenträger einen schwarzen Bart vorgebunden. Diesen »schönen Perchten« folgen aber einige Teufelsgestalten, die in schwarze Schaffelle gehüllt sind, Ketten in den Händen und Teufelsmasken auf dem Kopfe tragen.
Als ich gegen Mittag in Hofgastein anlangte, waren die Gasthöfe voll Menschen und die Straßen trotz der strengen Kälte belebt, alle erwarteten die Perchten. Gegen 2 Uhr sah man einen langsam sich fortbewegenden großen Zug vom Wildbad herankommen, hörte Trompetenstöße – es waren die »schönen Perchten«.
Allen voran der »Rößlreiter«, eine vermummte Gestalt auf einem Steckenpferd, mit der Peitsche laut knallend und für die Kommenden Platz schaffend; hinter ihm schritten die Musiker, fünf Rauriser Bauern mit Trompete, Bombardon, Flügelhorn und zwei Klarinetten, dann erschien der »Vorpercht« mit der am schönsten herausgeputzten Kappe und dem schmucksten Begleiter, der »G'sellin«; ähnliche Paare folgten, regellos von den anderen Vermummten umge-

ben. Geschäftig eilten zwei Lustigmacher in weißem Gewand, mit hohen, spitzen, weißen Filzhüten, an deren Rand zahlreiche Schellen baumelten, hin und her; der eine bewaffnet mit einem mit Sand gefüllten Kuhschwanz, der andere eine 1/2 m lange wurstförmige, mit Werg ausgestopfte Leinwandhülse schwingend. Beide versetzten mit ihren Schlaggeräten den zusehenden Mädchen und Frauen einen leichten Schlag, wobei sie aber nur solche berücksichtigten, denen sie freundlich gesinnt waren und ihr Perchtenwohlwollen bezeugen wollten; ich komme hierauf im Zusammenhang mit dem folgenden noch zurück. Ebenso gekleidet wie diese beiden Lustigmacher tritt noch eine dritte wesentliche Figur auf, die ein aus Leinwandfetzen (»Hutten«) gebildetes Wickelkind (»Fatschkind«) an einer langen Schnur mit sich führt, das sie gelegentlich denjenigen Mädchen und Frauen zuwirft und wieder an sich zieht, denen sie Gutes wünscht, keineswegs aber an fremde oder minderwertige Frauen. In allen früheren Beschreibungen der Perchtenumzüge wurde dieser Vorgang, das Werfen mit dem Wickelkinde, unerwähnt gelassen, und doch scheint er mir für die Erklärung von nicht zu unterschätzender Bedeutung.

Ist nun der beschriebene Zug an seinem Ziele, einem Bauernhause oder im Dorfe vor einem Honoratiorenhause angelangt, so wird Halt gemacht; die Musiker spielen Tanzweisen in langsamem Walzertempo, nach Art des steirischen Ländlers, und das Perchtenpaar dreht sich um sich selbst, dabei gleichzeitig mit den übrigen Paaren einen großen Kreis beschreibend. Der Tanz ist schon aus dem Grunde schwerfällig und langsam, weil die hohe Kopfbedeckung selbstverständlich jede raschere oder hüpfende Bewegung verhindert und nur eine drehende gestattet. Ebenso unrichtig ist es, diesen Umzug als Perchtenlauf zu bezeichnen, ein Ausdruck, der von dem jetzt eingegangenen Lauf der nächtlichen »schiachen« Perchten herzurühren scheint. Niemals verlangen die Perchtentänzer noch ihr Gefolge eine Gabe, doch bietet der Besitzer des Hauses, vor dem sie tanzen, einen Trunk, und in neuester Zeit wird ihnen von den Wohlhabenden in den Märkten der Tanz vor deren Häusern durch ein Geldgeschenk gelohnt, das später zur Verteilung kommt und zur Bezahlung ihrer Auslagen dient. Keineswegs sind es bloß junge Burschen, welche die Perchtenzüge veranstalten; wenn auch die weiblich gekleideten nur dem jungen Volke angehören, so finden sich doch unter den anderen auch verheiratete, selbst ältere Männer von 50 und mehr Jahren, und es gibt manchen, der den »Lauf« schon oft mitgemacht hat.

Alle Umzüge um diese Zeit, deren Teilnehmer meist bei den Bauern Gaben heischen, werden mit den Perchten, aber mit Unrecht, verknüpft. So nennt man im Pinzgau die um diese Zeit bei den Bauern bettelnden dürftig maskierten Kinder »Brotperchten«.

H. C. E.

Die Sternsinger

Einer der beliebtesten und interessantesten Gebräuche dürfte wohl das sogenannte »Sternsingen« sein, das mit einigen Veränderungen fast in jedem Tale Tirols im Schwange ist. Man freut sich schon lange auf den Dreikönigsabend, an dem diese liedersingenden Gestalten erscheinen. Im Oberinntale sind es drei Knaben, welche mit rußgeschwärzten Gesichtern und Kronen aus Goldpapier auf dem Kopfe die drei Weisen aus dem Morgenlande darstellen sollen. Oft sind sie auch in weiße, mit bunten Bändern verzierte Röcke gekleidet. Einer von ihnen trägt auf einer Stange einen Goldstern mit Schweif, an dessen Rückseite eine Schnur befestigt ist. Damit gibt ihm der Träger bisweilen einen Ruck, so daß Stern und Schweif auf höchst unkometenhafte Weise um die Achse tanzen. So ausgestattet ziehen die Sternsinger von Haus zu Haus, hinterdrein mit lautem Hallo die schaulustige Dorfjugend. Vor jeder Tür wird haltgemacht.
Einer der Knaben tritt in die Stube und singt:

König Kaspar bin ich genannt,
Komm' daher aus Mohrenland,
Komm' daher in großer Eil',
Vierzehn Tag, fünfhundert Meil',
Melchores, Melchores tritt du herein!

Während sich Kaspar in eine Ecke zurückzieht, erscheint Melchior:

Ich tret' herein durch diese Tür
Und mach' das heilig' Kreuz dafür,
Das heilig' Kreuz mit göttlichem Segen,
Das uns Gott Vater vom Himmel gegeben.
Balthores, Balthores tritt du herein!

Melchior stellt sich sodann ebenfalls neben Kaspar in den Hintergrund, indes der gerufene Balthasar kommt und deklamiert:

Ich tret' herein mit der Geiß,
Möcht' wissen, wie die Hausfrau heißt.
Die Hausfrau heißt Frau Pfefferkern,
Weihnachtszelten essen wir gern.

Nun stellen sie sich zusammen und singen einen Dreigesang:

Die Heiligen Drei Könige mit ihrigem Stern,
Sie suchen den Herrn und hätten ihn gern.
Und als sie kamen an Herodes sein Haus,
Herodes der schaute zum Fenster heraus.

Herodes, der sprach aus trutziger Rach':
»Warum ist denn der mittlere König so schwarz?«
»Er ist ja nicht schwarz, er ist uns bekannt,
Er ist König Kaspar aus Morigenland.«

Herodes sprach: »Bleibt heut bei mir,
Ich will Euch geben Wein und Bier.
Ich will Euch geben Stroh und Heu
Und will Euch halten Zehrung frei.«

Die Heiligen Drei Könige woll'n sich besinnen,
Sie wollen heut nacht noch weiter von hinnen.
Herodes sprach mit falschem Bedacht:
»Beutet (bietet) mir die rechte Hand!«

»Wir beuten's dir nicht, wir beuten's dir nicht,
Du bist der Herodes, dir trauen's wir nicht.«
Sie ritten auf den Berg hinaus
Und sahen den Stern wohl über dem Haus.

Sie fanden das Kindlein nackent und bloß,
Sie legten's der Jungfrau Maria im Schoß,
Sie fallen gleich nieder auf ihre Knie
Und opfern dem Kindlein Gold, Weihrauch und Myrrh'!

Wir wünschen alle drei eine ruhsame Nacht,
Eine ruhsame Nacht, eine fröhliche Zeit,
Gott Vater, Gott Sohn und Gott Heiliger Geist.

Nach diesem frommen Segensspruche für Haus und Hausleute geben die Sternsinger auch den stillen Wünschen für ihre eigene Person bescheidenen Ausdruck:

Und wer uns was geben will, der geb' es uns bald,
Wir müssen noch heut' durch einen stockfinstern Wald.

Oder wie es an andern Orten heißt:

Wir haben schon g'hört den Schlüssel klingen,
Man wird uns bald zwei, drei Kreuzer bringen,
Zwei, drei Kreuzer sind noch nit g'nua,
Es g'hört a Stuck Zelten und a Schnaps dazua.

Jetzt weiß die Hausfrau, was sie zu tun hat. Sie holt den großen Zeltenlaib aus dem Kasten und stellt eine Flasche Schnaps dazu. Die »Heiligen Drei Könige« sind auch gar nicht schüchtern, sondern lassen sich das süße Gebäck und feurige Naß trefflich schmecken. An den meisten Orten bekommen sie nebstdem ein kleines Geldgeschenk.
Noch festlicher traktiert man die Sternsinger im Iseltal. Man macht ihretwegen schon um zwölf Uhr mittags Feierabend, d. h. die Männer; denn die Bäuerin und die Dirnen haben mit der Bereitung des schon beim Weihnachtsfest erwähnten »Blattelstockes« zu tun. So heißt nämlich ein eigentümliches Festgericht, bestehend aus dünn gebackenen Brotfladen, die mit einer Fülle von Butter, Honig und gestampftem Mohn bestrichen und auf einem riesigen Teller turmartig übereinander aufgebaut werden. Dieser »Blattelstock« prangt als Gegenstand allgemeiner Bewunderung auf dem großen Eßtisch.

Rings um den Teller pflanzt man wie Bollwerke einer Festung Stücke von Zelten und Kuchen sowie etliche Maßflaschen »roten Tiroler« auf. Unter diesen Vorbereitungen beginnt der Abend zu dunkeln und Familie und Gesinde versammeln sich in der Stube, um bei gemütlichem Heimgarten auf das Erscheinen der »Singer« zu harren. Endlich kommen sie. Voraus geht ein Fackelträger, ihm folgen die Heiligen Drei Könige, die sich alsbald in feierliche Haltung stellen und ihre Verse absingen. Es ist auch hier dieselbe halb ernste, halb komische Vorführung mit denselben halb religiös, halb weltlich klingenden Liedstrophen. Zum Schluß ladet man die »Bande« ein, sich die aufgetischten Leckerbissen und den guten Trunk munden zu lassen.
Hausgang und Stube haben sich indes mit Buben und andern Schaulustigen gefüllt, die fröhlich in das den Hausleuten ausgebrachte Hoch einstimmen und mit ihren Wünschen für ein »glückseliges neues Jahr« kein Ende finden. Beim Abschied gibt der Hausvater den Sternsingern ein Geschenk an Lebensmitteln und Geld, gewöhnlich ein paar »Sechser«, welche der den Zug begleitende Sackträger dankbarst in Empfang nimmt. Bei ärmeren Häusern, wo nicht viel zu bekommen ist, kehren die Heiligen Drei Könige gar nicht ein, sondern nur bei besser stehenden. Da fließen aber die Spenden an Lebensmitteln so reichlich, daß die Sackträger ihre Säcke oft kaum mehr weiterzuschleppen imstande sind. Die Bettelei tritt überhaupt an vielen Orten sehr in den Vordergrund, so z. B. im wildschönen Paznauner Tal, dessen Bewohner übrigens auch hier ihren Ruf als originelles Völklein bewähren. Statt der drei Knaben erscheint nämlich dort ein alter Mann mit weißem Bart und Turban und in einen Kaftan gekleidet, der mit seinem beweglichen Sternrad singend und bettelnd das Dorf durchwandert. Auch in den Dörfern westlich von Innsbruck fand ich diese Art von Sternsinger als Einzelfigur.
Im Städtchen Lienz im Pustertale veranstaltet der Organist den Umzug. Er wählt sich drei aus den Kirchensängern und besucht mit ihnen am Dreikönigsabend die Bürgerhäuser. Zuerst singen sie alle vier zusammen ein Lied. Mitten im Texte aber brechen sie ab und alles ist mausstill. Der Organist tritt vor und singt im wunderlichsten Falsettone den »edlen« Herrn des Hauses an, den er mit allen erdenklichen spießbürgerlichen Titeln begrüßt. Dabei spricht er so schnell als möglich und dehnt die letzte Silbe weit hinaus, was einen ungemein komischen Eindruck macht. Hat der Organist sein Solo beendet, so folgt die zweite Hälfte des Sternsingerliedes. Mit einer beliebigen Gabe in Geld zieht der abendliche Besuch hierauf seiner Wege weiter. Man betrachtet diese Gabe als einen Beitrag zur Besol-

dung der Kirchensänger; in Dux z. B. waren diese früher einzig darauf angewiesen. Im südtirolischen Palu erhalten sie bei jedem Hause zwei bis vier Brotlaibe, wofür sie den Spendern zum Danke ein frommes italienisches Lied zum besten geben. Der Wert der verkauften Brotlaibe beträgt ungefähr 60–80 Kronen. Für dieses Geld erquicken sie sich im Gasthaus durch ein gutes Nachtessen; der übrige größere Teil der Sammlung aber wandert in den Widdum als Messengeld für die »armen Seelen«.

Daß wir in dem Gebrauch des Sternsingens nur den Rest ehemaliger vollständiger Volkskomödien, der sogenannten Weihnachts- und Dreikönigsspiele zu suchen haben, ist wohl außer allem Zweifel, weniger klar aber dürfte die mythologische Bedeutung der auftretenden Gestalten sein, obwohl denselben unbestreitbar vorchristliche Züge anhaften. Am deutlichsten hiefür spricht wohl der Umstand, daß man den Sternsingern, ehvor man ihnen eine Gabe reicht, die Weisung gibt, auf den beschneiten Ackergründen draußen tüchtig herumzustampfen, weil dadurch das Gedeihen der Feldfrüchte im kommenden Sommer gefördert werde. Dagegen gibt es auch Ortschaften, wo das Sternsingen nach beiden Seiten hin seinen Charakter verloren hat und nur den Wirten zu Ausnützungszwecken dient. Im unterinntalischen Städtchen Kitzbühel suchen sich diese schon einige Zeit vorher irgendeinen Reimschmied, der allen Altweiberklatsch und Skandal des Ortes in Knittelverse bringt. Denselben wird eine alte Kirchenliedarie angepaßt und das »G'sang« ist fertig. Am Dreikönigsabend wird es dann unter großem Zulauf der Gäste abgesungen, wobei natürlich der Wirt seine Rechnung findet. Dabei geht es aber nicht immer ganz harmlos ab. Denn die Burschen, die wohl merken, daß das »G'sang« auch von ihnen etwas zu erzählen weiß, wollen sich nicht so an den Pranger gestellt sehen und veranstalten deshalb ein sogenanntes »Zeltenscherz-Ziehen«. Unter diesem Namen versteht man einen tollen Aufzug. Die Burschen rennen wie die wilde Fahrt durch das Dorf und machen mit Peitschen, Glocken, Trommeln und Geschrei einen Heidenlärm, was so viel als eine Herausforderung an die »Sternsänger« und deren Helfershelfer bedeuten soll. So gestaltet sich schließlich die ganze Komödie zu einer hitzigen Rauferei, wobei nicht selten König Kaspar oder Melchior tüchtig zerbleut wird.

L. v. Hörmann

Mariä Lichtmeß

Bei der Kerzenweihe am heiligen Lichtmeßtage

O Herr Jesu! du wahres Licht, welches erleuchtet alle Menschen, die in diese Welt kommen: der du am heutigen Tage das Gemüth des gerechten Simeons durch den heiligen Geist erleuchtet hast, daß er dich für den wahren Heiland erkannt, als seinen Gott angebetet, auf seine Arme genommen und öffentlich bezeugt hat, daß du ein Licht zur Erleuchtung der Heiden und zum Preis deines Volkes Israel seiest. Deßwegen weiht denn auch die heilige katholische Kirche zur Bekenntniß dieser Wahrheit jetzt die Kerzen und gibt sie dem andächtigen Volk in die Hände, indem sie deine göttliche Güte bittet, daß du alle Herzen derer, die sie anzünden und zu deiner Ehre in ihren Händen tragen, mit dem heiligen Feuer deiner süßesten Liebe entzünden und mit dem Glanze des heiligen Geistes erleuchten wollest. Sieh, o süßes Jesulein! dir zum Lobe und dir zu Ehren nehme ich dieß brennende Wachslicht in meine Hand, zum Zeugnisse, daß du ein ewiges, unerschaffenes Licht und der Glanz der väterlichen Klarheit bist und daß du zur Erlösung des menschlichen Geschlechts und zur Erleuchtung derjenigen, die in der Finsterniß waren, auf die Welt gekommen bist. So bitte ich denn demüthig, durch die Anrufung deines heiligen Namens und durch die Fürbitte deiner seligsten Mutter Maria, deren Festtag wir heute mit Andacht begehen, und durch das Gebet aller deiner Heiligen, du wollest vom hohen Himmel und von dem Throne deiner göttlichen Majestät mein Gebet erhören. O allergütigstes Jesulein! in Vereinigung der Andacht, mit welcher heute deine heilige Mutter dich im Tempel aufgeopfert hat, opfere ich dir diesen geweihten Wachsstock auf, und will ihn zu deiner Ehre bei meinem Gebet anzünden und brennen, demüthig bittend: daß, gleichwie dieß Licht die nächtliche Finsterniß vertreibet, auch du meine Seele mit dem unsichtbaren Feuer, das ist, mit dem Glanze des heiligen Geistes erleuchten und von der Blindheit aller Laster reinigen wollest, damit ich mit reinen Augen des Gemüths sehen könne, was dir angenehm und mir heilsam ist. Und gleichwie die Flamme dieses Lichtes entzündet, also wollest auch du mein Herz mit dem heiligen Feuer deiner süßesten Liebe ganz entzünden, damit ich dich, meinen Gott und Erlöser, wahrhaftig liebe, stets nach dir verlange, inbrünstig zu dir seufze und endlich deine Süßigkeit ewig genieße. Amen.

Pater Martin von Cochem

Lichtmeß – Heischespruch

Ich tret heut in euer Haus herein,
mein Eintritt soll gesegnet sein.
Bald ist unser lieben Frauen Tag,
ein glückseligs Jahr euch beschieden sein mag!
Der heilige Kirchenpatron schickt mich in alle Häuser und Hütten
und laßt mit Herz und Hand um ein Lichtmeßopfer bitten.
Wer ihm schickt fünf Groschen, dem sagt er: Gott Lob und Ehr!
Wer ihm schickt zehn Guldn, dem sagt er wohl auch nit mehr,
aber ein Lichtlein wird ihm brennen zu jeder Stund
in unsrer heilign Pfarrkirch vor dem ewigen Bund
und ein Lichtlein wird ihm brennen bis zum Totenschrein
und ein Lichtlein wird ihm leuchten durch die Fegfeurpein
und ein Lichtlein wird ihm leuchten in den Himmel hinein!

Linz

Lichtmeß

Am Lichtmeßtage geht der lebendige Wechselstrom zwischen Religion und Familienleben, Kirche und Haus besonders hoch. Die ganze Bewohnerschaft des Bayernhauses ist am Lichtmeßtage in feierlicher Stimmung.

Schon schreitet der Hausherr bedächtigen Ernstes zur Pfarrkirche und trägt auf den Ruf der Hochamtsglocke die gewichtige Hauskerze zur Benediktion. Sie dient dem sinnenden christlichen Bayer zur Glaubensanfachung, weil sie ihm nachdrucksam den hochgebenedeiten Heiland ins Gedächtnis ruft, der von sich sagt: »Ich bin das Licht der Welt.« Wird ein Erwachsenes aus der Familie ins geweihte Totenfeld getragen, so geht die Hauskerze unmittelbar hinter dem Sarge. Und tönt der christliche Bittruf durch die Fluren hin: »Das ewige Licht leuchte ihm!«, so sagt es der ergreifende Kerzenschein, wer dieses ewige Licht ist.

Während der Hausherr mit der Kerze bereits unterwegs ist zur Kirche, macht sich die Hausfrau auf dem Großhofe noch emsig mit dem Lichtmeßwachs zu schaffen, das sie zierlich in den geräumigen Korb einlegt, welchen dann die Oberdirn zur Weihe trägt, falls nicht etwa die erwachsene Bauerntochter es vorzieht, selbst in Tracht und Wachs zu glänzen.

Zu Hause macht hernach die Bäuerin mit dem geweihten Wachs ihre hausmütterlichen Präsente. Die kleinen Mädchen bekommen jedes ihr buntfärbiges Stöckerl, die heiratsfähige Großtochter erhält den goldblumigen Prachtstock, der in ihren Kasten wandert, von wo er seinerzeit gepaart mit den blinkenden Frauenbildtalern als Juwelenschatz dem Bräutigam entgegenleuchtet. Auch die Dirnen gehen nicht leer aus; sie kettet die verständige Hausfrau mit bestechenden Wachsstöckerln an sich. Selbst die Knaben bekommen ihre Pfenniglichtlein. Die Mutter weiß schon, warum. Der Kerzlein wegen eilen sie zu den Engelämtern im Advent, beim Kerzelschein beten sie standhaft den Allerseelendreißiger mit, ohne den Span mit den aufgesteckten Lichtln hielten sie nicht aus beim samstäglichen Hausrosenkranze.

Die alte bayerische Sitte heischt einen freigebigen Lichtmeßtisch; denn hat Lichtmeß vormittags frische Religiosität gepflanzt, so schüttet sie mittags ein Füllhorn irdischer Freuden aus.

Aber ums Himmels willen, ist das nun ein silbernes Rollen und Klingen! Der großbäuerliche Hausherr hat die mächtige Schweinsblase mit den Kronen, Doppelgulden, Preußen und Frauenbildlern auf den steinernen Familientisch geleert. Und nun seht nur die fröhliche Prozession, die von überallher zu ihm hereinwallfahrtet. Voran der Marschalk des bayerischen Bauernhauses, der Baumann; ihm nach in unverletzbarer Rangfolge: der Knecht, Anderknecht, Drittler, Viertler, Stallbub I und II, die Dirn, Anderdirn, Dritteldirn, das Kindsmädel, das Söhnlein und Töchterlein.

Hat nun der großbäuerliche Hausherr etliche 500 Gulden auszuzahlen, so ist das der wahre, ehrenvolle Lichtmeßtag. Einen unverdächtigen Beweis hiefür liefert jener lebenslustige Drittelknecht, dem noch fünfzehn Kreuzer ausfielen, während die andern alle noch ihre ganzen Löhne erhielten. Mit abgewandtem Gesicht lag er im Pferdestand und sprach, als man ihn zum Hausherrn rief: »Geht's ma weita, i mag 'n Lichtmeßtag koa Schand nöt macha!« Wirklich ging er um seinen Fünfzehner nicht zum Bauern hinein. Aber der Bauer kam zu ihm heraus in den Roßstand, rüffelte ihn und gab ihm ein halbes Guldenstückl. Besitzt also, was freilich in unserer gelegenheitsreichen Zeit dem hundertsten Hausherrn nicht mehr glückt, der Bauer ein Mustergesinde, dann greift ihm der Lichtmeßtag abscheulich tief in seinen Geldstrumpf. Aber das verdrießt ihn durchaus nicht. Freudig schlägt er darnach an seine leeren Hosentaschen und sagt treuherzig: »Herr Kooperata, ganz bin i ausg'sacklt, aba i dank's unsern Herrgottn, daß i so brave Dienstboten hab'!«

Überhaupt macht der bayerische Bauer auch am Zahltisch den braven ernsten Hausvater. Den jungen Wirtschafter belobigt und ermuntert er, gibt ihm Rat und Einschlag und legt ihm seine Ersparnisse auf gute sichere Zinsen. Dagegen den alten Saufbruder trumpft und kapitelt er gründlich und schickt ihn mit Schanden aus seinem Haus. Aber zum düpfelrechten Federfuchser hat nun der bayerische Bauer weder Ehrgeiz noch Geschick. Dem einen malt er als Note ins Dienstbuch: »Hat getint mit drei und fleis.« Dem andern: »Hat sich Threu und fleisig getind und eine gude Aufvirung.« Der dritten: »Eingetreden den 2. Februari 1864 bis auf 2. Febr. 1866 als Thürn im königlichen Beziramd Bogen sie war diese Zeit sehr Threu und Fleisig und beflog eine gute Aufverung.« Der vierten: »Hat sich Treu und fleisig aufgevirt und bon zufrieden mit seiner Arpeitt.« Dem fünften: »Hat Treu und Fleiße gedient mit Pfohlung einer Auffuhrung.« Es sind das lauter aktenmäßige Sprachwunder; sie sehen drolligen Lichtmeßscherzen ähnlicher als einer Amtshandlung. Indessen weisen die bayerischen Wanderbücher schon auch Dienstnoten auf, die sprachrichtig gedacht und geschrieben sind. Aber im allgemeinen fühlt sich die Bauernfaust mit dem Dreschflegel wohler als mit der Feder.

Es ist aber Tatsache: die das schlechteste Deutsch ins Dienstbuch klecksen, sind trotzdem gar oft die besten Wirtschafter. Und jedenfalls ist für den Bauernstand das Rechtbleiben noch viel wichtiger als das Rechtschreiben.

Die Lichtmeß ist ein Goldtag für die bayerischen Ehehalten und Hauskinder. Der großbäuerliche Gutsherr läßt ja auch von all seinen Kindern kein einziges unbeschenkt ausgehen. Noch mehr freuen sich Knechte und Mägde auf ihren Geldtag. Seht, dort tanzt der fidele Drittelknecht mit einem gewaltigen Freudensprunge um sich selbst herum, schnalzt mit der Zunge und ruft: »Wenn nur alle acht Tag Lichtmeßn war!« Anderseits kündet das Wort »Lichtmessen«, mit Nachdruck und Feierlichkeit gesprochen, stets ein Hofereignis an. Ist der Baumann in der Ernte aufständisch, so wirft er dem Bauern die Zügel vor die Füße und spricht trotzig: »Bauer, bei mir is Lichtmeßn!« Hingegen, stänkert der unzufriedene Oberknecht über das Essen, so sagt der Hausherr das erste- und zweitemal nichts, das drittemal aber sagt er ihm schneidend: »So, daß d' as woaßt, wir Zwö mach ma heunt Lichtmess'n!«

Und gar nicht lang, so ist der aufständische Knecht ausgezahlt, ihm das Dienstbuch gefertigt, und er verläßt im Feiertagsspenzer und mit finsteren Mienen die Mannsbilderkammer und fährt mit seinem Kasten zum Hofe hinaus.

Joseph Schlicht

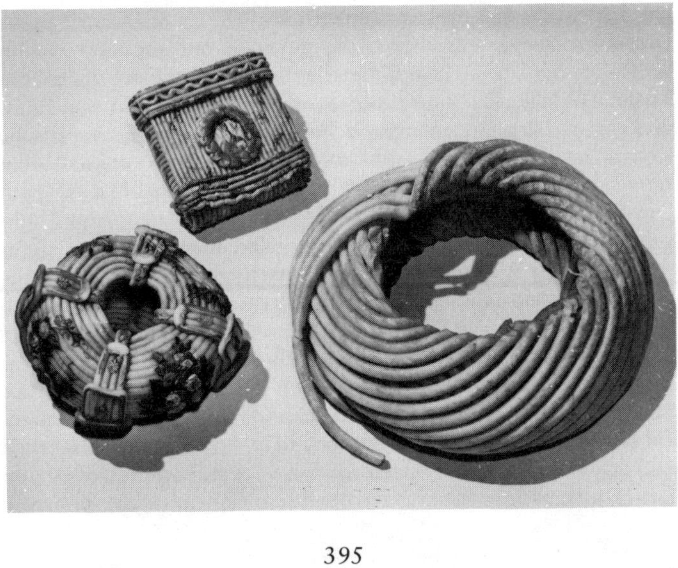

Schlenkelweil

Der Lichtmeßtag entvölkert und bevölkert das bayerische Bauernhaus. Die alten Ehehalten, die ihren Hausleuten oder denen ihre Hausleute nicht mehr nach Wunsch, gehen, und die neuen Dienstboten kommen. Nach besten verschwiegenen Umfragen dennoch Hoffnungen und Befürchtungen beiderseits.

Die sechs Tage, in deren Mitte der Lichtmeßtag steht, sind dienstbotliche Ferien und heißen im bayerischen Flachlande die »Schlenkelweil«. Ihre Verwendung ist eine mannigfaltige. Die bessern Ehehalten gehen in ihre Heimat und legen dort ihre klingenden Lichtmeßtaler an bei Eltern, Geschwistern, Schwägern, vertrauenswürdigen Landsleuten und Sparkassen. Die lockeren Vögel dagegen laufen in die übel beleumundeten Winkelkneipen der Stadt und vertanzen ihre elenden Lohntrümmer auf den Lichtmeßbällen.

Am Lichtmeßtage 1867 strich ein Oberknecht im Straubinger Gäu mit dem dienstlichen Ehrennamen der »Bauerngörgl« seinen vollen Jahrlohn in die Tasche. Am letzten Schlenkeltag waren die 80 Gulden im Zwickspiel verloren. Darüber verzog der Bauerngörgl gar keine Miene, blieb bei seinem Dienstherrn, arbeitete, sparte, und am letzten Schlenkeltage 1868 in derselben Tafern, an demselben Tisch, mit denselben Spielern, in demselben Zwickspiel hatte er seine alten 80 Gulden wiedergewonnen und noch mehrere neue dazu.

Die Schlenkelferien dienten namentlich auch, um die Kästen an die Dienstorte zu verbringen. Schellengeklingel auf allen Wegen. Im Schlitten oder Wagen liegt hinten der mehr oder minder malerische Kasten, welcher das ganze dienstbotliche Besitztum in sich birgt, und vorn auf dem Brette sitzen rechts eine rotbackige, ins bayerische Kopftuch verschleierte Schöne und links ein peitschenknallender Bursch. Das ist jedesmal der Baumann. Dessen Pflicht ist es, jeden Dirnkasten zu fahren. Dafür erhält er einen Zwanziger zum Trinkgeld. Um nun auch letzteres Sportel regelrecht auszunützen, läßt er den kürzesten Weg unberührt und kutschiert im Zickzack durchs Land, bis er ein schönes Häuflein Tafernen angesegelt hat. Denn eher lassen Fürsten an ihren tausendjährigen Kronen rütteln als der bayerische Baumann an seinen Sporteln und Rechten.

Zum festen Lohn bezieht er noch von jedem Scheffel, das er zur Schranne bringt, seinen aparten Sechser als Trinkgeld, und wenn er auf einem richtigen Großhof amtiert, so ist ein Verkauf von jährlich 200 Scheffeln gar nicht zuviel. Auch gibt es mehrere Bittfuhren im Jahr. Die werden beim Hausherrn selbst mit einem »Dank da Gott!«

abgetan; sonst will und nimmt der bayerische Bauer nichts für seine Christendienste, aber auf den »Dank da Gott!« ist er erpicht. Und wenn der Bauer ein Preispferd an die Kürassiere oder Ulanen abliefert, zieht der Baumann seinen Kronentaler, dem er den ritterlichen Namen Zaumgeld gibt. Im Kleinlabertal trug ihm das Jahr 1873 schon 150 Gulden wie 150 Kreuzer; dazu spielt der Baumann den Herrn im Roßstall und muß ihm der vielgeplagte sogannte »Bua« unter Rennen und Laufen im Schweiß seines Angesichts alles in die Hand richten.

Indessen auch die Dirn hat ihre kleinen Nebeneinnahmen. Sooft die Metzger oder Händler in den Stall kommen, bezieht sie: vom Schwein den Sechser, vom Kalb den Zwölfer und von der Kuh den Zwanziger. Sie gibt diesen ihren Sporteln den Namen Stallgeld. Ein paar Marktgulden hat sie von der Bäuerin und, wenn sie gutes Hausbrot bäckt, von jeder Brotbach ihren Sechser. Die vielerlei kleinen Belohnungen aber, die ihr, um Fleiß und Treue zu spornen, über alles hinüber die Hausfrau noch zusteckt, die erfährt nicht einmal der Bauer. Auf acht Karolin bringt es eine brave bayerische Dirn leicht.

Der akkurate Bauer verprotokolliert beim Einstand der Dienstboten die festen Löhne und auch die bräuchlichen Sporteln in seinem Straubinger Kalender, zwar schreiberisch schmucklos und sprachwidrig, aber dennoch hausherrlich gut brauchbar; laut Kalenderprotokoll werden dann die etwaigen Rechtsfälle entschieden. So steht auf einem bayerischen Bauernhof im Straubinger Kalender 1871 geschrieben wie folgt: »Hot der Bama 75 fl. und seine Schafflsechser, hot der Knet 68 fl. und den Kronenthaler Arngeld, hot der Anderknet 56 fl., hot der Dritler 40 fl., hot der Stallbua 25 fl., hot die Dirn 53 fl. seine zwö Marktgulden und die Stallgelder, hot die Anderdirn 36 fl. a die zwö Marktgulden und a seine Stallgelder von die Küh die is futtert und zeidelt.« Indessen fluten die bayerischen Dienstbotenlöhne wie eine Börse: in einem Jahr höher, im andern niedriger, es ist ein beständiges Steigen und Fallen.

Um ihre Dirnen wehrt sich die christliche bayerische Hausfrau dann wie eine Löwin gegen das lockere Burschenvolk. Auf einem Hofe im Straubinger Gäulande weiß ich mir eine solche Bäuerin. Die hatte im Jahre 1867 eine Anderdirn, ein blutjunges hübsches Lärvchen, von dem man füglich sagen konnte: halb zog er sie, halb sank auch sie. Festtag war's, und die Dirn hatte in der Heuschupfe zu schaffen. Die Bäuerin auf Grund ihres Hausfrauenrechts ging ihr über ein Weilchen nach. Siehe, der flotte Bursch stand vor ihr und sagte ihr allerlei Süßes, Schönes und Kopfverrückendes. Die Bäuerin streckte den

Arm aus, um ihre Dirn an sich zu nehmen. Allein der Bursch kam ihr zuvor, legte seine Hand wie eine Raubtierspranke auf das Mädel und sprach kriegerisch: »'s Dianl g'hört mir!« Er wußte, der Bauer mit sämtlichen Mannsfäusten war beim Biere, die Hausfrau somit ohne weltlichen Arm. Sie mußte den Rückzug antreten und ihm die Beute lassen. Die Dirn ward aus dem Hause getan, sank tiefer und tiefer, und gar nicht lange, so pappten ihr spät im Wirtshaus die sittenrichtenden Burschen zum Spott eine fette Eichelsau auf den Rücken.

Die brave bayerische Hausfrau hat am Lichtmeßtage stets die besten Absichten. Aber mit der einen glückt's ihr, mit der andern glückt's ihr nicht. Von Lichtmeß bis Fastnacht haben die bayerischen Dienstboten die Dienstage, Donnerstage und Samstage vom Mittagstisch weg frei für sich. Die Knechte gehen da zu ihren Eltern, trinken im Wirtshaus, spielen im Heimgarten und steigen auch wohl als Faschingsmasken umeinander; die Dirnen nähen und stricken, die weniger Sittsamen gehen auch ins Dorf.

Joseph Schlicht

Für das Fest der Reinigung Mariä

Ein göttlichs Licht mit hellem Schein
Geht heutigs Tags zum Tempel ein.
Es ist das göttlich Jesukind,
Dies Licht verzehrt der Menschen Sünd.

Die Muetter, die ganz keusch und rein,
Dies Licht in Tempel tragt hinein,
Zur Reinigung sie kommet her
Zu Gottes Lob und unsrer Lehr.

Dies Licht die ganze Welt erleucht't,
Die Finsternis von dannen weicht;
Gleichwie die Sonn vertreibt die Nacht,
So hat dies Licht den Tag gemacht.

So ist denn dies die Lichtmeßkerz',
Durch die erleucht't des Menschen Herz
Die Finsternis der Nacht verliert
Und wird mit neuem Schein geziert.

Das Wachs von dieser Kerzen ist
Dieselb, von deren reinen Brüst'
Als Kind gesäuget worden ist
Das Licht der Welt, Herr Jesu Christ.

Darum ist sie gebenedeit
Vor allen Menschen hoch befreit.
Wird auch gar leicht von Gott erhört,
Der was durch ihre Bitt' begehrt.

So sei denn auch von uns geehrt,
Die du Gott selber hast genährt,
Und diesem Muetter worden bist,
Der aller Ding Erschaffer ist.

Dieweil denn Christus ist dein Kind,
Bitt', daß er uns mit Lieb entzünd',
Bitt', daß dies Licht bei uns verbleib',
Die Nacht aus unserm Herz vertreib'.

Insonderheit, wann allbereits
Zu Ende unser Lebenszeit,
Die finstre Nacht herzu sich macht,
Die Totenkerz wird hergebracht.

Als dann o Muetter für uns bitt',
Mit deinem Sohn verlaß uns nicht,
Bitt', daß er uns wollt gnädig sein
Und uns das eig Licht erschein'.

Salzkammergut

Lichtmeß

Heut ist wohl unser lieben Frauen Tag,
Da sie ihre sechs Wochen erstritten hat.
Als sie dem G'setz ein G'nüegen tät,
Wie bei Sankt Lukas geschrieben steht.

Zwei Turteltäubchen kaufet sie dar,
Opferts Gott dem Herrn auf sein Altar.
Damit lös't sie ihr Söhnelein,
Das alle Welt erhalt allein.

Ein alter Mann in Tempel kommt,
Mit Namen heißt er Simeon.
Er nahm das Kindlein auf seine Arm,
Von göttlicher Lieb wurd' er erwarmt.

Laß deinen Knecht, Herr, fahren dahin
Aus aller Not ich erlöset bin.
Denn meine Augen haben g'sehen schon
Jesum Weltheiland und Gott Sohn.

Ein Licht zu erleuchten die Heiden schnell
Zu Lob und Preis dem Volk Israel.
Zu dieser heiligen Lichtmeßzeit
Sei Gott gelobet in Ewigkeit!

St. Florian

Winter.

Bildnachweis

Abb. S. 13, 41, 49, 59, 105, 117, 350, 365, 392: Holzschnitte des 15. Jahrhunderts, aus »Der Heiligen Leben und Leiden«, neu herausgegeben von Severin Rüttgers, Leipzig 1913
Abb. S. 17, 20, 25, 28, 33, 34, 48, 56, 108, 126, 129, 132, 153, 157, 165, 167, 175, 178, 184, 188, 195, 199, 203, 241, 245, 273, 276, 338, 353, 354, 361, 373, 400, 402, 406: aus »Ludwig Richter Album«, herausgegeben von Marianne Bernhard, München 1974
Abb. S. 77, 89, 123, 213, 217, 253: aus Franz Graf von Pocci, »Die gesamte Druckgrafik«, München 1974
Abb. S. 19, 46, 66, 102, 104, 112, 290, 305, 323, 331: aus »Moritz von Schwind«, herausgegeben von Otto Weigmann, Stuttgart 1906
Abb. S. 58, 186, 220: aus E. Buhle, »Die musikalischen Instrumente in den Miniaturen des frühen Mittelalters«, Wiesbaden 1975
Abb. S. 73, 130, 141, 180, 209: aus Otto Kubel, »Weihnachtszeit«, Nürnberg o. J.
Abb. S. 81, 85, 93, 95: aus Sigrid Metken, »St. Nikolaus«, Duisburg 1966
Abb. S. 161, 281: Stadtmuseum München
Abb. S. 88, 96, 191, 231, 269, 292, 299, 309, 329, 334, 342, 348: aus Ulrich Riemerschmidt, »Weihnachten«, Hamburg 1962
Abb. S. 113: Albrecht Dürer, Madonna auf der Mondsichel, Kupferstich
Abb. S. 137: Albrecht Dürer, Anbetung der Hl. Drei Könige, Kupferstich
Abb. S. 182: Albrecht Dürer, Putten, Kupferstich
Abb. S. 278, 319, 379: aus Leopold Schmidt, »Perchten«, München 1963
Abb. S. 145, 149, 211, 398: aus Hans Bleibrunner, »Andachtsbilder aus Altbayern«, München 1971
Abb. S. 207, 257: aus W. Döderlein, »Krippen«, München 1972
Abb. S. 219, 223, 227, 345: aus Lutz Röhrig, »Adam und Eva«, Stuttgart 1968
Abb. S. 235: Lucas Cranach, Verkündigung
Abb. S. 261: Lucas Cranach, Harfenspielender Engel
Abb. S. 388: Lucas Cranach, Die Heilige Familie
Abb. S. 249: Schnorr von Carolsfeld, Anbetung der Hirten, Litho
Abb. S. 265: Meister HB, Anna Selbdritt, Holzschnitt
Abb. S. 368, 369: aus Marie Andree-Eysn, »Volkskundliches«, Braunschweig 1910
Abb. S. 313, 336, 395: Nationalmuseum München

Verzeichnis der Farbtafeln

Seite 4 Weihnachtskrippe von X. Schäffler, Heimatmuseum Oberammergau

Seite 37 Anbetung der Hirten, süddeutsch, um 1500, Nationalmuseum München

Seite 71 St. Nikolaus (Hinterglasmalerei)

Seite 121 Maria mit dem Spinnrocken (Hinterglasmalerei)

Seite 171 Krippe (Döderlein)

Seite 237 Krippenfigur, Nationalmuseum München

Seite 287 Die große Krippe, Heimatmuseum Oberammergau

Editorische Anmerkung:

Die mit *H. C. E.* unterzeichneten Artikel stammen von Heidi Caroline Ebertshäuser; für alle anderen Beiträge siehe die nachstehende Bibliographie.
Ihre freundliche Genehmigung zur Veröffentlichung von Texten gaben: Piper Verlag, München (für Ludwig Thoma), Rosenheimer Verlagshaus, Rosenheim (für Joseph Schlicht), Starkmann Verlag, München (für Peter Rosegger).
Diesen und allen anderen Verlagen und Museen, die für Beiträge in diesem Buch ihre Veröffentlichungsgenehmigungen gaben, sei an dieser Stelle der Dank ausgesprochen.
Die Fotos für die Farbtafeln auf den Seiten 4 und 287 stammen von Herrn Werner Neumeister, Thierschplatz 4, 8000 München 22.

Literaturnachweis

Andree-Eysn, Marie: »Volkskundliches. Aus dem bayrisch-österreichischen Alpengebiet«, Braunschweig 1910
Bronner, Franz Joseph: »Von deutscher Sitt und Art«, München 1910
Cochem, Martin von: »Verbesserte Legend der Heiligen, das ist: Eine schöne, klare und anmuthige Beschreibung des Lebens, Leydens und Sterbens von den lieben Heiligen Gottes. Auf all und jede Tag des ganzen Jahres«, München und Mindelheim um 1740
–: »Der güldene Himmelsschlüssel«, München 1716
Hartmann, August, und Hyacinth Abele: »Volkslieder in Bayern, Tirol und Land Salzburg«, 1. Bd.: »Volkstümliche Weihnachtslieder«, Leipzig 1884
Hörmann, Ludwig von: »Tiroler Volksleben«, Stuttgart 1909
Horn, Erna: »Das Altbayrische Küchenjahr«, München 1974
Mang, Hermann: »Unsere Weihnacht«, München 1927
Pailler, Wilhelm: »Weihnachtslieder und Krippenspiele aus Österreich und Tirol«, 2 Bde., Innsbruck 1883
Röhrig, Lutz: »Adam und Eva«, Stuttgart 1968
Rosegger, Peter: »Das Volksleben in der Steiermark«, Graz 1875
–: »Als ich noch der Waldbauernbub war«, Wien 1875
Sparmer, Adolf: »Weihnachten in alter und neuer Zeit«, Leipzig 1937
Vernaleken, Theodor: »Alpensagen«, Wien 1857
–: »Mythen und Bräuche des Volkes in Österreich«, Wien 1859
Wagner, Margarete: »Aus alten Backstuben und Offizien«, Esslingen 1971
Weinhold, Karl: »Weihnachtsspiel und Lieder in Süddeutschland und Schlesien«, Graz 1887 (Neudruck: Wiesbaden 1967)

Ausverkauf
wegen
Geschäftsauf
gabe.